산중에서 길을 물었더니

산중에서 길을 물었더니

우리 시대 큰스님 33인과의 만남

글 서화동   사진 김형주

은행나무

들어가는 글 **선지식을 찾아 길을 떠나며**

'선지식(善知識) = 가르침을 설명하고 불도(佛道)에 들어가게 하는 사람. 바른 길로 이끄는 사람. 사람에게 태어난 참 의미를 가르쳐주는 사람. 현자(賢者).'

불교대사전(홍법원 편)에서 '선지식'을 찾아보면 이렇게 정의되어 있다. 흔히들 요즘을 이런 선지식을 찾아보기 어려운 시대라고 한다. 우리 사회에 어른이 없느니, 참된 지도자가 없느니, 등불 같은 스승이 없느니 하는 탄식과 걱정의 소리도 들린다.

하지만 정작 우리 자신이 그런 어른과 스승을 모실 준비와 자세가 결여된 것은 아닐까. 옛말에 '삼인행(三人行)이면 필유아사(必有我師)'라고 했다. 스승을 찾아 나서지도, 좋은 행동을 본받지도 않으면서 스승이 없다고 하는 건 온당치 않다. 중국 선종의 2조 혜가대사는 눈밭에서 자신의 팔을 잘라 보임으로써 달마대사에게 가르침을 구했다. 소외된 이들의 보금자리인 꽃동네를 건설한 오웅진 신부는, 자신도 걸인이면서 몸이 불편해 구걸조차 할 수 없는 다른 걸인들에게 음식을 나눠준 최귀동 할아버지에게서 큰 깨침을 얻었다. '얻어먹을 수 있는 힘만 있어도 그것은 주님의 은총입니다' 라는 꽃동네의 표어가 여기서 나왔다. 결국 스승이 없어서가 아니라 찾아 나서지 않아서, 가르침이 없어서가 아니라 경청하지 않아서 사회가 혼란한 것은 아닐까.

2001년 여름, 짜증나는 무더위와 답답한 일상에서 잠시라도 한 걸음 물러나 관조하는 여유를 찾아보자는 생각에 큰스님을 찾아 나섰다. 온갖 집착과 탐욕에 찌든 현대인들의 일상에 고승들의 법문이 한줄기 맑은 바람이 될 것 같았기 때문이다. 도심을 벗어나 산사에 발을 들여놓는 것만으로도 순례자의 가슴은 소쇄(瀟灑)한 기운에 젖어든다. 거기에다 마음의 때를 씻어주는 큰스님들의 가르침까지 들을 수 있다면 무상(無上)의 기쁨일 터였다.

경남 함양군 안의면의 황대마을에 선원을 세워 대중들을 지도하고 있는 성수 스님에서부터 계룡산 국제선원 무상사에서 외국인 납자들을 지도하는 벽안(碧眼)의 미국인 대봉 스님까지 서른세 분의 선지식을 그래서 만났다. 매주 한 분씩 만나 〈한국경제신문〉에 '산중한담(山中閑談)'이라는 제목으로 연재했는데 독자들의 반응이 참 좋았다. 이 팍팍한 세상에 청량한 법문을 들을 수 있어서 너무나 좋다는 내용의 전화나 이메일이 많이 왔고, 기독교 신자 가운데서도 애독자임을 밝혀오는 경우도 적지 않았다.

사람들의 이런 반응은 세간에서 볼 수 없는 면모를 스님들에게서 발견할 수 있었기 때문일 것이다. 말로만 떠드는 속세 사람들과 달리 청빈과 무소유, 무욕청정의 삶을 실천해 왔다는 점에 특히 매료된 듯하다.

이 책에 소개되는 서른세 분의 큰스님들은 모두 제각각이다. 세인의 좁은 안목으로 가름하자면 선승도 있고 학승도 있다. 견성(見性)을 했다는 분도 있고, 그렇지 않은 분도 있다. 선에 대해서도 조사선, 화두선만이 깨달음에 이를 수 있는 길이라는 분이 있는가 하면, 염불이나 주력, 간경, 관법 등 다른 방편도 충분히 유효한 길이라는 분도 적지 않다.

그러나 이런 이견(異見)과 차이는 중요하지 않다. 누가 옳은지 판단할 처지도 아니다. 다만 선지식들이 치열한 구도행과 실천적 삶을 통해 체득한 지혜를 듣고자 할 뿐이다. 욕심과 집착을 털어낸 곳에 마음자리가 있다는 것, 이 세상 모든 것은 연결돼 있으며 자연과 나, 너와 내가 둘이 아니라는 것, 분별하지 말고 상(相)을 내지 말아야 한다는 것, 물질적으로 풍요롭고 부유한 환경보다는 춥고 배고플 때 공부가 더 잘된다는 것, 공부는 젊은 시절에 해야 한다는 것, 끊임없이 하심(下心)해야 한다는 것 등이 그런 지혜다.

어떻게 보면 누구나 할 수 있는 말 같지만 범부(凡夫)의 말과 선지식의 법문은 같은 말이라도 느낌이 다르고 울림이 다르다. 물론 선사들은 말이나 알음알이로는 깨달음의 궁극적인 자리에 이를 수 없다고 경책한다. 하지만 모두가 오도견성(悟道見性)하기는 어려운 게 현실이고 보면, 스스로 체험한 바는 아닐지라도 알고는 있어야 하지 않겠는가. 또 선사들의 치열한 구도행을 간접적으로나마 보고들을 수 있다면 그 또한 행복이 아닐까.

성수 스님은 "사서삼경으로 모자라고, 팔만대장경으로 부족해서 나라가 망하는 게 아니며, 정신을 모르고 살면 전부 죽는 길"이라며 "자기 목을 뚝 떼어 나무에 걸어놓고 덤비는 용기와 기백으로 공부하라"고 했다. 출가 이후 하루에 점심 한 끼만 먹는 일중식(日中食)과 장좌불와(長坐不臥)를 실천하고 있는 청화 스님은 "남의 눈에는 고통으로 보일지 모르나 내게는 가장 행복하고 편한 생활"이라고 했다. 참으로 해보지 않고서는 알 수 없는 경지다.

올해 아흔이 된 서옹 스님은 진제 스님과 더불어 활발발(活潑潑)한 선(禪)의 세계를 열어 보인다. 진제 스님은 "참된 선지식이란, 학인을 지도할 때 만 사람을 죽이기도 하고 살리기도 하는 살활(殺活)의 검을 자재하게 쓸 줄 알아야 한다"며 "묻는 말에 척척 답을 해줘야 한다"고 강조한다.

그런가 하면 백수(白壽)를 바라보는 고송 스님은 "인생은 눈 깜빡하면 지나가는 찰나간이요 호흡지간(呼吸之間)"이라며 "세월가면 늙고 버려야 할 몸뚱이보다는 늙지 않고 죽지도 않는 마음을 궁구하라"고 촉구한다.

생활 속에서 살려야 할 지혜도 많다. 무욕(無慾), 하심(下心), 무소유(無所有), 이웃에 대한 배려……. 고송 스님은 "인욕(忍辱)하면 장수한다"고 했고, 인허 스님은 행자 생활을 통해 하심을 배웠다고 했다. 고산 스님은 "베풀면 마음이 즐거워진다"며 자비의 실천을 강조했고, 지종 스님은 "불법은 언행이 일치돼야 한다"며 실천의 중요성을 되새긴다. 또 법흥 스님은 "지옥과 천당은 내 마음에 달린 것이니 자작자수(自作自收)"라고 했으며, 동춘 스님은 "스트레스도 집착에서 온다"고 했다.

노승들이 들려주는 행자 시절이나 젊은 시절 이야기도 재미있다. 범룡 스님은 겨울철 한밤중에 어른들 몰래 밤참을 해먹던 재미가 생각난다고 했고, 인허 스님은 행자 시절 공양간에서 아궁이에 불을 때면서 부지깽이로 박자를 맞추며 경전을 외우던 때가 가장 기억에 남는다고 했다. 금강산의 마하연, 유점사, 신계사는 물론 묘향산 보현사와 만주 일대까지 답파했다는 고송 스님의 이야기는 전설의 한 부분처럼 아련하다.

인터뷰를 빙자해 큰스님들에게 "깨쳤느냐"고 방자하게 묻기도 했는데, 대답도 각각 달랐다. "참선을 통해 이른 견처(見處)가 어디냐"는 질문에 원담 스님은 "못 봤어, 한 물건도 못 봤어"라고 했다. 한 물건도 볼 수 없는 곳을 찾는 것이 참선이라는 설명이다. 또 범룡 스님은 "참선을 오래 해도 견성은 안 되더라"며 "다만 삼매에는 들어봤는데 그때서야 불법(佛法)이 좋은 줄 알겠더라"고 했다.

큰스님들의 자비롭고 천진함을 볼 수 있었던 점도 좋았다. 성수 스님은 인터뷰가 길어지자 "허, 이놈이 내 재산 다 뺏어간다"면서도 지혜를 나눠주는 데 주저하지 않았고, 원담 스님은 시자가 부축하느라 팔짱을 낄라 치면 "아야, 아야야"라며 짐짓 엄살(?)을 떨어 주위 사람들을 즐겁게 했다.

　반면 당혹스런 경우도 없지 않았다. 우룡 스님은 처음 전화로 찾아뵙기를 청하자 매몰차게 거절했는데, 나중에 알고 보니 '큰스님'이라고 부른 게 화근이었다. 스님이면 스님이지 큰스님, 작은스님이 어디 있느냐는 이야기다.

　선지식을 찾아가는 길은 참으로 행복한 나들이다. 뙤약볕을 받으며 터벅터벅 올랐던 함양의 황대선원과 봉화의 무위정사, 노란 은행잎으로 덮인 삼청동 길을 지나 찾아갔던 칠보사, 발목까지 덮인 눈길을 걸어 올랐던 정읍의 석탄사, 남녘의 봄 내음을 한 발 앞서 전해주던 영광의 불갑사……. 그 나들이 길의 행복을 여러분도 함께 느끼고, 그 길에서 맛보았던 충만함을 여러분도 함께할 수 있기를 진심으로 바란다.

2002년 5월 초
서 화 동

감사의 글 **고마운 분들께 올립니다**

불청객을 맞이하는 일이 즐거운 사람이 어디 있겠습니까마는 어느 절, 어느 스님한테도 냉대 받은 적이 없었습니다. 대개는 전화 한 통에 친견(親見)을 허락해 주셨고, 세간에 얼굴 내밀기를 내켜하지 않으면서도 지면을 통해 보다 많은 사람들에게 법향(法香)을 전하고 싶다는 저의 소망을 받아 주셨습니다. 때로는 속인의 좁은 소견으로, 세속의 허튼 기준으로 무례한 질문을 드리기도 했지만 따뜻하게 감싸 주셨고, 예정된 시간을 넘겨가며 자상히 설명해 주셨지요. 아낌없는 자비법문을 내려주신 서른세 분의 큰스님들께 진심으로 감사 드립니다.

신문에 시리즈가 연재되는 동안 성원해 주신 독자 여러분께도 고마운 인사를 전합니다. 전화나 이메일 등으로 격려의 메시지를 보내주신 여러분의 성원이 없었더라면 한 권의 책으로 엮을 만큼 많은 분들을 만나지 못했을 것입니다.

아쉬울 때마다 자료를 부탁하고 괴롭혔으나 싫은 내색 한번 없이 도와주신 불교계 신문사(불교신문, 현대불교, 법보신문, 주간불교) 여러분에게도 고맙다는 인사를 꼭 전하고 싶습니다. 특히 제가 찍은 어설픈 사진보다 전문가가 찍은 '멋있는 사진'을 책에 싣고 싶다는 저의 바람을 흔쾌히 들어주신 불교신문사에 감사 드립니다.

이 책에 실린 서른세 분 중 스물네 분의 사진은 불교신문 김형주 기자의 작품입니다. 또한 서암 스님의 사진은 무위정사까지 동행했던 한국경제신문 사진부의 정동헌 차장이 찍은 것이며 나머지는 제가 찍은 것입니다.

여러 해 동안 몸져누워 계신 아버님의 쾌유를 빌면서 이 책을 바칩니다.

| 미리보기 |

들어가는 글 · 004
감사의 글 · 012

성수 스님 . . . 산은 갈수록 높고 물은 갈수록 깊어서 · 016
서암 스님 . . . 천하에 쉬운 것이 바른 이치 · 026
법전 스님 . . . 자성(自性)을 깨치면 그게 바로 천당이요 극락 · 038
숭산 스님 . . . 부처도 죽이고 조사도 죽이는 게 선 · 048
동춘 스님 . . . 선악이 모두 불법(佛法)이요 나의 스승이라 · 058
청화 스님 . . . 생명의 본질 자리를 찾아야 · 068
인허 스님 . . . 무욕, 무소유 그리고 끝없는 하심 · 080
고산 스님 . . . 부지런하면 천하에 어려운 일이 없다 · 090
월운 스님 . . . 높은 산봉우리에서 산 아래를 보라 · 102
범룡 스님 . . . 화엄경의 큰뜻이 마음 심(心) 자 하나에 · 110
원담 스님 . . . 자기 마음자리가 부처이니 · 120
천룡 스님 . . . 자기 그릇을 키워라 · 132
원명 스님 . . . 마음을 비우면 다 부처님 · 142
고송 스님 . . . 내 마음에 부끄럽지 않게 사는 것이 잘사는 길 · 152
활안 스님 . . . 희망도, 고통도, 행복도 원인은 나에게 있으니 · 160
원응 스님 . . . 사람의 본래 성품은 바다같이 넓어 · 170
우룡 스님 . . . 집에 있는 부처님을 잘 섬기라 · 180

지관 스님 ... 사심 없이 맑고 투명하게 살라 · 190

석주 스님 ... 자비로 집을 삼고 참는 것으로 옷을 삼으라 · 200

서옹 스님 ... 깨닫고 나면 모든 것이 다 좋게 보인다 · 210

범행 스님 ... 몸은 먼지 덩어리, 마음은 바람 같은 것 · 222

호명 스님 ... 겉모습을 보지 말고 마음의 달(心月)을 보라 · 232

광우 스님 ... 천지가 나와 한 뿌리요 만물이 나와 한 몸이니 · 242

보각 스님 ... 마음을 잘 알고 잘 써야 · 252

청소 스님 ... 진인(眞人), 도인(道人)이란 바르게 사는 사람 · 260

혜산 스님 ... 내생은 먼 훗날의 일이 아니고 바로 내일 · 270

법흥 스님 ... 걸림 없이 살 줄 알라 · 280

법공 스님 ... 사람 노릇을 해야 참사람 · 290

종성 스님 ... 푸른 산은 예와 같이 진실한 모습이니 · 300

진제 스님 ... 흐르는 물처럼 화두가 끊이지 않아야 · 312

정무 스님 ... 은혜를 알고 은혜를 갚는 사람이 돼라 · 322

지종 스님 ... 지옥이고 천당이고 중생이고 부처고 전부 우리 마음에서 나온다 · 332

대봉 스님 ... 오직 모를 뿐(Only don't know · 不識) · 342

성수 스님
• • • 산은 갈수록 높고 물은 갈수록 깊어서

　　용추계곡과 농월정으로 유명한 경남 함양군 안의면. 시외버스 정류장에서 택시운전사에게 "노스님 토굴에 가주세요"라고 말하자, 운전사는 두 말 않고 시동을 건다. 노스님 토굴이란 조계종 원로회의 의원인 활산 성수(性壽·80) 스님이 정진중에 있는 안의면 황대마을의 황대선원을 말한다. 장맛비로 불어난 냇물소리가 막힌 가슴을 확 틔어줄 만큼 시원하다고 느낄 즈음, 마침 법당에서 들려오는 예불, 독경소리가 냇물소리와 절묘한 조화를 이룬다.
　　해발 1193미터의 황석산 자락에 자리잡은 황대선원은 여느 절집과는 다른 모습이다. 7년 전 잠시 머물 요량으로 농막 하나를 빌려쓰다 지금은 건물이 7개로 늘어났지만, 그저 비바람이나 피할 정도다. 당호(堂號)도 편액(扁額)도 없는 조실당에서 절을 올리고 법문을 청하자 노장(老長)은 대뜸 "사람 인(人)자의 뜻을 아느냐"고 물었다. 목소리가 쩌렁쩌렁하다.

"예부터 사람 같지 않은 사람을 보고 '의리·도덕도 없는 놈'이라고 하지 않았어? 인(人)이란 의리·도덕을 지키는 걸 말하는 거야. 의리란 아랫사람이 윗사람을 받들고 공경하는 것이고, 도덕은 윗사람이 아랫사람을 가르치고 용서하는 것이지."

사람이란 위·아래가 서로 공경하고 용서해야 한다는 뜻이다. 그러면서 노장은 요즘 부모들은 잔소리만 늘었지 사람을 못 키우고 있다고 나무랐다. "공자는 입에 자물통을 달고 살았는데, 요새 사람들은 웬 말이 그렇게 많으냐"며 꾸중이다.

"폭우가 쏟아지면 개구리는 올챙이가 떠내려 갈까봐 올챙이에게 '어서 나와' 하고 열심히 불러대지만 올챙이는 안 나와. 오히려 올챙이들은 '엄마는 우리 때 기억을 잊었나봐. 발도 없는 우리더러 나오라고만 하면 어떻게 나가! 데려가 줘야지' 하고 원망만 해. 요새 부모들도 다 이렇게 애들한테 흉잡히지 않는 사람이 없어. 자기가 바로 살지 않으니까 그래."

현대인들의 흐트러진 생활태도에 대한 경책이다. 노장은 "부부간에도 바로 사는 모습을 보여야 하는데 그렇지 않은 경우가 많다"고 꾸짖는다. "남편이 자꾸 나쁜 짓을 해 마누라 속을 썩이면 그 속에 구정물이 가득 차서 시키면 도둑놈을 낳는다"고도 했다. 또 사람은 그릇이 커야 하는데 정치인들의 속이 좁아서 문제가 많다고 나무란다. 도랑이 크면 더러운 물이 와도 능히 정화시킬 수 있지만, 도랑이 작다보니 도랑 전체가 오염돼 버린다는 것이다.

노장의 출가 때가 궁금했다.

"어릴 때부터 '사람 사는 게 다 이런 것이냐' 하는 의문이 많았어. 열두 살 때 한학을 한 동네 어른들로부터 원효대사 이야기를 많이 들었는데, '어떻게 하면 나도 저렇게 될 수 있을까' 궁금했어. 그래서 열세 살 때 나도 원효대사 같은 사람이 되겠다는 원을 세웠지. 그때부터 7년간 고기와 술을 다 끊고 밥도 절반으로 줄이며 나름대로 정진했어. 그런데 열아홉 살 때 집안 어른들이 징용을 피하라며 장가를 보내려고 해 가출했지."

그로부터 1년간 성수 스님은 원효대사 같은 도사를 찾으러 전국을 헤매었으나 허사였다. 그래서 "중들이 산 좋고 물 좋은 데에다 고대광실을 지어놓고 논다"고 생각하여, 이 절 저 절을 찾아다니며 스님들을 애먹였다.

"범어사에 가서 '큰중 나와라' 하고 소리를 치니까 새끼중들이 나와서 자꾸 밀어내. 그래도 소리를 치니 큰중이 어슬렁어슬렁 나와서는 '왜 떠드느냐'며 나를 쭉 훑어보더니 '큰중을 왜 찾았는고?' 하고 물어. 그래서 '내가 1년을 찾아 헤매도 전국 사찰에 원효는 안 보이더라'고 했더니 큰중이 합장한 채 고개를 푹 숙이고는 들지를 못해."

그 다음에 찾아간 곳이 경남 양산의 통도사 말사인 천성산 내원암이다. 마침 원효대사가 창건한 고찰이다. 늙다란 암자에서 "주인장" 하고 부르니 나중에 은사가 된 주지 성암 스님이 나왔다. 어디서 왔느냐, 뭐 하러 왔느냐는 질문이 이어졌고, 성수 스님은 "호랑이를 잡을 영웅이 되러 왔으니 방 하나 달라"고 했다. 그러자 성암 스님은 "그런 큰 일을 하려면 글을 배워야 한다"며 〈초발심자경문(初發心自警文)〉을 내놓았고, 성수 스님은 이를 3일만에 다 외워버렸다.

〈초발심자경문〉은 고려 지눌의 〈계초심학인문(誡初心學人

文)〉과 신라 원효의 〈발심수행장(發心修行章)〉, 고려 후기 야운의 〈자경문(自警文)〉을 합본한 책으로 출가수행자의 기초교본이다.

"내원암에 1년 정도 있다가 성암 스님의 서찰을 들고 해인사에 갔더니 구산 스님이 공양주를 하라는 거야. 나는 선원에서 공부할 작정으로 갔던 터라 종아리를 맞으면서도 공양주를 못하겠다고 버텼지. 결국 청담 스님, 인곡 스님을 거쳐 조실이던 효봉 스님한테 잡혀가 꿇어 앉았어. 효봉 스님이 대뜸 '네 이놈, 하심(下心) 좀 해라'고 하시길래, '조실 스님이 상심(上心)부터 가르쳐주고 하심하게 해야지, 상심도 모르는데 어찌 하심을 알겠습니까' 하고 맞받아쳤지."

한동안 입을 다물고 있던 효봉 스님이 "수좌는 왜 왔소" 하고 묻자, 젊은 성수 스님은 "도 배우러 왔소"라고 대답했다. 다시 효봉 스님이 "도를 아요(알아요)?" 하고 묻자, 성수 스님은 "알면 집에 있지 여기 왔겠소?"라고 대꾸했다.

젊은 스님의 이러한 당찬 기개가 마음에 들었던지 효봉 스님은 "도는 7일 이내에 해결해야 하며 그렇지 않으면 맞아죽어도 좋다는 서약서를 써라"고 했다. 그래서 상선원인 태극당에 들어간 스물세 살의 성수 스님은 "도야, 네가 안 나오면 내가 죽는다"며 죽기 살기로 정진, 6일만에 개오(開悟)했다.

"그 길로 효봉 스님한테 달려가 '도를 가져왔다'고 하니 효봉 스님은 '그게 아닐세' 하는 거야. 그래서 '그럼 효봉 네 것을 내놓아라'라며 달려들자 '그럼 못 쓴다'고 하길래, '천하의 만물은 무비선(無非禪・선 아닌 것이 없고) 세상만사는 무비도(無非道・도 아닌 것이 없다)'라는 게송으로 답했지. 그 뒤로도 조실 스님 방을 수시로

찾아가 애를 먹였어. 모름지기 수행자는 어미사자도 물어 죽일 수 있는 새끼사자라야 해."

　　노장의 목소리가 더욱 커진다. 수행에 있어 가장 중요한 것은 발심(發心)이며 단호한 의지라고 강조한다. 숨을 한 번 들이쉬고 내쉬기 전에 생사문제를 해결하겠다는 단호한 결심을 가지고 불도를 닦아야 한다는 얘기다.

　　"화두를 타러(받으러) 오는 대중은 무수하지만 견성(見性)하는 사람은 드물어. 그런 사람이 있으면 내 목을 베러 와도 좋아. 시작부터 도(道)가 무엇인지 확실히 알고 닦아야지, 그렇지 않으면 10

년을 닦아도 도가 되는지 안 되는지도 모르고 허송 세월만 보내게 돼. 그리고 구도자는 절에 올 때 왜, 뭐 하러 오는지 투명하게 알아야 해. 석가모니 부처님은 일곱 살에 의심, 발심했어."

노장은 "절이란 늙어 죽지 않는 법을 가르쳐주는 곳"이라고 했다. 늙어 죽지 않는 법이 뭐냐고 묻자 답은 딱 한 마디, '생사자재법(生死自在法)'이다.

"불살생(不殺生)의 참뜻을 아는가? 다들 '산목숨을 죽이지 말라' 고만 알고 있지만 그게 아니야. 남의 목숨뿐 아니라 자기를 죽이지 말라, 곧 죽지 말라는 뜻이지. 그건 생사 밖의 도리를 깨우쳐, 나고 죽는 고통의 바다(苦海)에서 빠져 나오라는 뜻이야."

불법(佛法)은 '죽지 않고 사는 법' 이라고 노장은 설명한다. 그러면서 물질에만 집착하는 어리석음을 한탄했다. 물질인 몸뚱이는 팔다리가 떨어져 나가도 살지만, 정신은 1초만 나가도 '송장' 이 되고 만다. 그런데도 사람들은 온갖 좋은 것으로 몸을 치장하면서, 정신은 있는지 없는지도 모른 채 살아간다.

"사서삼경으로 모자라고, 팔만대장경으로 부족해서 나라가 망하는 게 아니야. 정신을 모르고 살면 전부 죽는 길이야. 나에게 뭐가 소중한지 알고 그걸 찾는 데 전심전력을 다 해야 해. 그래서 자기 성품을 아는 것이 견성이야. 내가 나를 만나면 어느 누구를 만난 것보다 좋고 그 이상 반가울 수가 없어. 나를 알면 천하를 알게 돼 있거든. 그러려면 자기 목을 뚝 떼어 나무에 걸어놓고 덤비는 용기와 기백, 노력이 필요하지."

선사의 눈에 비친 세간의 모습은 어떨까? 지저분하고 살만한 곳이 못 되는 것은 아닐까? 노장의 대답은 뜻밖이다.

"예전에는 속세에 사는 사람들이 딱해 보였지만, 지금은 세간, 출세간이 둘이 아니야. 사바세계가 전부 선열당(禪悅堂)이고 극락세계라. 사바세계에서 도를 닦아야지 극락같이 편한 곳에서는 힘을 얻을 수가 없어. 산은 갈수록 높고 물은 갈수록 깊어서 스님들이 남 걱정 해줄 때가 아니야."

노장은 그러면서 "부처님은 지혜복을 지으라고 했지, 물질복을 지으라고는 하지 않았다"며 "복을 잘못 지으면 3생을 버리게 된다"고 강조했다. 물질복을 지어서 재물을 모으게 되면 그걸 관리하고 지키느라 3생을 허비하게 된다는 얘기다. 물질만능주의와 황금지상주의가 만연한 세태에 대한 경계의 뜻으로 들렸다.

"잘한다는 말에 속지 말아야 해. 잘한다는 상(相)을 내면 고칠 길이 없어. 우리 불교는 생(生)도 사(死)도 아니고 선도 악도 아닌, 그 자리가 영원불멸의 극락이야."

노장은 "다들 살기 어렵다고 말만 하지 말고, 자기정신부터 뜯어고쳐야 한다"며 세상 사람들을 경책했다. 살기 어렵다 어렵다 하면서도 기름 한 방울이라도 아끼는 사람은 드물다는 것이다. "게다가 노력은 않고 대가만 바라고, 도둑질을 해서라도 부자가 되려고 하는 마음가짐도 문제야. 돈이 사람을 버려 놓았어"라는 지적이 따끔하다.

"경제란 수입이 닷 냥이면 쓰기는 세 냥만 해야 하는데, 지금은 수입 닷 냥에 쓰기는 열 냥이라. 사업하는 사람들도 뇌물 먹이고 돈 빌려다가 우리 강산을 다 버려놨어. 진인(眞人)이 주인장이 돼야 해."

팔순 노인답지 않게 쩌렁쩌렁한 목소리를 지닌 성수 스님과 문답을 주고받는 사이, 절에 왔던 한 신도가 집으로 돌아간다며 손녀와 함께 인사를 하러 왔다. 문을 넘다가 문지방을 찼는지 아이가 발을 흔들며 아파한다. 그러자 노장은 "이리 와. 호- 해줄게" 하며 아이의 발을 문질러주는 인자한 할아버지가 된다.

세상사는 지혜를 좀더 일러달라고 청하자 노장은 "허, 이놈이 내 재산 다 털어 간다"면서도 아낌없이 지혜를 나눠준다. "말은 백 번 생각해서 하고 일은 3일 생각해서 결정하라."

노장의 법문에 푹 빠져 있다가 언뜻 바깥을 보니, 긴긴 여름 해가 서산으로 넘어가고 있다.

성수 스님

• 1923년 경남 울주 출생 • 1944년 부산 내원사에서 성암 스님을 은사로 득도 • 1967년 조계종 총무원 포교부장, 조계사 주지 • 1968~72년 범어사, 해인사, 고운사 주지 • 1978년 세계불교지도자대회 한국 대표 • 1981년 조계종 총무원장 • 1994년 조계종 원로회의 의원 • 1994년~현재 황대선원 조실

서암 스님
• • • 천하에 쉬운 것이 바른 이치

"산중에 처박혀 사는 늙은이한테 뭐 들을 게 있다고 찾아오셨소. 귀가 어두워 세상 소리를 못 들으니, 내 소리(말)도 할 게 없는데……."

경북 봉화군 물야면 오전리 선달산 자락의 무위정사(無爲精舍). 조계종 종정을 지낸 서암(西庵·88) 스님의 수행처다. 무위정사는 물야면에서 오전약수 쪽으로 가다보면 공사가 한창인 오전댐이 내려다보이는 곳에 서있다. 건물이라야 본채와 해우소(解憂所·화장실)뿐인데, 이것도 그 나마 가건물이다. 방에도 가재도구가 거의 없다. 겉치레에 연연하지 않는 선사의 삶, 그대로다.

불청객을 맞은 노장은 "괜한 걸음을 했구먼. 기왕 왔으니 세상 얘기나 들려주고 가라"며 방석을 내놓았다. 서울에서 전화로 친견(親見·면담)을 요청했을 때에도 시자 스님을 통해 "오지 말라고 해라"고 했던 노장이다. 참으로 난감했던 그때 시자 스님은 이렇게 말했다. "큰스님은 사람에 대해 차별을 두지 않으십니다. 지위가 높은 사람이건 낮은 사람이건, 당신께서 몸이 아주 불편할 때라도 찾아오는 사람을 내치는 법이 없으시지요. 그러니 일단 오셔서 말씀드리세요."

과연 그랬다. 명함을 내놓고 인사를 하자 노장은 바로 말문을 열었다. 오래 전부터 알고 지낸 사람처럼 친근하게 객을 맞았다. 우선 '무위정사'라고 이름지은 뜻이 무엇인지 궁금해서 말머리로 삼았다.

"여기 온 지 한 4~5년 됐는데 중으로서 아무것도 하는 일 없이 산다는 뜻에서 그렇게 지었어요. 이해관계에 얽힌 세상의 모든 것이 유위법인데 비해 무위(無爲)는 세상법과 다른 불교의 법, 인간생명의 근본을 알고 사는 도리를 말합니다."

세상법과는 다른 불교의 법, 즉 불법(佛法)이란 무엇일까? 노장은 "불교란 꿈에서 깨어나 깨닫고 바로 살라는 소리"라며 "자기 자신이 만유를 창조하고 주재하는 핵심이지, 부처가 따로 없다"고 강조한다. 석가모니불이 '천상천하 유아독존(天上天下 唯我獨尊)'이라고 한 것도 이런 소이라고 한다. 신과 조물주는 바로 자기 자신이며, 이를 깨닫는 절대적 자리가 바로 부처라는 얘기다.

"천당도 지옥도 자기가 만드는 것입니다. 자기 자신을 똑바로 보고 어디에도 구속되지 않아야 해요. 석가모니의 그림자만 따라가면 석가모니의 노예가 됩니다. 부처님의 팔만사천 법문의 뜻이 모두 유아독존에 있어요."

방 바깥에서는 염천(炎天)의 뙤약볕이 이글거리지만, 노장의 얼굴은 참 평화롭다. 걸림 없이 산다는 게 이런 것일까? 그의 행적을 더듬어보면 걸림 없는 삶이 주는 평화로움의 뜻을 알 것도 같다. 서암 스님은 조계종 종정이던 1994년, 총무원장의 3연임을 둘러싸고 일어난 종단 내 분규와 관련해 승려대회에서 종정불신임 결의라는 초유의 사태가 벌어지자, "종단을 떠나겠다"며 탈종(脫宗)을 선언한 뒤 표표히 떠났었다.

"원래 바른 이치는 행하기 어렵지 않아요. 이를 거스르자니 어렵지, 바른 이치대로만 하면 세상일로 시비할 건덕지도 없어요. 본래 자기 마음은 항상 밝은데 파당에 얽매이고 욕망에 치우쳐서 마음에 혼란이 생기는 겁니다."

노장은 "천하에 쉬운 것이 바른 이치"라고 강조한다. 그러나 흔히들 '걸림 없이 살고 싶다'고 말하면서도 실제로는 행하지 못하는 게 우리네 일상사다. 욕망에 휩싸이고 자기 이익만 좇는 잘못된 마음자세가 굳어져서 그렇다는 것이 노장의 진단이다.

"욕망을 털어 버리면 모든 게 환해집니다. 도둑질 같은 나쁜 짓도 결국은 욕망을 위한 것 아닙니까? 그러나 나쁜 짓이니까 몰래 해야 하고 그래서 어려운 것이지요. 양심이 가리키는 대로 살면 됩니다."

결국 마음이 관건이다. 부처가 되는 것도 중생이 되는 것도 내 마음에 달렸다. 그래서 노장은 '이렇게 해주십시오, 저렇게 해주십시오'라며 절대자에게 비는 것은 참된 기도가 아니라고 선을 긋는다. 기도란 그 동안 나쁜 짓을 많이 해온 자기 자신을 반성하고 다시는 그런 짓을 하지 않겠다는 다짐이며, 남을 위해 살겠다는 약속이라는 설명이다.

"귀신에게 홀리면 안돼요. 어디에도 구속되지 말아야 합니다. 자기 자신을 똑바로 보고 자기 마음을 잘 써야 하지요. 부처가 된다는 것은 바로 위대한 자기발견입니다."

자기를 발견하는 법, 요즘 많은 사람들이 관심을 갖고 있는 참선은 그 대표적인 방법이다. 노장에게 선의 참뜻이 무엇이냐고 물었다.

"참선이란 참여할 참(參), 터 닦을 선(禪)으로, 문자 그대로 마음을 반듯하게 갖고 수행한다는 뜻입니다. 천하를 환히 밝히는 방법이지요. 그러나 선이라고 해서 별스런 물건이 아닙니다. 마음을 흐트러짐 없이 가다듬어 가는 것일 뿐이지요. 올바른 마음으로 노력하고 결과를 기다릴 뿐 딴 비법은 없습니다."

1914년 경북 영주에서 태어나 열일곱 살 때 예천 서악사에서 행자생활을 시작한 서암 스님은 해방 전까지 금강산에서 수행했다. 해방 후에는 철원 심원사, 상주 원적사 등 여러 선방을 거쳐 수행가풍이 엄격하기로 이름난 문경 봉암사에서 선풍을 이끌었다. 조계종 총무원장, 봉암사 조실, 원로회의 의장을 거쳐 종정까지 지낸 것도 이런 바탕에서다.

특히 2000년 말 입적한 혜암 종정을 비롯해 성철·향곡·법전·성수 스님 등 당대의 기라성 같은 선승들이 수행했던 봉암사에서는 1980년부터 94년까지 조실로 있으면서, 한국 최고의 선수행 도량으로 다져 놓았다. 봉암사가 조계종 유일의 종립 특별선원이 된 것도 이런 덕분이다. "나는 못난 중이라서 자랑할 만한 게 없어"라며 운을 뗀 뒤 술술 흘러나오는 노장의 수행담은 '호랑이 담배 피던' 옛날 이야기처럼 재미있다.

"평생 절에서 산 사람이 큰 절 작은 절 안 가본 데 있겠어

요? 금강산 마하연, 유점사, 장안사, 신계사는 물론 백두산 근처까지도 돌아다녔으니까. 계룡산의 나한 토굴이라는 바위굴에선 먹지도 않고 잠도 안 자며 한 달을 보내기도 했지. 해인사에 총림을 열자 효봉 스님을 방장으로 모시고, 동산·청담·경봉·설봉 스님 등 쟁쟁한 스님들과 함께 정진하다 6·25가 나서 뿔뿔이 흩어졌지요."

그 기나긴 세월, 노장은 깨달음을 위해 몸을 아끼지 않는 위법망구(爲法忘軀)의 자세로 일관해 왔다. 불법이야말로 바른 이치이며, 이를 깨닫는 것만이 인간답게 살 수 있는 길이라는 믿음에서다.

"단 한순간을 살아도 인간답게 살아야지요. 그러자면 정신이 중요합니다. 나고 죽는 것은 옷을 갈아입는 것과 같아서 육체는 몇 천 번을 바꿔 태어나도 정신은 영원합니다. 유교에서도 '조문도(朝聞道)면 석사가의(夕死可矣)라', 즉 아침에 도를 들으면 저녁에 죽어도 좋다고 하지 않았습니까. 바른 이치는 마음상태에 있는데, 고깃덩어리(육체)가 뭐가 중요한가요. 삶이 괴롭다고 해서 극약을 먹고 자살을 하는 사람이 있는데 그러면 모든 것이 끝날 것 같아요? 아닙니다. 그렇게 하면 고통을 영원히 벗지 못합니다. 오히려 악한 마음이 뭉쳐 나쁜 귀신이 되므로 영원한 재앙이 될 뿐이지요. 바른 이치를 깨닫는 것만이 영원히 사는 길입니다."

노장은 "한 시간을 살아도 인간답게 살라"고 강조한다. 인간이 사는 가치를 알고 살라는 뜻이다. 옆 사람이야 죽든 말든 혼자만 잘살려는 것은 금수(禽獸)의 세상이지 인간 세상이 아니라는 것이다. 이웃도 똑같이 잘살 권리가 있으므로, 약한 사람을 도와서 모두가 함께 행복하고 평화롭게 사는 세상을 만들어야 한다는 설명이다. 이것이 곧 자비세상이 아닐까? 노장의 거지굴 체험담이 이어진다.

"6·25 직후엔 큰 도시의 산밑에 파놓은 방공호에 가보면 거지들이 많았어요. 한 번은 저런 사람들에게도 사람답게 사는 법을 가르쳐 줘야겠다 싶어서 거지굴에서 함께 산 적이 있지요. 처음에 그들 앞에서 요령을 흔드니 밥을 먹던 사람들이 모두 일어서서 쩔쩔 매는 겁니다. 자기들한테 동냥 온 사람은 처음이었거든요. 그러나 내가 '배가 고프니 밥을 좀 나눠달라'고 하자 모두들 자기가 동냥했던 것을 주면서 얼굴에 희색이 가득해요. 자기들도 남에게 뭔가를 줄 수 있다는 데 큰 기쁨을 느꼈던 것이지요."

진흙에서 연꽃이 피는 것처럼, 거지굴에서도 자비의 꽃은 이렇게 피어난다. 병들고 가난한 이들의 안식처인 '꽃동네'도 얻어먹을 힘조차 없는 사람들을 먹여 살리던 거지 노인의 삶에서 비롯되지 않았던가. 노장이 붓글씨로 즐겨 쓰는 경구처럼 자비무적(慈悲無敵)이다.

하지만 속세에는 자비보다 다툼이 더 많다. 정치인은 정치판에서, 장사꾼은 장터에서, 학생은 학교에서 경쟁하고 다툰다. 이런 속세를 보는 노장의 소회가 어떨까? 노장은 "산중의 늙은이가 뭘 알겠느냐. 세상 이야기나 좀 들려달라니까……"라면서도 위정자들에 대한 경책의 말씀을 한 보따리 풀어놓는다.

"국가지도층에서 크게 잘못하고 있어요. 해마다 수해가 나서 국민들이 전전긍긍하는 걸 보세요. 어쩌다 실수하는 것도 아니고 매년 똑같은 피해가 반복되니 참 답답한 일입니다. 정치인들이 서로 싸움만 하지 국민을 편안하게 하는 데에는 제로(zero)예요. 백성은 어리석은 어린아이 같기 때문에 국민이 편안히 살 수 있도록 정치가 부모 역할을 해야 하는데, 국민들이 이렇게 불안 속에서 상을 찌푸리고 살아서야 되겠어요?"

싸움판으로 변한 국회와 정치인에 대한 꾸중이 이어진다. 권력을 잡기 위해 싸움만 하지 말고, 국민 살리는 일을 하라는 주문이다.

"밤낮없이 내 편, 네 편 갈라서 옳다, 그르다 싸움만 해서야 되겠어요? 이 땅에서 살기 어렵다고 국민들이 죄다 이민을 가려는 마당인데도 서로 싸우기만 하니, 참 우스운 물건들입니다. 붉은 것은 붉다고 하고 검은 것은 검다고 해야 하는데 보는 눈마다 다르니 큰일이지요. 국민들도 대각성을 해야 합니다. 분수를 지키고 만족할 줄 모르면 세상살이가 칼날 밟기와 같아져요. 말로만 그럴 게 아니라 마음으로부터 서로 화합하고 단결해서 약한 사람, 약한 국가도 함께 살 수 있는 문화 세상을 만들어야지요."

노장은 "지금은 껌껌하고 나쁜 짓 하는 사람들이 잘사는 세상"이라며 종교인들이 밝은 세상을 만드는 데 앞장서야 한다고 지적한다. 석가모니 부처님이 태자로서의 영화를 버리고 맨발에 거지 생활을 했던 것처럼, 모든 사람들을 자기 자신처럼 여기는 동체대비(同體大悲)를 실현해야 한다는 것이다.

"출가수행자를 일컬어 인천사(人天師·사람과 하늘의 스승)라고 했습니다. 바른 이치로 살기 때문이지요. 부처님이 비록 거지 생활을 했지만 일체중생의 스승이었던 것처럼, 부처님의 가르침을 따르는 스님들도 인천(人天)의 스승이라는 겁니다. 스님들도 이런 말을 들으려면 철저히 무소유(無所有)로 살아야 하고 많이 반성해야 해요. 내 소유는 하나도 없지만 천하에 내 것 아닌 것이 없거든요."

노장은 "한적한 곳에 계시니 좋겠다"는 말에 "모든 것은 마음에 달려 있다"고 했다. 마음이 어지러우면 조용한 곳에 있어도 어지럽고, 마음이 안정되어 있으면 번잡한 곳에서도 어지럽지 않다는 것이다. 그래서 노장은 항상 마음의 중심을 잡으라고 경책한다.

"중심이 딱 선 사람은 어떤 소리를 해도 홀리지 않지만, 중심이 서지 않은 사람은 늘 망상 속에 있으니 걸리게 돼요. 어떤 경계에도 정신 없이 쓸려 넘어가지 않아야 무심도인(無心道人)이라 할 수 있지요. 같은 꽃을 보고도 한숨 지으며 눈물 뿌리는 사람이 있고, 웃고 노래하는 사람도 있잖아요. 그렇다고 노래하는 꽃, 눈물 뿌리는 꽃이 따로 있나요? 자기 마음을 중심으로 세계가 벌어지는 것이지요."

노장은 1994년 탈종선언과 함께 떠났던 봉암사로 2001년 말 다시 돌아갔다. 2001년 하안거 때부터 결제나 해제 때 봉암사에 가서 법문을 한 데 이어 본래의 자리로 완전히 되돌아간 셈이다. 노장을 '봉암사의 영원한 어른'으로 여기는 수좌들의 간곡한 요청에 의해서다. 무슨 마음으로 돌아간 것일까? 노장의 이 말씀이 답인 것 같다.

"공부하는 사람들이 불교 얘기를 듣겠다고 하니 가는 것이지요. 불교는 아무런 장벽도 국경도 없어요. 그래서 불교 이야기를 해 달라면 미국도 가고 교회에도 갑니다."

말에 걸리지 마라 – 무유정법론(無有正法論)

'사인설정법(邪人說正法)하면 정법회귀사법(正法回歸邪法)이요, 정인설사법(正人說邪法)이라도 사법회귀정법(邪法回歸正法)이라.'
삿된 사람이 부처님의 정당한 법을 이야기하면 전부 삿된 마음으로 돌아가 버리고, 정당한 사람은 삿된 이야기를 해도 모두가 정법으로 돌아간다.

서암 스님이 "말에 집착하지 말라"고 강조하면서 들려준 이야기다. 어떤 말이든 완전무결한 것은 없으며 어떤 경계를 옳다, 그르다고 하면 벌써 어긋나 버린다는 뜻이다. 부처님의 팔만사천 법문도 앞뒤가 맞지 않는 것이 많지만, 부처님의 틀로 바로 보면 맞지 않는 것이 없다는 설명이다.

"이것도 맞는 소리고 저것도 맞는 소리 같지만, 사실 정당한 사람이 삿된 소리를 하는 것 같아도 실제로는 남을 삿되게 대할 턱이 없잖아요. 반면 삿된 사람은 아무리 좋은 말을 해도 애초에 삿된 사람이니까 정당한 소리가 될 수 없는 것이지요. 그래서 부처님 법을 무유정법이라고 하는 겁니다"

노장은 또 '지계파계(持戒破戒·계를 지키는 사람이 계를 파한다)'라는 부처님 말씀과 '불원파계이백년생(不願破戒而百年生·계를 파하고 백년을 사느니) 일일지계이사(一日持戒而死·하루를 살아도 계를 지키겠다)'라는 자장율사의 말씀을 들려준다. 계행을 지키는 것은 성불하기 위함인데, '자기가 계행을 지킨다'고 생각하면 벌써 계행이라는 틀에 걸린 것이라는 설명이다. 계행을 지키는 것에 걸려 있어서 해탈할 수 없으므로 파계행위라는 것이다. 그렇다고 막행막식(莫行莫食)하면서 계를 지키지 않아도 역시 성불하기는 틀렸다.

  따라서 노장은 "옳은 말, 그른 말이 따로 있지 않다"고 강조한다. 말의 뜻을 옳게 이해해야 한다는 얘기다. 부처님은 온갖 말씀을 다 해놓고 마지막에는 "나는 한 마디도 한 게 없다"고 시치미를 떼지 않았던가. 그때그때 상황에 맞게 상대방이 깨우치도록 말씀을 했기 때문이다. 따라서 노장은 천경만론(千經萬論)이 모르고 보면 다 다르지만 알고 보면 다 똑같다고 설명한다.

서암 스님

- 1914년 경북 영주 출생 • 1935년 예천 서악사에서 화산 스님을 은사로 출가 • 금강산 마하연, 유점사 등 제방선원에서 수행 • 철원 심원사 강사 • 조계종 총무원장, 조계종 원로회의 의장, 봉암사 조실(현), 조계종 제9대 종정

법전 스님

●●● 자성(自性)을 깨치면 그게 바로 천당이요 극락

가야산에 봄꽃이 흐드러졌다. 해인사로 들어가는 길에는 벚꽃이 만발했고 개나리와 진달래, 산수유도 뒤질세라 한껏 꽃단장이다. 근래 들어 성철·혜암 스님에 이어 또다시 조계종의 종정을 배출한 데 대한 대자연의 축하연인가. 퇴설당(堆雪堂) 앞마당의 목련도 꽃망울을 터뜨렸다. 그러나 조계종의 제11대 종정에 추대된 법전(法傳·77) 스님의 반응은 덤덤하다.

"개명불개체(改名不改體)라, 이름은 바뀌었지만 본바탕은 조금도 변한 것이 없습니다. 근본자리에서 본다면 (종정이라는) 이름이 하나 더 붙었다고 해서 이 산승(山僧)이 뭐 달라지고 변한 게 있겠습니까."

청정본연의 세계에 사는 수행자가 종정이라는 지위와 이름에 끄달리겠느냐는 뜻이다. "지극한 삶을 사는 사람에게는 지위와 이름이 없다(至人無名)고 한 옛말처럼, 출가인에게 이름과 지위는 따지고 보면 자기를 더럽히는 일"이라고까지 했다. 수행자는 오로지 수행할 뿐 다른 것은 다 곁가지에 불과하다는 얘기다. 팔만사천 가지 위의(威儀)를 다 갖췄던 부처님도 만덕(萬德)으로 중생의 복밭(福田)이 되고 대비(大悲)로써 중생을 구제하지 않았던가. 그래서 수행자가 해야 할 일의 첫 번째로 법전 종정은 지계청정(持戒淸淨)를 꼽는다.

"계행(戒行)이 청정해야 수행도 하고 이웃도 도울 수 있습니다. 똥을 담은 바가지에 아무리 깨끗한 물을 부어도 똥물밖에 되지 않듯이, 그릇이 깨끗해야 올바로 수행할 수 있어요. 그래야 캄캄하던 사람에게도 지혜가 생겨서 사람이 바르게 되지요. 사회에서도 정직하고 성실한 사람이 바로 부처입니다. 수행을 하면 생각과 행동과 말이 바르게 되니 그게 사회의 거울이 되는 것이지요."

그러면서 법전 종정은 120세까지 살면서 80세까지 다른 이를 찾아다니며 배우고 또 가르쳤던 조주 스님의 예를 들어 수행자들에게 끊임없는 공부와 정진을 강조했다. 그리고 불교와 조계종단의 모든 문제는 스님들이 수행을 잘하지 못해서 생긴 것이므로 수행만 잘하면 다 해결될 것이라고 했다. 먼저 지극한 수행으로 자기의 안목을 열면, 바로 생각하고 바로 행동하며 바른 말을 하게 돼 사회의 거울이 되고 모든 사람들의 귀의처(歸依處)가 된다는 말이다.

"인간은 누구나 무명(無明)과 탐욕으로 자기를 잃고 있어요. 무명과 탐욕에서 자각의 눈을 떠 얽매임에서 벗어나야 합니다. 그래서 자기의 실상을 자각해야 존재의 속박으로부터 자유스러워질 수 있어요. 원효 스님은 '자죄미탈(自罪未脫)이면 타죄불속(他罪不贖)'이라 했습니다. 자기 죄도 벗지 못한 사람이 남의 죄를 갚아줄 수 없는 것처럼, 자기의 안목이 열리지 않으면 다른 사람의 안목도 열어줄 수 없다는 말입니다. 나는 아미타불이 만든 극락도, 하느님이 만든 천당도 원하지 않습니다. 자성(自性)을 깨치면 그게 바로 천당이요 극락이니, 내 손으로 만든 극락과 천당에서 살고 싶어요. 그러니 여러분도 반드시 수행하세요."

노장은 "수행이란 출가자의 독점물이 아니다"라며 남녀노소, 황·백·흑의 인종, 축생과 무정물(無情物)까지도 수행해야 한다고 말한다. 모든 중생은 불성(佛性)을 가지고 있기 때문이다. 노장은 또 "수행자 노릇을 제대로 하려면 가난부터 배워야 한다"며 기한발도심(饑寒發道心·춥고 배고파야 도심이 생긴다)을 강조한다. 지금 같은 물질적 풍요 속에서는 절대로 도인이 나올 수 없으므로 스스로 가난을 선택해 수행해야 한다는 설명이다. 평소 소욕지족(少慾知足)을 강조하는 것도 이런 까닭이다. 그러면서 송나라 때 굉지정각(宏智正覺·1091~1157) 선사의 훈계를 들려준다.

'욕심을 적게 하고 만족할 줄 알아서 부귀를 탐내지 말라. 배고픔과 목마름을 참고 수행에만 뜻을 두라.'

전남 함평에서 태어난 법전 종정은 열네 살 때 영광 불갑사에서 설제(雪醍) 스님을 은사로 출가, 장성 백양사에서 강원 대교과를 졸업하고 만암 스님으로부터 비구계와 보살계를 받았다. 이듬해인 1949년 스물네 살 가을, 백양사에서 하안거를 마치고 해인사로 가려다 문경 봉암사에 들러 '봉암사 결사'에 막내로 합류했다. 봉암사 결사는 성철·향곡 스님 등이 승풍진작을 위해 뭉쳤던 모임이다.

"봉암사에서 성철·향곡·자운·청담 스님 등 당대의 기라성 같은 선지식들을 만나 바른 법에 눈을 뜨게 됐어요. 중노릇의 새로운 계기가 됐지요. 그때 산승(山僧)의 화두는 '타사시구자(拖死屍句子)', 즉 '무엇이 너의 송장을 끌고 왔느냐'였습니다. 그런데 정진을 하면 시간이 좀 지나야 화두가 들리는데, 여기서는 이상하게도 앉자마자 화두가 들리더니 7개월이나 화두가 성성한 경지가 계속됐습니다. 어느 날 부엌에서 도마질을 하는데 갑자기 눈앞이 환해지면서 뭔가 경계가 달라진 느낌을 받았지요."

누군가가 성철 스님에게 "법전이 아무래도 경계가 있는 듯하니 한 번 점검해 보라"고 귀띔해 성철 스님에게 불려갔다.

"무엇이 너의 송장을 끌고 왔느냐? 한 마디 일러라."

법전 스님이 오른쪽 주먹을 내보이자 성철 스님은 "다시 일러라"고 했다. 이번에는 왼쪽 주먹을 내보이자 "그런 식 말고 말로 해봐라"고 했다. 그래서 "아이고, 아이고!"라고 하자 성철 스님은 "그것 말고 다시 한번 일러봐라"고 했다. 거기서 꽉 막혀 대답을 못하자 성철 스님은 법전 스님을 문밖으로 냅다 밀쳐내더니, 세숫대야의 물을 머리에 '퍽' 뒤집어 씌워버렸다. 또 그날 저녁에는 선방 문을 확 열어젖히더니 입승(立繩) 스님에게 "밥값 내놓아라"며 따귀를 때리고 다른 스님에게는 향로의 재를 덮어 씌워 대중들이 혼비백산했다고 한다.

"성철 스님은 납자를 가르치는 방법이 유달랐습니다. 앉아서 졸거나 방일한 모습을 보면 고함을 지르거나 몽둥이로 내리치고 심한 경우에는 봉암사 계곡에 처박아 버리곤 하셨지요. 내가 몸이 시원찮아 쓸데없는 꿈이 많았는데, 그날부터는 잡된 꿈이 거의 없어졌어요. 뿐만 아니라 낮에 열심히 정진한 날에는 꿈에도 화두가 들리기 시작했습니다. 처음 경험해 보는 그 법열(法悅)을 어찌 말로

표현할 수 있겠습니까."

그 뒤 한국전쟁이 나면서 봉암사 결사는 해체됐다. 법전 스님은 성철 스님과 함께 고성 문수암, 월래 묘관음사 등을 거쳐 통영 안정사 천제굴에서 성철 스님을 시봉했다. 이때(1951년) 성철 스님은 법전 스님에게 '도림(道林)'이라는 법호를 내리고 법상좌로 삼았다. 그 뒤 성철 스님이 파계사 성전암에 철조망을 두르고 폐문정진할 때 법전 스님은 문경 대승사 묘적암에서 또 한번 마음의 변화를 경험, 성철 스님을 찾아갔다.

"밤중에 성전암으로 들어가는 산길 입구에 도착했는데, 마침 눈은 내리고 석 달 이상을 하루에 찬밥 한 덩이로 지낸 터라 한 시간이면 갈 길을 세 시간 이상 걸려서 겨우 겨우 올라갔지요. 어디서 힘이 솟았는지 철망을 뛰어넘어 성전암 마당에서 팔공산이 쩌렁쩌렁 울리도록 소리를 질렀습니다. 그러고는 노장님 방으로 들어가 드러누워 버렸지요."

잠시 후 성철 스님이 "어떤 것이 조사가 서쪽에서 온 뜻이냐(如何是祖師西來意)"고 물었다. "죽은 사람 앞에 술이 석 잔(屍前酒三酌)"이라고 답하자 성철 스님은 다시 "어떤 것이 조사가 서쪽에서 온 뜻이냐"고 물었다. 그러자 법전 스님은 "아이고! 아이고! 아이고!(蒼天, 蒼天, 蒼天)"라고 답한 뒤 일어나 뚜벅뚜벅 방안을 걸으며 이렇게 일렀다. "일월동서별(日月東西別·일월이 동서를 분별하니) 좌인기이행(坐人起而行·앉았던 사람이 일어나 가더라)."

그러자 성철 스님은 "오늘 파참재(罷參齋) 떡을 해주겠다"는 말로 법전 스님의 견성을 인가했다. 파참재란 공부하다 깨치거나 득력(得力)하면 수행이 완성되어 스승의 지도를 면제받는 의식으로, 이때 떡을 해먹었다고 한다. 노장의 나이 서른셋의 일이다.

"젊고 힘 있을 때 부지런히 정진해야 합니다. 봉암사 결사 당시에는 몰랐는데, 그때 큰스님들이 공부시키려고 애쓸 때 뼈가 부서지도록 공부하지 못한 게 지금도 한이 됩니다. 혜암(전 종정) 스님 말씀처럼 공부하다 죽을 각오로 살아야 해요. 군인이 전쟁터에서 죽는 것이 가장 큰 영광이듯 수행자는 정진하다 좌복 위에서 죽는 게 가장 올바르고 떳떳한 일입니다."

그래서 노장은 안거를 마치고 떠나는 수행자들에게 "화두를 놓고 돌아다니는 수행자는 때려죽여도 죄가 안 된다는 옛말이 있다"며 "해제나 결제(안거를 시작하는 것)는 날짜나 모양에 있는 것이 아니라 의심이 있느냐 없느냐에 달려 있다"고 강조한다. 수행한다고 가만히 앉아 있어도 의심덩어리(화두)가 없으면 모양만 결제요, 돌아다니더라도 이것이 살아 있으면 해제를 해도 해제가 아니라는 설명이다. 자성(自性)을 깨쳐 확철대오(廓徹大悟)할 때 비로소 해제할 수 있다는 이야기다.

"산승의 평소 좌우명이 '내근극념지공(內勤剋念之功)하고 외홍부쟁지덕(外弘不爭之德)하라' 입니다. 안으로는 부지런히 수행하고 밖으로는 다투지 않는 덕을 쌓는다는 뜻이지요. 승려의 본분인 수행에 힘쓰면서 덕을 쌓아야 안팎이 조화로운 삶을 유지할 수 있어요. 일반인들도 동체대비(同體大悲)를 실천해야 합니다. 특히 정치인들은 상대방을 비난하기보다 칭찬하는 법을 먼저 배워야 해요. 내 허물을 먼저 보는 사람이 지혜로운 사람입니다."

노장에게 평소 즐겨 쓰는 게송을 들려달라고 했더니 이런 구절을 내놓는다.

行亦禪坐亦禪(행역선좌역선) 心也佛也都放下(심야불야도방하) 眼前風月淸淨身(안전풍월청정신) 脚下山色是道場(각하산색시도량).
움직이는 것도 참선이요 앉아 있는 것도 참선이니, 마음도 부처도 모두 놓아버려라. 눈앞의 바람과 달이 모두 청정법신이며, 발아래 펼쳐진 세계가 바로 도량이구나.

자리를 파할 즈음 법전 종정은 '한산자장여시(寒山子長如是 · 한산자는 항상 변함이 없어서) 독자거불생사(獨自去不生死 · 홀로 스스로 가고 생사가 없다'라는 애송시를 들려준 뒤, 선물을 하나 줄 테니 받겠느냐고 했다. 무슨 선물일까 짐작도 하기 전에 노장의 말이 이어진다.

"당나라 때 투자의청(投子義淸) 선사가 자기를 찾아온 한 수좌에게 '그대는 어디서 오는가' 하고 묻고 수좌가 '칼산(劍山)에서 옵니다'라고 하자 '칼을 갖고 왔느냐'고 물었습니다. 그러자 수좌는 손가락으로 땅을 가리켰는데 그 뜻을 아는 분 있습니까?"

좌중에서 아무런 대답이 없자 법전 종정은 갑자기 가야산이 쩌렁쩌렁 울리도록 할(喝)을 내뿜었다. "아무도 대답을 못하네. 대답해 봐! 억(喝)!"

법전 스님의 수행일화

법전 스님이 서른세 살 때인 1957년, 경북 문경의 대승사 묘적암에서 수행할 때다. 당시 묘적암에는 쌀이 두 가마니 있었는데 노장은 "저 쌀이 다 떨어지기 전에 공부를 마치든지 결과가 시원찮으면 죽든지 둘 중 하나를 해야겠다"고 결심했다. 그러고는 외부인이 일체 출입할 수 없도록 암자의 문을 걸어 잠갔다.

혼자 살며 수행하다 보니 하루 세 끼 밥을 해먹는 것이 귀찮기도 했지만 공부할 시간이 많이 빼앗겨 안타까웠다. 그래서 법전 스님은 밥을 다섯 되쯤 해서 방구석에 놓고 김치단지와 그릇, 수저도 그 옆에 갖다 놓았다. 겨울인지라 찬밥을 그릇에 덜어 김치와 함께 대강 먹고 우물가에서 찬물 한 모금 마시는 게 공양의 전부였다. 더우면 게으른 생각만 난다고 불도 춥지 않을 정도로만 지피고 이불과 베개도 없애버렸다. 세수도, 청소도 하지 않았다.

그러던 어느 날 윤필암 비구니 스님들이 순두부를 다섯 되짜리 차관에다 가득 담아왔다. 순두부를 워낙 좋아하는 터라 한 사발 맛있게 먹고 난 뒤 나머지를 방 윗목에 밀쳐 뒀다. 비구니 스님들은 내려가고, 다시 좌복 위에 앉아서 얼마나 지났을까. 하루는 순두부를 담아놓은 차관이 보이길래 한 사발 먹으려고 뚜껑을 열었더니 아뿔사! 이미 곰팡이가 새카맣게 나버린 뒤였다. 그 추운 겨울에 차가운 방에서 곰팡이가 나기까지 며칠이나 지났을까. 노장은 여기서 순두부 대신 깨침을 얻었다.

법전 스님

• 1925년 전남 함평 출생 • 1939년 영광 불갑사에서 설제 스님을 은사로 출가 • 1949년 봉암사 결사에 참여 • 1951년 성철 스님을 법은사(法恩師)로 건당, 법을 인가 받고 도림(道林)이라는 법호를 받음 • 1952년 이후 창원 성주사, 문경 갈평토굴, 태반산 도솔암, 문경 대승사 묘적암, 김용사 금선대, 통도사 범어사 선원, 해인사 등 제방선원에서 참선수행 • 1967년 해인총림 선원 유나 • 1981년 조계종 종회의장, 총무원장 • 1996년 해인총림 방장 • 2000년 조계종 원로회의 의장 • 2002년 조계종 11대 종정 추대

숭산 스님
••• 부처도 죽이고 조사도 죽이는 게 선

　　곳곳이 연등 물결이다. 거리마다, 사찰마다 온통 연꽃세상이다. 서울 수유리의 화계사도 '부처님 오신 날'을 맞을 준비로 분주하다. 염화실에 들어서니 숭산(崇山·75) 스님은 서안(書案)을 앞에 두고 합장하고 있었다. 건강이 썩 좋지는 않다면서도 환한 웃음으로 객을 맞는 모습이 연꽃처럼 맑다.

　　"부처님 오신 날은 불교의 4대 명절 가운데 가장 큰 명절로, 부처님과 같이 깨달아 일체중생을 제도하는 데 의의가 있어요. 그런데 요새는 얼굴은 인간의 모습인데 행동이나 의식은 동물 같은 사람이 많아졌습니다. 자기만 생각하고 남에 대한 배려는 할 줄 모르는 사람들이지요. 인간의 본성을 깨달아 일체중생을 제도해야 하는 이유가 바로 여기에 있어요."

　　숭산 스님은 인간성 상실의 근원을 인구의 급팽창과 과도한 육식에서 찾으면서 이렇게 말문을 열었다. 2차 대전 이후 세계

인구가 3배 이상으로 급증하면서 사람들이 배를 채우고 옷을 해 입기 위해 수많은 동물을 죽여왔다. 그렇게 희생된 많은 동물들이 사람으로 환생해 인면수심(人面獸心)이 되고 있다는 것이다. 고기를 많이 먹다 보니 정신이 흐려지고 남 생각을 할 줄 모른다는 얘기다. 걸핏하면 사람끼리 '개새끼' 운운하는 것도 동물의 식(識)이 옮겨왔기 때문이라고 한다.

"부처님께서는 '인간성을 찾자'고 하셨지요. 서양종교에서는 신에 의지해야 하므로 인간 자체가 뭔지 알기 어렵습니다. 반면 불교는 나 자신을 깨달음으로서 대우주의 진리를 깨달아 일체중생을 제도하려는 종교입니다. 그런 면에서 가장 현실적이고 민주적이지요. 근래에 서구에서 불교에 대한 관심이 높아진 것도 이런 까닭입니다."

사실 숭산 스님은 국내에서보다 해외에서 더 유명한 선사다. 티베트의 영적 지도자인 달라이라마, 베트남의 틱낫한, 캄보디아의 마하 고사난다 스님과 더불어 '세계 4대 생불(生佛)'로 불릴 정도다. 최근에는 조계종 종정 후보로 추천되기도 했다.

숭산 스님은 1966년 일본에 재일홍법원(在日弘法院)을 개설한 이래 30여 년간 미국, 캐나다, 폴란드 등 전 세계 32개국에 한국의 선불교를 전했다. 이들 나라에서 운영중인 선방이 120여 개나 된다. 북미(42개), 동유럽(30개), 서유럽(22개)은 물론 남아프리카공화국에도 12개의 선원이 있다.

"지난 72년 처음 미국에 가서 일본의 선이 많이 퍼져 있는 걸 보고 일본보다 훨씬 앞선 한국의 선불교를 포교해야겠다고 마음먹었지요. 하지만 돈도 거의 없었고, 영어도 거의 할 줄 모르는 상태여서 그야말로 눈도 없고, 귀도 없고, 코도 없고, 혀도 없이 미국 포교에 나선 셈이지요. 그래서 미국에서 세탁소 일을 하면서 포교를 시작했어요. 로드아일랜드의 프라비던스에 아파트를 얻어 선원을 개설했는데, 아파트 임대료를 내기 위해 세탁소에 취직했지요."

그 뒤 프라비던스 선원은 몇 차례 이사를 거듭하며 제자리를 잡았고, 케임브리지 선원, 뉴헤이븐 선원, 로스앤젤레스 선원 등으로 빠르게 확산됐다. 이해하기 어려운 조사선을 오늘날의 언어로 바꿔 일상적인 삶에 접목해 가르친 결과다. 이렇게 해서 노장의 가르침을 받은 외국인 제자들이 5만여 명에 이르고, 그 중 법사 자격을 받은 사람만 800명을 웃돈다. 하버드 대학 출신의 수좌로 널리 알려진 미국인 현각 스님이나 계룡산 국제선원 무상사 조실 대봉 스님, 미국 LA 근처 태하차피에 한국 절 태고사를 짓고 있는 무상 스님 등이 다 노장의 제자들이다.

"선불교는 직접 마음을 탐구해 깨달음에 이르는 방법입니다. 단지 수행이 있을 뿐 언어를 통한 가르침은 중요하지 않지요. 수박의 모양과 맛이 어떻다고 설명하는 것보다 직접 베어 물어보는 것이 '선'이지요. 살불살조(殺佛殺祖)라, 부처도 죽이고 조사도 죽이는 게 선입니다. 깨달음의 세계로 들어가는 데에는 아무것도 필요 없어요. 그렇게 하다보면 결국 나만 남고 내가 부처가 되지요."

마음을 탐구하는 방법에 대해 숭산 스님은 "밥을 먹든, 공부를 하든 자신이 하는 일에 온 정신을 집중하라"고 가르친다. 그래서 제자들에게 늘 강조하는 것이 '오직 할 뿐'이다. 밥을 먹을 땐 밥을 먹는 일에, 공부할 땐 공부에 온 정신을 집중하라는 얘기다. 그러면 대자연과 하나가 되고, 진리를 보고 듣는 힘이 생겨 진리 아닌 것이 없다고 설명한다. 그러나 생각이 갈라지면 진리를 볼 수 없다. 그래서 무엇을 하든 '오로지 할 뿐'이다.

"선불교는 온 곳도, 갈 곳도 모른 채 나를 찾아 들어가는 것인데 한국 사람들은 생각이 너무 많아요. '이뭣고'를 화두로 의심덩어리를 끌고 나가야 하는데, 잡생각이 이를 방해하지요. 그런 면에서 오히려 외국인들이 선불교의 수행법을 더 잘 수용합니다. 앞으로 '참나'와 우주의 근본을 찾는 사람들이 더욱 많아질 겁니다. 이런 사람들이 TV활동이나 종교활동을 통해 말세 중생들을 깨달음으로 이끌 것으로 봐요. 아마 2010년쯤이면 이런 정신세계를 다루는 단체와 수행자들이 크게 늘어날 겁니다."

노장은 특히 종교와 과학의 대립이 가져올 폐해를 걱정한다. 종교와 과학이 융화하지 못하고 대립하면 인간이 해를 입게 될 것이기 때문이다. 따라서 종교와 과학의 융화를 위해서는 인간의 본성품을 발견해 인간성을 회복해야 한다고 노장은 지적한다. 종교도 서로 싸움을 할 게 아니라 하나가 돼 인간성을 복구할 수 있도록 이끌어야 한다고 덧붙인다. 대자연과 인간이 융화될 수 있도록 종교와 과학이 앞장서자는 얘기다.

"과일이 가을에 다 익어 땅에 떨어지면 금방 썩어버리듯, 과학기술 문명이 절정에 달하면 인간세상도 갑자기 대혼란에 빠질 수 있어요. 인구도 20억에서 60억, 70억으로 자꾸 늘다 보면 한꺼번에 확 줄게 되는 날이 옵니다. 그래서 현재를 말세라고 하는 겁니다. 그러나 썩은 과일의 씨앗에서 새 싹이 움트듯, 인간 본래의 '씨'인 본성품을 발견하고 보살행을 실천하면 말세의 고통과 재앙을 피할 수 있어요."

　　　일제 때 평안남도 순천에서 장로교 계통의 기독교 집안에서 4대 독자로 태어난 노장의 삶은 참으로 파란만장하다. 속명이 이덕인인 숭산 스님은 평양의 평안공업학교에 다닐 때에는 일본의 만행과 횡포에 의분을 참지 못하고 지하독립운동에 가담했다. 단파 수신기를 만들어 하와이에서 보내는 '미국의 소리' 방송을 청취해 이를 주변에 전하고 길림성의 독립군에도 보냈다. 그러다 일본경찰에 체포돼 평양 감옥에서 4개월 반 동안 갖은 고초를 다 겪은 뒤, 부친과 교장선생님의 노력으로 풀려났다. 그 뒤 독립군에 지원하기 위해 친구들과 함께 만주 봉천으로 갔으나 나이가 너무 어리다는 이유로 받아주지 않아 그냥 집으로 돌아오기도 했다. 대동공전에 입학해 1학년 때 해방이 됐으나, 북한정권에 반대하는 학생운동을 벌이다 묘향산 보현사 상윤암에 숨어 겨울을 보냈다. 이듬해 평양역 수류탄 투척사건으로 북한 당국이 학생들에 대한 대대적 검거에 나서자 덕인은 서울로 내려왔다.

"서울에서 동국대 불교학과를 졸업하던 1947년, 3·1절에 좌우익 학생들의 유혈충돌이 있었어요. 2천만 민족이 독립을 위해 일본과 싸운 날, 서로 총질을 하는 걸 보고 그날로 머리를 깎고 마곡사로 들어갔지요. 그때 친구인 한 스님이 준 금강경을 읽고 모든 문제가 술술 풀렸습니다. '凡所有相 皆是虛妄 若見諸相非相 卽見如來(무릇 상을 가진 모든 것은 허망하니 모든 상이 상 아님을 안다면 곧 여래를 볼 것이다)' 라는 대목에서 무언가 머리를 치는 것이 있었지요."

그래서 덕인은 1947년 9월 마곡사에서 수해 스님을 은사로 정식 출가했다. 사미계를 받은 직후 숭산 스님은 '이참에 생사를 떼놓고, 단번에 이루거나 죽거나 미치거나 셋 중에 하나를 결정하겠다'는 각오로 100일 다라니 기도에 들어갔다. 기도 장소는 공주 마곡사 뒤편의 원각산 부용암 산신각. 하루 2~3시간만 자면서, 기도 중에 가장 어렵다는 '신묘장구대다라니(神妙章句大陀羅尼)'를 외웠다. 식사는 한 끼에 솔잎가루 두 숟가락씩을 먹는 게 전부여서 변비가 심했다. 그럴 땐 날콩을 한 주먹쯤 물에 불려 먹으면 시원하게 해결됐다며 노장은 웃는다.

"기도에 들어간 지 99일째 되는 날, 어떤 사람이 걸망을 메고 산길을 가는 것이 보였어요. 까마귀가 그 곳에 있다가 날면서 까악까악 우는 걸 보고 마음이 활짝 열렸습니다. 그래서 그 자리에서 게송을 하나 지었지요."

圓覺山下非今路(원각산하비금로·원각산 아래 한 길은 지금 길이 아니건만)
背囊行客非古人(배낭행객비고인·배낭 메고 가는 길손 옛 사람이 아니로다)
濯濯履聲貫古今(탁탁이성관고금·탁탁탁 걸음소리 예와 지금 꿰었는데)
可可烏聲飛上樹(가가오성비상수·깍깍깍 까마귀는 나무 위에 나는구나)

기도를 마친 숭산 스님은 마곡사로 내려와 고봉 선사를 찾아갔다. 절을 올리고 불쑥 목탁을 내밀며 "이것이 무엇입니까" 하고 묻자 고봉 스님은 말없이 목탁 채를 집어 목탁을 따렸다. 고맙다는 인사를 하고 일어서 나가는 숭산 스님을 고봉 선사가 다시 불러들였다. "네가 부처를 보았느냐, 절을 보았느냐"라는 질문에 숭산 스님은 꽉 막혀버렸다. 그러자 고봉 스님은 '정전백수자(庭前栢樹子·뜰 앞의 잣나무)'라는 화두와 함께 행원(行願)이라는 법명을 내렸다. '정전백수자'는 옛날에 어떤 스님이 "달마대사가 서쪽에서 온 뜻이 무엇입니까(如何是祖師西來意)"라고 묻자 조주 스님이 "뜰 앞의 잣나무"라고 대답했던 데서 연유한 화두다.

그 길로 수덕사 선방으로 가 동안거를 마친 숭산 스님은 금봉 선사와 금오 선사에게 견성을 인가 받고 다시 고봉 스님 앞에 섰다. 손에는 소주 한 병과 오징어를 든 채 이렇게 입을 열었다.

"제가 어제 저녁에 삼세제불을 다 죽여 송장을 치우고 오는 길입니다. 제물 중에 남은 게 있어서 가져왔습니다."

"그럼 한 잔 따르지."

"잔을 내주십시오."

그러자 고봉 스님은 손바닥을 내밀었고, 숭산 스님은 고봉 스님의 손을 치우고 술병으로 방바닥을 내리쳤다. 그러나 고봉 스님은 "그것으로는 안 된다"며 "쥐가 고양이 밥을 먹다가 밥그릇이 깨졌다. 무슨 뜻이냐"고 물었다. "하늘은 푸르고 물은 흘러갑니다"라고 해도 "아니다", "3·3은 9입니다"라고 해도 "아니다", "오늘은 날씨가 맑습니다"라고 해도 "아니다", "아니다"…….

춘성 스님도 금오 스님도 금봉 스님도 다 인가했는데 왜 아니라고 하는 걸까. 잠시 고민하던 숭산 스님은 그제서야 한 생각이 떠올라 '즉여(卽如)의 도리'로 대답을 해 인가를 받았다. 이어 1949년 고봉 스님으로부터 전법을 받고 '덕숭산인(德崇山人)' 또는 '높은 산'이라는 뜻의 '숭산'을 당호로 받아 경허·만공·고봉 스님으로 전해 내려온 법맥을 이었다. 그 뒤에도 숭산 스님은 고봉 스님의 가르침대로 3년 묵언으로 깨침의 경지를 더욱 굳건히 다졌고, 60년대에는 불교정화운동과 불교재건운동에도 앞장섰다.

"정화불사 때 비구승은 500~600명에 불과한데 대처승은 2500명이라 싸움의 상대가 되지 않았습니다. 그래서 아무나 데려다 마구 머리를 깎아 승려를 급조하다 보니 깡패와 사기꾼도 들어왔지요. 지금은 이들이 중견승이 다 돼서 종단행정을 좌지우지하거나 큰스님 노릇을 하고 있는데, 처음에 이들을 제대로 교육시키지 못한 과보를 지금까지 받고 있는 셈이지요."

노장은 "모든 생각을 끊어 내 안과 밖이 하나가 되면 주변의 여건은 아무런 장애를 주지 않는다"며, 이를 통해 참다운 공(空)의 땅에 도달해 보라고 가르친다. 자신을 알고자 한다면 마음속의 다이아몬드 칼로 선악, 장단, 고저, 왕래, 부처님과 하느님을 모두 잘라 버리라고 다그친다.

"국민 모두가 마음을 가다듬고 각자 하는 일에 열성을 가져야 해요. 회사원이든 언론인이든 종교인이든 모두 열성을 갖고 일할 때 국가가 잘되는 겁니다. 중요한 것은 순간 순간의 삶입니다. 찰나를 어떻게 올바르게 사느냐가 미래에 무한대의 삶을 가져다 주지요. 올바른 관계, 올바른 위치, 올바른 수용을 통해 자신을 깨달아 가는 것이 함께 살아가는 길이자, 일체 중생을 제도하는 길입니다."

노장은 말세에도 희망의 싹을 찾으라고 한다.

염화실 밖으로 나오니 앞마당의 적목련 한 그루가 막 새 잎을 내밀고 있다.

숭산 스님

• 1927년 평남 순천 출생 • 1940년 평양 평안공업학교 졸업 • 1947년 마곡사에서 수해 스님을 은사로 출가 • 1949년 동국대 불교학과 졸업, 고봉 선사에게 전법건당 • 1958년 화계사 주지 • 1960년 대한불교신문사 초대 사장 • 1962년 비상종회 초대 의장 • 1966년 재일본 홍법원 개설(초대 원장) • 1972년 재미 홍법원 개원 • 현재 화계사 조실

동춘 스님
· · · 선악이 모두 불법(佛法)이요 나의 스승이라

부산 서대신동의 도솔산 내원정사. 부산 구덕운동장의 뒤편 오르막길로 불과 5분 거리지만, 사찰은 숲 속에 묻혀 벌써 '출세간(出世間)'이다. 맑은 바람에 초록빛 짙은 숲의 향기가 실려오는 내원정사 산방에서 이 절 조실인 동춘(東椿·70) 스님을 만났다.

평생을 수행으로 일관해 온 스님은 한 곳에 오래 머무는 법이 없다. 내원정사에는 다른 사람들과의 연락을 위해 잠시 들를 뿐, 늘 물처럼 구름처럼 자유롭다. 이 날 노장과의 만남도 내원정사에 기별을 넣은 지 근 보름만에 이뤄졌다. 가무잡잡한 얼굴에 자그마한 체구, 그러나 거기서 터져 나오는 법문은 더없이 명쾌하고 활연(活然)하다. 왜 한 곳에 머물지 않느냐고 물었더니 대답이 간명직절하다.

"인연 따라 사는 것이지요. 머무르면 집착이 생기고 얽매이게 됩니다. 빈손으로 와서 빈손으로 가는 인생인데 얽매일 필요가 있나요. 결국은 이 모든 것이 나를 위한 겁니다. 사람이 종교생활을 하는 것도, 저축하는 것도, 남을 돕는 것도 모두 결국은 나를 위한 것이지요. 그러니 나를 위해 머무르지 않고 수행하는 겁니다."

노장은 "조용히 살다 조용히 가는 것"이라며 "모든 것은 자기가 어떻게 하느냐에 달렸다"고 했다. 아무리 재주가 있어도 노력하지 않으면 자기 그릇을 키울 수 없으므로, 사람은 늘 지혜로워야 한다고 노장은 강조한다. 지식이 아무리 많아도 지혜롭지 못하면 그릇을 키울 수 없다는 얘기다. 그럼 어떻게 하면 지혜로워질 수 있을까?

"지혜는 나를 버림으로써 생깁니다. 그러자면 나를 돌아보고 내 허물을 알아야지요. 남을 위하는 게 곧 나를 위하는 겁니다. 남의 허물을 보면 '내게도 허물이 있겠구나' 하고 남의 입장에서 생각해 보세요. 그러면 내가 왜 남을 괴롭혔나 참회하게 될 겁니다."

그러나 나를 버리는 일이 말처럼 쉽지는 않은 일. 수많은 사람들이 '마음을 비웠다', '사심이 없다'고 하면서도 이런저런 비리와 추문에 연루되고 추한 모습을 보이는 것도 그런 소이가 아닐까? 노장은 "욕심과 집착에서 벗어나라"고 일갈한다. 욕심을 버리지 못하니 자기 자신을 내세우게 되고 결국 싸움이 난다는 것이다. 여야간의 정쟁과 충돌도 자기 입장에서만 주장하니까 생긴다. 남의 입장, 그리고 국민의 편에 서면 모두에게 지지 받을 수 있을 텐데, 자기 주장만 내세우니 싸움만 생기는 것이다. 노장은 감추면 빛나는데, 자꾸만 자기를 드러내려고 하니 혼란스러운 거라며 안타까워한다.

"집착하면 우물 안 개구리밖에 안 되지만 집착에서 벗어나면 삼천대천세계(三千大千世界)가 다 보여요. 주식투자 하는 사람들도 배당보다는 욕심 때문에 팔고 사고 하다가 손해보고, 더 벌려고 집착하다 망하지 않습니까? 사람들이 지식은 많은데 지혜가 없어요. 지식은 고정되어 있지만 지혜는 무한정입니다. 지혜로우면 지식이 없어도 자기 그릇을 키울 수 있어요."

일본에서 유소년기를 보내고, 1955년 석암 스님을 은사로 출가한 동춘 스님이 고희를 넘긴 지금도 끊임없이 수행 정진하는 이유도 바로 여기에 있다. 노장은 부산 선암사, 각화사, 봉암사 주지를 역임했지만, 맡은 소임만 끝나면 곧바로 바랑을 메고 수행 납자의 본분으로 돌아가는 것으로 유명하다. 2001년 초 조계종의 원로의원에 추대된 뒤에도 주석처를 정하지 않고 수행하기는 마찬가지다. 걸망 속에 든 의복 한 벌과 발우가 전 재산이다. 이런 수행으로 노장이 얻은 것은 무엇일까?

"부끄럽습니다. 아직 남에게 줄 것이 없어서……. 하지만 수행이란 무엇을 얻는 것이 아닙니다. 얻는 것이 있다면 집착하게 되겠지요. 불교는 버리는 겁니다. 그래야 새 것이 들어오지요. 왜 자기 창고에 헌 것을 쌓아 둡니까? 버리지 못하면 아무도 도와줄 수 없어요."

진공묘유(眞空妙有), 참으로 텅빈 곳에 오묘한 진리가 있다는 뜻이다. 그렇다면 노장은 얼마나 버렸을까? 질문을 입 밖에 내고 보니 '아차' 싶다.

"버릴 게 있어야 버리지요. '버린다, 갖는다'는 생각도 내지 말고 인연 따라 좋은 일을 짓는 것뿐이지요. 나를 버리면서 '버린다'는 생각마저 없을 때 큰그릇을 가진 대장부가 되는 겁니다. 도인(道人)이 따로 있나요? 천진난만한 세상에 도인들이 얼마나 많아요. '버린다, 갖는다'는 생각을 떠나야 자유로워지는 겁니다."

철저히 자기를 돌아보고 자기를 버리되, '버린다'는 생각조차 갖지 말라는 얘기다. 또 동춘 스님은 "한 생각을 돌이켜 나를 내세우지 않으면 지혜롭게 된다"고 했다. 늘 겸손하고 양보하라는 뜻이다. 그렇게 살면 시비도 없을 듯하다.

"시비할 게 뭐 있나요. 세상에는 나를 흠 잡는 사람이 있는가 하면 도와주는 사람도 있잖아요. 다 인연일 뿐입니다. 눈에 보이지는 않지만……. 본래 악 없이는 선도 없고 선 없이는 악도 없어요. 세상에 선만 있다면 선을 어찌 좋다고 할 수 있으며, 악만 있다면 어찌 악을 나쁘다고 할 수 있겠습니까? 선악이 모두 불법(佛法)이요, 나의 스승이지요. 아무리 좋은 말이라도 듣는 사람이 잘 들으면 보약이지만 잘못 들으면 독이 됩니다. 밥을 먹으면 배가 부르지만 지나치면 배탈이 나지요. 선과 악을 분별하기보다 각자가 그것을 바로 보고 바로 듣는 게 중요합니다. 모든 것이 자업자득이니까요."

노장처럼 살면 세상이 참 편해질 것 같다. 현대인이 받는 스트레스의 대부분이 사람들간의 관계에서 말미암는 것임을 감안한다면 더욱 그렇다. 노장은 "스트레스도 집착에서 온다"고 말한다. 누가 내게 서운하게 하면 '내가 전생에 잘못한 빚을 갚는 것이다. 더 잘해 줘야겠다. 도와줘야겠다'고 생각하면 된다고 한다. 모든 것은 자기 생각에 달렸고, 나쁜 것도 좋게 받아들이는 훈련을 하면 스트레스를 받을 이유가 없다는 것이다.

"왜 일이 안 되나 생각해 보세요. 모든 일에는 원인이 있으니까요. 우연히 당하는 봉변도, 횡재를 하는 재운(財運)도 원인이 있

습니다. 과거의 인연 때문이지요. 그러나 이것을 어떻게 받아들이느냐에 따라 미래가 결정됩니다.

여기 두 아들이 있습니다. 부모는 큰아들에겐 잘해 주고 관대한 반면, 작은아들에겐 덜 잘해 줍니다. 그러면 작은아들은 '내 스스로 살길을 찾아야겠구나' 생각하며 노력하지만, 큰아들은 자기의 미래를 개척하려는 의지가 약합니다. 그러다 부모가 갑자기 돌아가시면 큰아들은 혼자 살아가기가 힘든 반면 작은아들은 별 걱정 없이 삽니다. 자, 부모님의 진실한 사랑은 어디로 갔을까요? 본래 부모님은 두 아들에게 똑같은 사랑을 주었지만, 받는 사람의 생각에 따라 미래가 달라진 것입니다."

결국 모든 것은 자기가 짓고 자기가 받는 것, 즉 인과법을 피할 수 없다는 이야기다. 그리고 노장은 잘못을 저지르면, 이르냐 늦느냐의 차이만 있을 뿐 언젠가는 과보를 받는다고 강조한다. 아울러 일확천금을 노리는 것이 얼마나 허황한 일인지에 대해서도 설명한다.

"노력 없이 되는 일은 없어요. 자기의 노력으로 얻어야 할 것을 노력 없이 얻으려고 하니, 그것이 바로 탐심(貪心)이고 진심(瞋心)이며 치심(癡心)입니다. 머리가 나쁘면 남보다 2시간, 3시간 더 하면 됩니다. 남이 1시간에 1만 원을 버는데 나는 1시간에 3천 원밖에 못 벌면 3배, 4배 더 일하면 되는 겁니다. 콩 심은 데 콩 나지 팥 나지 않아요. 거름을 많이 주면 결실도 많은 법입니다."

노장은 바쁘게 사는 현대인들에게 "욕심을 채우고 나를 내세우자니 바쁜 것이지, 지혜롭게 정리하면 바쁠 일이 하나도 없다"며 일상생활에서도 수행에 힘쓰라고 강조한다. 다만 사람마다 근기가 다르므로 각자의 근기에 맞춰, 참선이든 염불이든 관법이든 수행을 하면 된다는 것이다. 어떤 수행방법을 택하느냐보다 쓸데없는 인연을 끊고 속으로 헐떡거리는 마음, 집착을 버리는 게 중요하다고 설명한다. 그리고 열심히 수행하면 생사의 문제도 넘어설 수 있다고 노장은 단언한다.

"죽는 것을 겁낼 이유가 없어요. 인연 따라 살다 가는 거지요. 캄캄한 밤에 모르는 길을 간다면 무섭지만, 아는 길을 가면 걱정 없이 가지 않습니까? 나고 죽는 것은 헌 옷, 헌 기계를 버리고 새 것으로 바꾸는 것과 같습니다. 단지 돈이나 그 무엇으로도 가지 않게 할 수 없으니 그것이 괴롭지요. 그래서 수행이 필요한 겁니다."

그러나 수행에서도 욕심은 금물이다. 최근 수행방법을 놓고 논란이 분분하지만 문제는 수행방법이 아니라 욕심이라고 노장은 지적한다. 선지식을 찾아 한 가지라도 부지런히 행하는 것이 최선의 방법인데, 괜히 더 나은 것이 없나 이쪽저쪽 기웃거리며 허송세월 한다는 것이다.

"수행은 젊어서 해야 힘이 나고 용기가 생겨요. 늙으면 힘이 없고 몸도 말을 듣지 않아 자신감이 떨어집니다. 출가할 땐 범이라도 잡을 듯하지만 갈수록 그런 기백이 약해지거든요. 그래서 출가 후 3년 내에 모든 일을 이뤄야 합니다. 10년, 20년 지나 힘이 약해지고 등이 굽으면 더 어렵지요."

노장은 공부(수행)를 잘하려면 신심(信心)과 분심(憤心)이 있어야 한다고 말한다. 신심이 있어야 물불을 안 가리고 '하면 된다'는 의지가 나오기 때문이다. 분심은 '부처님과 역대 조사들도 다 견성오도(見性悟道)했는데 나라고 못할 게 있나' 하는 생각이다. 노장은 신심과 분심을 갖춘 데다 화두선이나 기도, 관법 등을 하면 힘을 얻게 된다고 설명한다. 잠을 자지 않는 용맹정진(勇猛精進)이나 눕지 않는 장좌불와(長坐不臥)도 그래서 가능한 모양이다.

"수행자가 잠을 많이 자면 안 됩니다. 참고 견디며 정진하다 보면 잠이 저절로 줄고, 이것이 습관화되면 잠을 안 자고도 수행할 수 있게 되지요. 깨달음을 금생에 못 이루면 내생에라도 이루면 되지만, 일부러 깨달음을 미루겠다는 나약한 생각을 가져선 안 됩니다. 늙으면 후회하게 돼요. 나도 젊었을 때보다 공부가 잘 안돼요. 여기저기 구경 다니고 텔레비전이나 보면서 시간을 보내면 재미있겠지만, 그게 다 나중에 갚아야 할 빚이 됩니다."

수행은 혼자 열심히 공부하는 것에서 그치지 않는다. 선지식을 찾아가 공부한 결과를 점검 받아야 하기 때문이다. 그러나 요즘 불교계에 이같이 공부를 점검하고 선지식과 법거량을 하는 전통이 없어지고 있어 걱정이다.

"법은 지혜에서 우러나는 것인데, 역대 조사님들이 남긴 1700가지 공안(화두)은 정신집중을 도와주는 퀘스천 마크(question mark · 의문부호)입니다. 잘못 쓰면 구두선(口頭禪)이 돼 버리고 말지요. 그러니 명안종사(明眼宗師), 즉 밝은 눈을 가진 스승과의 법거량을 통해 옳고 그름을 가려야 합니다. 그러나 법거량은 공부해서 지혜가 나야 하는 것이기 때문에 함부로 하면 오히려 공부에 방해가 됩니다."

수행과정에서 몇 차례 죽을 고비와 속퇴(俗退 · 환속)의 유혹도 견뎌냈다는 노장은, 출가 동기와 젊었을 때의 수행담을 들려달라고 하자 "말해 봐야 내 자랑밖에 안 된다"며 입을 다물었다. 그러나 "속퇴의 유혹을 견뎌내고 나니 참 잘했구나" 하는 생각이 든다며 "승려가 된 것을 참으로 고맙게 생각한다"고 뿌듯해했다. 출가하지 않았으면 이런 건전한 지식을 가질 수 있었겠느냐는 것이다.

이런 동춘 스님이 행복할 때는 언제일까? 뜻밖에도 '토굴에서 국수 삶아 먹을 때'이다. 노장은 "김칫국물에 국수를 말아먹는 즐거움을 대통령은 모를 것"이라고 했다. 절에서 대중생활을 하는 스님들은 누구나 국수를 좋아해서 국수를 '승소(僧笑)'라고 한다더니, 역시 노장도 예외가 아닌가보다. 국수 한 그릇에서 행복을 발견하는 노장의 여유가 한없이 부럽다.

노장은 거듭 강조한다. "집착하지 말라, 욕심을 버려라, 양보하라, 그리고 쉼 없이 정진하라."

동춘 스님

- 1932년 출생 • 1955년 부산 선암사로 출가 • 1956년 석암 스님을 은사로 사미계 받음
- 1971~79년 선암사 주지 • 1983~88년 봉암사 정진 및 주지 • 1991~94년 각화사 주지
- 1994~95년 봉암사에서 정진 • 2001년~현재 조계종 원로의원

청화 스님

• • • 생명의 본질 자리를 찾아야

하루 한 끼 식사와 오후에는 식사를 하지 않는 오후불식(午後不食), 묵언, 그리고 잠잘 때조차 눕지 않는 장좌불와(長坐不臥) - 전남 곡성군 옥과면의 설령산 성륜사 조실 청화(淸華·79) 스님의 한결같은 생활이다.

청화 스님은 1947년 백양사 운문암에서 송만암 스님의 제자인 금타(金陀) 스님을 은사로 출가한 이래 50년 동안 이런 고행(苦行)을 방편 삼아 수행정진해 왔다. 대흥사, 진불암, 상원암, 남미륵암, 월출산 상견성암, 백장암, 벽송사, 백운산 사성암, 혜운사, 태안사 등 그동안 노장이 거친 사찰과 토굴은 일일이 열거하기가 버거울 정도다.

성륜사 조선당(祖禪堂)에 들어서자 노장이 환한 얼굴로 반겨준다. 온화한 얼굴에 담긴 눈빛이 참으로 맑고 형형하다. 단아한 자세에 젊은 사람에게도 깍듯한 존대어를 사용하지만 감히 범접치 못할 위엄을 갖췄다. "좋은 말씀을 들으러 왔다"며 법문을 청하자 노장은 "뭐 들을 게 있다고 이 먼 곳까지 오셨느냐"며 차를 권한다. 노장이 앉은 뒤편에 석가모니불의 설산 고행상이 모셔져 있다. 평생을 고행정진 해온 뜻이 어디 있느냐고 물었더니 천천히, 그리고 또박또박 설명해 준다.

"부처님과 중생들에게 빚진 게 많기 때문이지요. 수행을 해야 참사람이 됩니다. 수행이란 인간성의 본래 자리를 깨닫는 것이니까요. 그것은 불교인만이 아니라 누구나 해야 할 일입니다. 중생들은 눈에 보이는 것을 실상이라고 알고 있지만, 그것은 꿈 같고 허깨비 같은 허상일 뿐입니다. 허상이 허상임을 알고 실상을 깨달아야지요."

노장이 말하는 실상은 인간성의 본바탕인 동시에 우주의 생명에너지이며, 부처의 자리다. 보통 사람들은 우주와 인간의 마음을 별개의 것으로 보지만, 불교에서는 존재 일체는 인연에 따라 잠시 모였다 흩어질 뿐 근본은 하나라고 본다. 인간성의 본래 면목이나 우주자연의 본래 면목이 둘이 아니요, 모두 부처의 자리이기 때문이다. 다만 번뇌에 가려서 그 본래 면목을 보지 못할 뿐이라는 얘기다.

"하루라도 공부하면 그만큼 실상에 가까워집니다. 본래는 다 부처의 성품을 가졌는데, 이를 가리고 있는 것을 없애려면 수행해야 합니다. 그래야 참사람이 되지요. 성자가 되는 게 인간으로서 최선의 이상이요, 행복 아니겠습니까?"

그래서 노장이 그토록 모진 고통을 감내하며 오랜 세월 동안 정진해 왔나 보다. 그러나 이 같은 생각도 범부의 기준일 뿐 노장에게 고행은 고통이 아니라고 한다. 청화 스님은 "모르는 사람들은 수행을 고통이라고 생각하지만, 직접 해보면 몸도 마음도 가벼워지고 환희심이 충만해진다"고 했다. 수행을 하면 잠재적 가능성으로 있던 자비와 지혜, 행복이 개발된다는 것이다. 덕분에 80세가 다 된 지금까지 심한 감기 한 번 안 걸리고 아픈 적도 없었다고 한다. 노장의 이런 생각은 육체와 물질을 중심으로 하는 서구적 행복론을 근본적으로 부정한다. 평소 무아(無我)와 무소유(無所有)의 삶을 강조하는 것도 이런 까닭이다.

"절제하고 욕망을 줄이지 않으면 행복과 평화란 없습니다. 인간이 지금처럼 방만하게 살면 결국엔 자신도 사회도 파멸에 이르게 되지요. 과학기술의 발달로 인구가 급팽창한 만큼 인간의 욕망은 이성적으로 줄어야 합니다. 자원이 고갈되면 사람도 살 수 없기 때문이지요. 자연과학적으로 따지자면, 인간의 몸은 여러 가지 물질이 인연 따라 모인 것에 불과하기 때문에 지금 내 몸의 세포조차도 오늘 다르고 내일 다릅니다. 참으로 무상(無常)하지요. 그런데도 사람들은 이 몸이 내 것이라고 생각하고 실제로 '있다'고 생각해 가상(假相)인 줄을 모르고 있어요."

그렇다면 이 몸을 움직이고 있는 생명의 본질은 무엇일까? "생명이란 본래 모양도 이름도 없지만 무량무변(無量無邊)의 가능성을 가진 것"이라고 노장은 단언한다. 개나 소나 풀이나 나무나 기타 다른 생명도 마찬가지다. 대개 사람들은 5척 남짓한 몸뚱이에 들어 있는 의식만 생명이라고 생각하지만, 실상은 온 우주의 삼라만상이 다 '한 생명'이라는 말이다. 겉만 보면 각각 달라 보이지만 본체를 보면 동일한 실재요, 내 생명과 네 생명이 따로 있지 않다는 것이다. 즉 천지 우주가 오직 한 생명이므로, 모두의 성품이 부처님이라는 설명이다.

"일상생활에서 마음을 닦는 수양(수행)이 쉽지는 않겠지만 그때그때 결단을 내려서 잠시라도, 가령 사흘 정도라도 명상을 해본다든가 하는 식으로 의지를 갖고 실천해야 합니다. 그렇지 않으면 언제 죽을지도 모르는 우리가 어떻게 마음을 닦을 수 있겠어요? 성자들이 형극을 헤쳐 밝혀 놓은 영생(永生)의 길을 순간의 욕망 때문에 외면해서야 되겠습니까?"

노장은 수행의 기본적인 자세로 지계(持戒·계율을 지킴)를 들면서, 계율이란 인간이 지켜야 할 법도이므로 기본적인 오계나 십계는 지켜야 한다고 강조한다. 예컨대, 불살생계(不殺生戒)는 인간을 대자연의 일부로 보고 온 우주가 더불어 사는 것이라는 생각을 바탕으로 한다. 그런데도 다른 생명을 파괴하고 잡아먹는다면 인간이 본래 가진 자비성이 그만큼 훼손되고 업(業)이 쌓여, 다음 생에 보복을 받게 된다고 노장은 강조한다. 실제로 육식은 칼로리가 높아 생존에 아무런 도움이 되지 않는다. 여기서 이야기는 자연스레 윤회론으로 넘어간다.

"윤회는 절대 미신이 아니며 피할 수 없는 도리입니다. 플라톤이나 아리스토텔레스 등 위대한 철인들도 다 윤회를 이야기했어요. 심령과학에선 최면술로 사람을 퇴행시켜 전생을 보기도 하잖아요. 그리고 생명이 금생(今生)으로 끝나버린다면 얼마나 허무하겠습니까? 평소에는 눈에 보이는 세계만 생각하겠지만, 수행을 하면서 스스로 변화해 가면 성인들의 가르침이 거짓이 아님을 알게 됩니다. 대개 죽음을 생각하면 두려워지지만 생명이란 목숨이 끊어지

면 한 순간의 오차도 없이 형태만 바뀌어 이어지게 됩니다."

과학적인 사고에 길들여진 사람에게는 이런 불교적 세계관이 선뜻 받아들여지기 어렵다. 그러나 노장은 과학이 발달할수록 불교철학과 우주관의 합리성이 입증되고 있다고 역설한다. 과학이 발달하면 종교적 신념이 약해질 것이라는 일반적 추론은 더 이상 설득력이 없다는 것이다.

"20세기 전반까지의 기계적 과학정신은 종교를 적대시했지만, 그 후 현대물리학의 발견은 우주의 신비를 더욱 심화시키고 있어요. 본디 물질은 존재할 수 없는 것이어서 세상의 모든 물질을 잘게 쪼개 나가면 분자, 원자, 소립자 단계를 거쳐 종국에는 텅 비어 버리는 공(空)의 세계가 됩니다. 그러나 이 공은 그냥 비어 있는 게 아니라 에너지로 가득 차 있는데, 이것이 바로 불성(佛性), 곧 생명에너지입니다. 그래서 아인슈타인은 '종교 없는 과학은 절름발이요, 과학 없는 종교는 맹신'이라고 했습니다. 우주 과학시대의 종교는 철학을 날줄로, 과학을 씨줄로 서로 보완하고 조화를 이루는 체계가 되어야 합니다."

현대물리학까지 넘나드는 해박함이 놀랍다. 노장의 관심은 타종교로까지 이어진다. 노장은 종교간에 갈등이 많은 만큼 서로 다른 종파나 종교도 연구해야 한다고 말한다. 기독교인이 반야심경이나 법화경, 화엄경 같은 주요 불경을 연구하고, 불교인도 성경이나 코란을 공부해야 한다는 것이다. 이때 자기가 배운 소견이나 문자에 걸리지 말고 명상(名相), 즉 망상과 가상을 떠난 자리에 허심탄회하게 마음을 둔다면 그 알맹이를 바로 이해하게 된다는 얘기다.

"예수님이나 마호메트도 개인적인 이기심이 아니라 만 중생을 제도하겠다는 서원을 가지고 출발했고, 오랜 세월 동안 많은 사람들을 구제했으니 마땅히 보살이라고 생각합니다. 기본적으로 불교의 진리에서 본다면 모두가 본래 부처 아닙니까? 우주가 곧 신이라는 범신론(汎神論)이나 자연이 곧 신이라는 힌두교의 신관(神觀)은 과학이 밑바탕에 있는 동일률(同一律)입니다. 예수님의 우주 창조설도 인간이 자연을 마음대로 이용하라는 근거가 아니라, 창조신을 생각하고 내가 자연의 일부임을 알라는 뜻으로 받아들여야 합니다. 일신론(一神論)에서 범신론으로 생각을 바꿔야지요."

청화 스님은 어려서는 기독교를 믿다가 불교에 귀의했다.

전남 무안에서 태어나 열네 살 때 일본으로 건너갔다가, 5년제 중등 과정을 마치고 교육의 중요성을 절감, 광주사범학교에 진학했다. 졸업 후에는 고향에 청운고등공민학교(현 망운중학고)를 세워 학생들을 가르쳤으며, 이후 일본 메이지 대학에 유학, 1학년 때 징병으로 끌려갔다 해방을 맞았다. 철학을 좋아해서 동서양 서적과 불교 서적을 섭렵, 나름대로 불교의 윤곽을 잡았던 차에 육촌동생이 공부하기 좋은 곳이 있다고 해서 따라 나섰다가 금타 화상을 만나 바로 출가해 버렸다.

금타 화상은 불교의 분파를 안타까워하며 원통불교를 주창했던 인물이다. 청화 스님은 은사에 대해 "자기 개인에 대한 생각은 전혀 없고 진리의 불덩어리 같아 보였다"면서 "기독교나 현대과학에서 막혔던 문제와 회의가 한 순간에 확 풀리니 환희용약(歡喜勇躍)이 되지 않을 수 없었다"고 했다. 청화 스님을 더욱 끌어당긴 것은 금타 화상의 수행방법론이다. 하루 한 끼를 공양하는 일종식에 짚신을 손수 삼아 신는 등 청빈과 무소유의 삶을 실천한 것은 물론이고, 늘 장좌불와(長坐不臥)의 수행법을 지켰다. 이런 금타 화상을 계승한 청화 스님이 주창하고 있는 것은 염불선(念佛禪)이다.

"은사이신 금타 화상께서는 순수선(純粹禪)을 역설하셨습니다. 순수선은 달마 대사로부터 6조 혜능 스님까지를 이릅니다. 화두선이니 묵조선이니 하는 분파는 그 뒤 송나라 때 형성된 것이 고려로 들어온 거지요. 따라서 화두선에도, 묵조선어도 치우치지 않는 정통선, 즉 순수선을 복원해야 합니다. 참선이란 마음의 초점을 불심 자리인 중도실상(中道實相)에 두고 본래시불(本來是佛), 즉 본래의 자기를 깨닫는 것입니다. 그러니 간화선이든 묵조선이든 염불선이든, 본체를 여의지 않는다면 모두 다 있는 그대로 수승한 참선이 되는 겁니다."

화두를 참구하든, 묵조선을 하든, 염불을 하든, 주문을 외우든, 경을 읽든, 다른 종교의 여러 가지 수행법을 공부하든지 간에 마음이 중도실상, 생명의 본질 자리를 떠나지 않으면 다 선이 된다는 얘기다. 노장은 "간화선만이 최고라는 바짝 마른 논리는 위험하다"며 "기도나 염불을 방편공부, 타협공부라고 폄하하는 것은 옳지 않다"고 지적한다. 화두선, 묵조선, 염불선 등의 방편은 수행역량에 따라 선택하면 된다는 것이다. 특히 염불선은 생활 속에서 가장 쉽게 할 수 있는 수행법이라고 강조한다.

수행담을 들려달라는 요청에 노장은 "생사를 초월해야 공부가 끝나는데 아직 확철대오도 못했고, 목적지로 애써서 가는 중"이라며 사양한다. 더욱이 공부하는 경계에 대해서는 스승한테 점검 받기 위한 것이 아닌 한, 다른 이에게 말하지 말라(不可向人說)는 불조(佛祖)의 경책이 있다 하니 더 묻기조차 송구스럽다. 그러나 노장의 고행정진은 이미 인구에 널리 회자되는 터이다. 노장 스스로는 "그다지 철저한 편이 아니었다"고 하지만 토굴에서 수행할 때는 4년씩 묵언하며 두문불출하기도 했고, 하루에 보리 미숫가루 한 순가락만 먹고 3개월을 지내기도 했다.

"하루에 한 끼만 먹으면 몸이 매우 가볍고 편해요. 잠도 젊어서는 억지로 버텼지만, 오래 해보면 눕는 것보다 정삼각으로 가부좌를 틀고 앉는 게 편합니다. 그러나 어디 초청 받아 가면 애써 대접하는 것을 안 먹을 수 없어 더러 먹기도 했고, 잠은 가급적 눕지 않는 쪽으로 원칙을 세워 놓되 고집은 않습니다. 다른 사람들 눈

에는 저의 수행이 고행으로 보이는 모양이나 내게는 가장 편안 생활입니다."

　　　텔레비전이나 라디오·신문·잡지 등을 안 본 지 10년도 넘어 세상 소식과는 담을 쌓고 지낸다는 청화 스님. 노장은 "욕계번뇌를 다 뿌리뽑아야 천안통(天眼通)이 나오는데, 아직 천안통이 못 나오는 것은 욕계번뇌를 미처 뿌리뽑지 못했다는 것"이라며 "번뇌의 뿌리가 다 뽑히려면 갈 길이 천리만리"라고 정진의 길을 재촉한다.

청화 스님의 건강비법 – 지계(持戒), 일중식(日中食)

'삼시 세 끼'를 기본으로 해온 일반인들이 오후불식(일중식)을 하기란 쉽지 않다. 그러나 청화 스님은 계율을 지키고 일중식을 하는 것은 스스로에게 이로운 일이라고 강조한다. 파계에는 다섯 가지 허물이 있고(破戒五過), 일중식에는 다섯 가지 복이 있어서다(中後不食有五福).

먼저 파계의 다섯 가지 허물을 보자. 파계는 자기 몸을 해치고 남의 가책을 받게 되며, 나쁜 이름이 퍼지게 되고 죽을 때 후회하게 되며, 죽은 뒤에는 악도(惡道)에 떨어진다는 것이다. 술을 마시거나 고칼로리 음식인 육류를 먹으면 몸에 좋을 리 없고, 가책을 받으면 자기 몸과 마음이 괴롭게 된다.

특히 육식에 대해서는 열 가지 허물이 더 거론된다. 중생이 다 자기와 같은 동체(衆生己親)인데 잡아먹는 것이 그렇고, 잡아먹히는 동물이 고기 먹는 사람을 싫어하는 것(見生驚怖)이 또 그렇다. 산중에서 고기를 먹지 않고 지내면 새들도 가까이 와서 지저귀고 친해지려 하지만, 고기를 먹는 사람은 짐승들이 두려워해 곁에 오지 않는다는 얘기다. 육식은 또 남의 신심을 무너뜨리고(壞他信心), 나찰(羅利) 같은 나쁜 귀신들이 따르게 한다. 때문에 마음을 닦는 공부에 해롭고(學術不成) 고기 냄새 때문에 호법신장도 멀리 떠나버린다

(天聖遠離). 뿐만 아니라 육식을 하면 내장이 오염되고 배설물의 냄새도 지독해지며(不淨斫出), 죽어서 악도에 떨어진다.

그러면 계율의 식사법은 어떨까? 생리활동이 가장 왕성한 정오에 맞춰 식사하고, 오후에는 음식을 먹지 않는 중후불식(中後不食)이 원칙이다. 그러면 음심이 적어지고(少淫), 수행의 원수인 잠이 적어지며(少睡), 마음을 하나로 모으기(得一心) 쉽다. 또 적게 먹으면 몸이 가뿐하고 방귀도 없으며(無下風), 몸이 항상 안락하다(身得安樂)는 설명이다.

또한 아침에 죽을 먹는 것이 다섯 가지 이로움을 준다고 한다. 아침의 죽은 주림을 제거하고(除飢), 갈증을 풀어주며(除渴), 소화가 안 돼 묵은 것을 풀어주고(消宿食), 대소변을 조화롭게 하며(大小便調適), 풍병을 제거한다(除風患)는 것이다.

청화 스님

• 1923년 전남 무안 출생 • 1947년 백양사 운문암에서 금타 스님을 은사로 출가 • 대흥사, 진불암, 남미륵암, 월출산 상견성암, 백장암, 벽송사, 백운산 사성암, 혜운사, 태안사 등에서 수행 • 1985~95년 태안사 조실 • 1995년 미국 삼보사 및 금강선원 주석 • 현재 성륜사 조실

인허 스님
• • • 무욕, 무소유 그리고 끝없는 하심

"난 멍텅구리야, 뭐 하러 왔어. 그만 돌아가."

강원도 오대산의 월정사 회주 인허(印許·86) 스님의 첫 마디다. 절의 사무를 보는 종무소를 통해 찾아뵙겠다고 미리 약속을 하고 왔는데도 일언지하에 문전박대. 스님의 거처로 안내해 준 종무소 사무장이 민망해하며, "서울의 큰 신문사에서 왔다"고 거듭 말씀을 드려도 요지부동이다. 그렇다고 아침부터 먼 길을 달려왔는데 그냥 돌아갈 수도 없는 일. 한 말씀 듣지 않고는 돌아가지 않겠다는 뜻으로 무릎을 꿇고 기다렸다. 한동안 침묵이 흐른 뒤에야 노장은 외면했던 고개를 돌려 이쪽을 쳐다본다. '이게 웬 물건인고' 하는 표정이다.

"좋은 말씀 들으러 왔습니다. 속세에서 정신 없이 사는 중생들을 깨우쳐 줄 법문 좀 들려 주십시오."

거듭 법문을 청했지만 노장의 반응은 여전히 서늘하다.

"나는 각(覺·깨달음)이 없어. 아무것도 모르는 늙은이가 무슨 말을 하겠나? 다 부질없는 짓이야. 사람 사는 게 다 허망한데 또 허망한 소리 해봐야 구업(口業)만 짓는 것이지. 사람들은 괜히 분주히 날뛰며 살아. 공자도 만사분이정(萬事分已定)이어늘 부생공자망(浮生空自忙)이라, 모든 일은 분수가 이미 정해져 있는데 사람들은 부질없이 바쁘게 움직인다(明心寶鑑 順命篇)고 하지 않았어."

출가한 지 65년. 깨달음이 없어서 말하지 못하겠다는 노장의 뜻이 과연 어디에 있을까? 대한불교조계종의 초대 종정을 지냈으며 현대 한국불교의 주춧돌을 놓은 한암 스님을 스승으로 모셨고, 유불선에 두루 회통한 학승이며 대강백이었던 탄허 스님의 친동생이자 한 스승 밑의 사제이기도 한 노장 아닌가.

그것은 다름 아닌 하심(下心), 즉 자기를 낮추는 마음이다. 또한 선지식과의 법거량도 거치지 않은 자칭 '한 소식' 선사가 횡행하는 풍조를 여지없이 질타하는 회초리다. 노장이 깨달았으면 어떻고 못 깨달았으면 어떤가. 입산 이후 평생 오대산을 지키며 살아온 노장의 구도적 삶 그 자체가 법문일 터인데……. 그 오랜 오대산에서의 삶을 말머리로 삼았다.

"이 오대산에서 참 오래 살았지. 출발이 여기(상원사)인걸. 지혜가 있고 총명한 사람들은 중생을 제도해야 하지만 나 같은 멍텅구리는 그냥 산중에서 살아야 해. 수행이란 어려운 거야. 조그만 (깨달음의) 경계라도 봐야 수행했다고 할 수 있지. 그렇지 않으면 한 세상 헛되이 넘어가는 거야."

헛되이 살지 않으려면 어떻게 해야 할까? 노장은 "사람이란 하는 일이 있어야 하는 것"이라며 "자기가 하는 게 분명해야 번뇌가 없다"고 했다. 머리가 복잡하고 정신이 어지러운 것은 제대로 하는 게 없어서 그렇다는 얘기다.

인허 스님이 출가한 것은 5형제 중 둘째였던 형 탄허 스님이 출가한 지 2년만인 1936년의 일이다. 일제하의 궁핍했던 생활이 절집이라고 달랐을까. 행자 시절의 혹독했던 생활이 지금도 기억에 생생한 듯 옛날 이야기를 꺼낸다.

"행자의 하루는 그야말로 찰나처럼 지나갔지. 새벽에 일어나 예불, 청소, 후원에서 밥짓는 공양주 노릇에 큰스님을 시봉하노라면 하루해가 언제 떴다 졌는지 모를 정도였어. 아궁이에 불 때는 시간이 경전 외우기에 가장 좋았지. 그때가 행자 생활 중 가장 한가한 때여서 다른 행자와 함께 부지깽이로 박자를 맞춰가며 경을 외우고 서로 점검하고 그랬지."

노장은 "출가수행자는 무소유와 하심이 기본"이라고 했다. 출가 전 속세에서의 지위나 직업, 학력, 재산 등 모든 것은 입산하는 순간부터 없어지고 만다. '나'라는 상(相)을 버리고 겸손한 태도로 살라는 뜻이다. 절에서의 생활 하나 하나가 그렇게 살도록 되어 있다고 노장은 설명한다. 침묵을 강조하는 것도 그런 절집의 생활이 몸에 익어서 그런 것일까?

"본래 근본은 말이 없는 거야. 말로 하는 건 다 망어(妄語·거짓말 또는 헛된 말)거든. 유가에서도 '근도자(近道者)는 간언(簡言)'이라 했어. 도에 가까운 자는 말이 적다는 뜻이지. 부처가 되려면 묵언정진해야 돼. 요즘은 스님들도 너나 없이 법문을 하는데, 아무나 법문을 하는 게 아냐. 한 소식 깨쳐서 부처의 경계를 봐야 법문을 할 수 있지. 그렇지 않으면 부처님의 팔만사천 법문을 그냥 전해

주고 대변하는 것뿐이야. 법문이 그렇게 쉬운가……."

너도나도 선지식을 자처하고, 조그만 성취로도 자기 성(城)을 높이 쌓는 요즘 세태에 대한 따끔한 경책이다. 노장은 "어떤 사람이든 도의 경지에 이르면 누군가 그를 알아주는 지음자(知音者)가 있게 마련"이라며 설익은 공부에 자만하지 말 것을 강조한다.

"조금 본 사람은 그 경계밖에 모르지. 강을 본 사람은 강만 알고 냇물을 본 사람은 냇물만 알고. 그런 사람은 바다를 못 봤으니까 바다를 말할 수 없어. 그러나 바다를 본 사람은 냇물도, 강물도, 바다도 다 말할 수 있지. 바다는 부증불감(不增不減)이라, 홍수가 나도 넘치지 않고 가뭄이 와도 줄지 않아. 동서남북을 다 본 사람은 사방천지를 다 알지만 한 쪽만 본 사람은 그쪽밖에 모르는 것과 같아. 동서남북을 두루 다 보는 것은 원견(圓見)이고 한쪽만 보는 것은 변견(邊見)이야. 부처님의 세계가 바다요 원견인데, 사람들은 자기가 본 냇물과 강물만 말하고 있지."

그래도 사람들은 어떤 스님은 깨달았느니, 또 어떤 스님은 깨닫지 못했느니 떠든다. 불교를 좀 안다는 사람들이 더 그렇다. 노장의 '바다론'은 이런 풍조에 대한 나무람이다. 노장은 "본분을 깨달은 사람이 말을 하면 다 법이 되지만, 깨닫지 못하고 입으로만 지껄이면 마가 될 뿐"이라는 은사 한암 스님의 법문을 되새긴다.

"깨달았느니 못 깨달았느니 하는 건 다 구업을 짓는 거야. 불교는 무언(無言)의 종교지. 부처님이 연꽃 한 송이를 들자 가섭존자가 빙그레 웃었던 것처럼 직지인심(直指人心) 견성성불(見性成佛)이 부처님의 가르침인데, 왜 자꾸 말로 혼란스럽게 해? 유가에서도 구시화문(口是禍門)이니 수구여병(守口如甁)이라, 입은 화가 들어오

는 문이니 병마개 막듯 봉하라고 했어. 말 밖의 소식을 아는 것, 그게 도(道)의 자리에 들어가는 길이야. 그 자리는 말도 없고 말로 하기도 어렵고 모양도 없는 자리인 만큼 높다, 낮다 비교하는 건 업만 짓는 짓이지."

　　노장의 은사인 한암 스님은 말없이 수행하고 실천한 분으로 잘 알려져 있다. 쌀가마니를 옮길 때면 아무리 조심해도 쌀알이 몇 톨씩은 바닥에 떨어지게 마련이다. 쌀가마니를 옮기던 스님들은 이를 무심코 지나치기 십상이다. 그럴 때면 한암 스님은 말없이 한 알 한 알 주워서 공양간에 갖다주고 간다. 무언의 가르침이 큰 채찍인 셈이다. 이런 한암 스님의 가르침으로 인해 당시 상원사 청량선원에는 묵언정진(默言精進)이 당연한 것으로 받아들여졌다고 한다.

"스물두 살 때 한암 스님께서 주신 '이뭣고'를 화두로 선방에 들어갔는데 말을 할 수 없는 것이 가장 큰 어려움이었지. 도반들끼리도 말을 할 수 없어, 눈만 뜨고 있을 뿐 벙어리나 다름없었어. 입을 열 때라곤 공양시간에 밥 들어갈 때뿐이었으니까. 설익은 밥이나 반찬이 나와도 가타부타 말이 없어. 선방에는 하루 종일 침묵만 흘러 간혹 들리는 새소리가 반가울 정도였지."

한암 스님이 강조했던 또 한 가지는 하심이다. 하심이란 '나'라는 상(相)과 집착을 버리고 겸손한 자세로 돌아가라는 것이다. 그러나 매 순간 하심을 유지하기란 쉽지 않을 터이다.

"쉬우면 보배라 할 수 있나, 어려우니까 보배지. 말로는 다 쉽지. 하심이 극치에 이르려면 무엇을 보더라도 좋다, 나쁘다 하는 분별심을 버려야 해. 맛있다, 맛없다 또는 좋다, 나쁘다 하는 분별심 말이야. 그게 다 중생심이거든. 유가에 식이부지기미(食而不知其味·먹어도 맛을 모른다)라는 말이 있는데, 부처님 말씀은 일미(一味·한 가지 맛)가 되어야 해. 중생의 입에는 오곡 맛이 다 다르지만 성인은 오곡일미(五穀一味)야. 부처님이 보리밥으로 공양하시는 걸 보고 아난 존자가 슬퍼하자, 부처님은 '꿀처럼 달다(甘如蜜)'며 태연히 공양을 드셨지."

평생을 '오대산 사람'으로 살아온 인허 스님은 "좋은 열매는 좋은 씨앗을 심어야 한다"며 부지런히 공부할 것을 주문한다. 자신을 꽁꽁 묶은 번뇌의 사슬을 끊으려면 염라대왕이 항복할 만큼 수행정진해야 한다는 것이다. 그리고 수행법을 놓고 논란이 분분하지만 근기(根機)에 따라 알맞은 방법을 선택하면 된다고 설명한다.

"수행하는 건 머리 깎은 사람이나 일반인이나 똑같아. 상근기는 참선, 중근기는 간경(看經), 하근기는 염불이 적당한 수행방편이지만 도달하는 곳은 하나야. 힘이 더 들고 덜 드는 차이뿐이지. 걸어서 올라가나 비행기를 타고 가서 내리나 산 정상에 서기는 마찬가지란 말이야. 다만 잠을 자든 밥을 먹든 똥을 누든 한 생각이 끊어지지 않도록 일념(一念)이 되는 게 중요하지."

노장은 "선(禪)은 돈(頓), 교(敎)는 점(漸)"이라며 선교겸수(禪敎兼修)를 주장한다. 선에서 경전과 언어를 멀리 하는 것은 그 껍데기를 버리라는 것이지 알맹이를 버리라는 것은 아니라는 뜻이다. 대신 요즘의 수행풍토가 문제라고 지적한다.

"이계위사(以戒爲師)라, 부처님은 계를 스승으로 삼으라고 하셨는데 오계도 못 지키면서 (그것보다 더 복잡하고 어려운) 비구계는 왜 받나? 기한발도심(飢寒發道心)이라, 춥고 배고플 때 도를 깨치려는 마음이 생긴다고 했어. 살기가 너무 편해져서 요즘 사람들은 절제력이 없어."

노장이 보는 요즘 세상은 부처님이 와도 구하기 어려울 정도로 오탁악세(五濁惡世)다. 음행(淫行)이 판을 치고 사람들은 추잡해져서 인면수심(人面獸心)의 인간들 천지다. 그야말로 금수(禽獸) 같은 세상, 사람들의 절제가 어느 때보다 필요한 시대다.

"사람들은 모두 행복해지기를 바라는데 행복이 어디 있나? 족한 줄 알면 그게 행복이지. 그저 분수에 맞게 만족하고 살면 되는 거야. 아무리 재산이 많아도 스스로 부족하다고 생각하면 늘 허덕이게 돼. 나무뿌리를 씹고 살아도 마음이 편하면 그게 행복이지."

대화를 마치면서 사진을 좀 찍자고 했더니 노장은 "바늘귀

만한 깨달음이라도 있다면 모를까 이런 늙은이를 찍어서 뭐 하려고……" 하며 손을 내젓는다.

　　　무욕, 무소유, 그리고 끝없는 하심……. 인허 스님은 월정사를 창건한 신라의 자장율사에서부터 근대의 한암·탄허 스님에 이르는 수많은 선지식과 마찬가지로 월정사 초입의 전나무 숲처럼 푸르고 곧아 보였다.

오대산과 한암 스님

　　　한국불교에서 오대산은 특별한 존재다. 석가모니불의 진신사리를 봉안한 불교의 성지일 뿐 아니라 문수보살의 상주처(常住處)로도 알려져 있기 때문이다.

　　　오대산의 진신사리는 신라 때 자장율사가 중국 오대산에서 문수보살을 친견하고 얻어온 것이다. 그 이후 "동북방 청량산에 문수보살이 계시면서 일만 권속을 거느리고 설법한다"는 '오대산 신앙'이 생겼을 정도로 오대산은 불교의 성지로 주목받아 왔다. 특히 조선시대에는 세조가 상원사에서 문수동자를 친견해 병을 고쳤고, 고양이의 도움으로 목숨을 건지기도 했다. 상원사 청량선원에 문수동자상(文殊童子像·국보 제221호)이 모셔져 있고, 선원 앞에 세조의 목숨을 구한 고양이 석상이 놓여 있는 것도 이런 연유에서다.

　　　진신사리는 중대의 적멸보궁(寂滅寶宮)에 봉안되어 있다. 적멸보궁은 법당 안에 따로 불상을 조성하지 않고 불단만 설치하는 것이 특징이다. 사자산 법흥사, 태백산 정암사, 영취산 통도사, 설악산 봉정암과 함께 5대 적멸보궁의 하나다.

　　　오대산을 이야기하면서 빼놓을 수 없는 사람이 한암(1876~1951) 스님이다. 한암 스님은 경허·만공·수월 스님과 함께 근세의 선풍을 중흥시킨 인물로, 현대의 고승들 가운데 한암 스님의 가르침을 받지 않은 사람이 드물 정도다. 한암 스님은 스물네 살의 나이에 경허 스님에게 법을 인가 받았으며, 1910년 봄 평안도 맹산 우두암에서 불을 지피다 홀연 큰 깨달음을 얻었다. 이후 1925년 서울 봉은사 조실로 있다가 "천고에 자취를 감춘 학이 될지언정 삼춘(三春)에 말 잘하는 앵무새의 재주는 배우지 않겠노라"고 말하고 오대산에 들어가 납자들을 지도하며 평생을 보냈다.

　　　한암 스님은 특히 한국전쟁 때 피난을 가지 않고 상원사에 남아 목숨을 걸고 절을 지킨 것으로 유명하다. 적군의 소굴이 된다며 절을 불태우려 하자, 법당 안 불상 앞에 가부좌를 틀고 앉아 "법당을 지키는 것이 나의 도리이니 불을 지르라"고 했다. 또 열반에 즈음해서는 보름 전부터 곡기를 끊었고, 입적 당일에는 죽 한 그릇과 차 한 잔을 마시고 "오늘이 음력 2월 14일이지" 하고는 가사와 장삼을 찾아 입고 단정히 앉아 입적, 좌탈(坐脫)의 경지를 보여줬다.

인허 스님

•1916년 전북 정읍 출생 •1936년 상원사로 출가 •1939년 한암 스님 계사로 사미계 받음 •1939년 월정사 강원 수료 •1945년 한암 스님 계사로 비구계 받음 •1995년 한암문도회 대표 •1996년 월정사 회주 추대

고산 스님
• • • 부지런하면 천하에 어려운 일이 없다

"주는 기쁨은 보살 복이요, 받는 기쁨은 거러지(거지의 경상도 사투리) 복인기라."

부산 연산동 혜원정사에서 만난 쌍계사 조실 고산(杲山·68) 스님의 첫 마디다. 가지려 하기보다는 주고 비움으로써 진정한 복을 누린다는 뜻이리라. 종무소 직원이 다과를 내오자 "난 평소에 과일을 많이 먹는다"며 과일접시를 아예 이쪽으로 옮겨 놔 버린다. 1999년 10월 조계종 총무원장에서 물러난 지 2년여, 그간의 동정이 우선 궁금했다.

"매일 바빠요. 찾아오는 스님이나 신도들을 맞아야 하고 전국에서 법회요청도 많습니다. 음력으로 초하루, 츠사흘엔 혜원정사, 초여드레엔 부천 석왕사, 열사흘날엔 쌍계사, 관음재일엔 연화도 연화사에 정기법회가 있어 부지런히 다닙니다."

고산 스님은 "하고 싶은 사람이나 하라고 총무원장을 내놓고 오니 세상 편하다"고 했다. 총무원장 때는 마음대로 어디에 가지도 못하고 출타할 때면 시자는 물론 호법부 관계자와 형사까지 따라다녀 불편했지만, 지금은 동서남북 어디를 다녀도 "어디 가시느냐"고 묻는 사람이 없다고 한다. 하루 일과도 여유롭기 그지없다. 새벽에 도량석이 끝나면 바로 108배를 한다. 곧이어 예불을 드리고 맨손체조를 30분 가량 한 다음 아침 공양 때까지 참선을 한다. 그 뒤로는 스님 마음대로다. 법회가 없으면 참선을 하거나 경전을 연구하고, 한동안 뜸했던 서예도 다시 시작했다. 글씨를 써서 이 사람 저 사람 나눠주는 즐거움도 쏠쏠한가보다.

"베풀면 마음이 즐거운데 사람들은 그 기쁨을 잘 몰라요. 자비를 한없이 베풀어야 합니다. 자(慈)는 사랑하는 것, 비(悲)는 중생을 어엿비(불쌍히) 여기는 것입니다. 그런데 부처님의 자비는 부모형제와 인류는 물론 축생, 미물까지도 차별 없이 다 사랑하고(大慈), 중생의 고통과 공포, 시달림 등을 보고 한없이 슬퍼하는(大悲) 대자대비입니다. 널리 사랑하고 슬피 여기는 것이지요. '여락왈자(與樂曰慈 · 주는 즐거움은 '자' 요), 발고왈비(拔苦曰悲 · 고통을 덜어주는 것은 '비' 다)'라고 한 까닭이 여기 있는 것입니다."

노장은 자신을 괴롭히고 해치는 대상까지도 사랑하고 어엿비 여겨야 한다고 설파한다. 그야말로 조건 없는 사랑이다. "원수를 사랑하라는 말이 있지만 삼라만상이 다 부처요 부처의 아들인데, 원수가 어디 있느냐"고 반문한다. 석가모니는 자신을 다섯 번이나 죽이려고 한 외도를 끝내 천상에 가도록 구제했다고 한다. 이에 노장은 극악자(極惡者)라도 생각을 한 번만 돌이키면 극선자(極善者)가 된다고 강조한다.

"티 없는 양심으로 대해주면 감동 받게 되어 있습니다. 모든 일을 진심으로 행하면 다 성취됩니다. 그런데 요즘 이런 정신과 자세를 가진 사람이 드물어요. 명예욕에 이성을 잃은 정치인들, 애욕에 이성을 잃은 남녀들, 돈에 이성을 잃은 사람들……. 모두들 사랑과 돈과 명예에 정신병이 들어 있습니다. 양심적인 사람은 100명 중 30명이 될까 말까 하고, 다른 사람들은 아무리 이야기해도 못 알아들어요. 본성과 직심(直心·정직한 마음), 그리고 양심대로 살도록 종교인들이 앞장서야 합니다."

하지만 이런 정신적인 면보다는 물질적인 것, 겉모습에 더 치중하는 것이 요즘 사람들이다. 노장은 "어떻게 하면 나를 좀더 근사하게, 높이 보일까 하는 생각만 하는데, 참으로 갈세(末世)"라고 개탄한다. 그러면서 남을 위해 자비를 베풀고 초발심으로 돌아가라고 가르친다. 학생은 처음 입학했을 때의 마음가짐으로, 선생은 처음 교단에 섰을 때의 자세로, 농사꾼은 처음 씨앗을 뿌릴 때의 심정으로 돌아가라는 것이다.

열세 살 때 범어사로 출가한 고산 스님은 3년간의 혹독한 행자 생활 끝에 동산 스님을 은사로 계를 받았다. '상좌는 혓바닥보다 날래야 한다'는 말이 있을 정도로 교육이 엄격했다고 한다. 행자 때에는 나물을 다듬는 채공(菜供)에서부터 나무하기, 밭 갈기, 장 담그기, 예불·염불 등까지 그야말로 견디기 힘든 시험과정을 거쳤다. 선교일여(禪敎一如)의 경지를 이룬 것으로 알려져 있는 고산 스님의 수행과정은 어땠을까?

"입산 후 10년 가량은 화두참선에만 매달렸지요. '이뭣고[是甚麽]'를 화두로 처음 4~5년은 걸망을 지고 전국을 떠돌며 정진했어요. '이뭣고'란 '부모에게 받기 전 이 몸은 어디에서 왔으며 지금 이 몸을 끌고 다니는 건 누구인가' 하는 겁니다. 길을 걷든 다른 사람과 대화를 하든 그리고 무엇을 하든 이 화두를 놓지 않았지요."

그러나 화두참선으로 뚜렷한 경지를 보지 못한 고산 스님은 김천 청암사에서 당대 제일의 강백이었던 고봉(高峰·1901~69) 스님을 만나, 이후 15년간 강원생활을 하며 경전공부에 매달렸다. 교학을 경시하는 선방 수좌들이 비웃었지만, 하루 3시간만 자며 두문불출(杜門不出) 경전을 공부하는 한편 참선도 병행했다. 화엄경을 볼 때는 사나흘씩 침식을 잊고 법열에 빠진 적도 있었다고 한다.

"고봉 스님을 모시고 공부하던 1967, 8년쯤이었어요. 참선을 하고 있는데 앞이 환한 거예요. 눈을 감고 미국을 생각하면 미국이 보이고 일본을 생각하면 일본이 다 보였지요. 무엇이든 마음먹은 대로 볼 수 있어서 신도 집의 부엌살림까지도 볼 수 있었어요."

見聞如虛空(견문여허공·보고 들음이 허공과 같고)
覺知湛如水(각지담여수·깨달아 담담하기 물과 같도다)
湛然虛空中(담연허공중·담담하고 텅 빈 가운데)
卽見本來人(즉견본래인·곧 본래인을 보았도다)

삼천대천 세계가 훤히 다 보였다는 이때, 고산 스님은 무릎을 치며 오도송(悟道頌)을 읊었다. 그러고는 법열에 차 고봉 스님에게 달려가 이 사실을 알렸지만, 고봉 스님은 그저 "(공부)더 해라"라고만 했다. 통도사 극락선원의 경봉 스님을 찾아갔으나 대답은 마찬가지였다. 경봉 스님은 "경계가 어떻노"라고 물었고 이에 "다 보

입니다"라고 답하자 "식광(識光)경계니라. 더 해라"고 했다. 식광경계란 눈·귀·코·혀·몸·생각 등의 6식이 마음속에 심어져 쌓인 제8식(아뢰야식)이 맑아지면서 온 세상이 훤히 보이는 경지로, 깨달음의 완성은 아니라는 설명이다.

그 후에도 고산 스님은 세 차례나 더 깨달음의 경계를 봤다. 쌍계사 주지를 맡고 있던 1975년 육조금당에서 아침 예불을 한 뒤 여느 때처럼 108배를 하고 앉았는데, 문득 대천세계가 보이더라는 것이다. 이때의 경지를 고산 스님은 '山河大地毘盧體(산하대지비로체) 草木含靈釋迦行(초목함령석가행) 日月星宿諸佛眼(일월성숙제불안) 雙溪流水杲山心(쌍계유수고산심)'이라는 게송으로 표현했다. '산하대지는 비로자나불의 법신이요, 초목함령은 석가모니불의 교화작용이라. 해와 달과 별은 모든 부처님의 눈이요, 쌍계사에 흐르는 물은 내 마음일세'라는 뜻이다.

그로부터 10년 뒤 쌍계사에서 또 한 번 경지를 연 고산 스님은 '心行一場夢(심행일장몽) 息心卽是覺(식심즉시교) 夢覺一如中(몽교일여중) 心光照大千(심광조대천)'이라는 게송을 읊었다. '마음의 작용은 한바탕 꿈이요, 마음을 쉰 것이 곧 잠을 깬 것이로다. 꿈과 생시가 한결같은 가운데 마음이 대천세계를 비추도다.'

"4~5년 전 쌍계사 금당선원에서 동안거 때였어요. 죽비를 치고 앉았는데 어디선가 자꾸 음악소리가 들려와요. 등산객이 라디오를 틀어놓았나 싶어 찾아봐도 아니에요. 옆에 있는 스님한테 물어보니 아무 소리도 안 들린다고 하고……. 그게 천상의 음악소리였던 겁니다."

그래서 고산 스님은 또 하나의 게송을 읊는다.

金堂禪室坐禪中(금당선실좌선중 · 금당선실에서 좌선하는 가운데)
忽聞歌聲歸故里(홀문가성귀고리 · 홀연히 노랫소리를 듣고 고향에 돌아가니)
四顧能無識我人(사고능무식아인 · 사방을 돌아봐도 날 아는 이 없으니)
唯有獨坐金蓮臺(유유독좌금련대 · 오직 나 홀로 금련대에 앉았도다)

이 같은 깨달음의 경지에 대해 고산 스님은 "어떤 맛인지 먹어보지 않고서는 알 수 없는 것처럼 이 또한 말로 설명하긴 어렵다"고 했다. 돌로 만든 배를 타고 가고, 돌장승이 눈물을 흘리는 그 자리를 가보지 않고 어떻게 말로 할 수 있겠느냐는 것이다. 석가모니가 가섭 존자의 미소를 보고 정법안장을 전한 것처럼 교리 밖에서 이심전심(以心傳心)으로 전하는 것이 격외선(格外禪)의 도리이다.

하긴 개구즉착(開口卽錯)이라고 하지 않았던가. 입을 열면 곧 틀리게 된다는 소리이니, 깨달음의 내용을 말로 설명해달라는 주문부터 어리석었던 셈이다. 그럼 깨달음을 얻고 나면 이 고통의 세상은 어떻게 보일까?

"고통이란 생각에 달린 것입니다. 중생이 볼 땐 변소간의 변과 구더기가 더럽지만 구더기들에겐 변소간이 더없이 즐거운 곳이지요. 우리 중생들이 온갖 오욕락 속에 살지만 제불보살이 보기엔 똥물보다 더 더러운 곳이 이 세상입니다. 일도 즐겁다고 생각하면 몸이 일그러져도 고통을 못 느끼는 법입니다. 하루를 살아도 마음을 편히 갖고 즐겁게 살아야지요. 칼로 목을 베어도 바람이 슬쩍 지나가는 것같이 여길 수 있어야지요."

노장은 "생명이 끝없이 윤회하는 것은 애착과 사랑하는 마음 때문"이라며 "그걸 벗어나게 하는 것이 부처님의 가르침"이라고 했다. "중생의 욕심은 밑 없는 항아리 같아서 있는 그대로에 만족하지 않으면 끝이 없다. 하늘도 땅도 인생도 귀한 것도 천한 것도 모두 잠시 왔다 흘러가는 것인데 애착심을 가질 게 뭐 있느냐"고 노장은 말한다.

"욕심이 없어지면 행복해집니다. 욕심이 없어지면 탐진치 삼독(三毒)으로 씌웠던 자리에 자비인욕(慈悲忍辱)이 생겨나 도(道)에 가까워지지요. 또 행복해지려면 열심히 살아야 합니다. 게으른 자에게 행복은 언제나 꿈으로 남을 뿐입니다."

고산 스님은 새벽 예불과 108배를 하루도 거르는 날이 없다고 한다. 수행자에게 수행하지 않는 삶은 죽음과 같은 것이기 때문이다. 백척간두(百尺竿頭)에서도 진일보(進一步)하지 않으면 삶은 의미가 없고, 그런 삶은 고통일 뿐이라는 설명이다.

노장의 법담(法談)에 푹 빠져 있다가 시계를 보니 갈 시간이 넘었다. 인사를 하고 일어서는데 노장이 조실당 곁방에서 글씨 몇 점을 들고 나와 "오늘 쓴 건데 낙관을 찍어 줄 테니 가져가라"고 한다. 붓글씨는 평소 좋아하는 글귀를 쓰는 법. 노장은 '慈室忍衣(자실인의·자비를 집으로, 인욕을 옷으로 삼으라)', '一忍長樂(일인장락·한 번 참으면 길이 낙이 된다)', '慈悲無敵(자비무적·자비에는 적이 없다)', '山海崇深(산해숭심·산은 높고 바다는 깊다)' 등을 주로 썼다. 필체가 유려하면서도 힘차다.

조실당을 나오는데 노장이 다시 불러서 돌아보니 "더운데 이것도 하나 가져가라"며 커다란 한지 부채를 하나 내민다. 부채에는 이런 글이 쓰여 있다. '一勤天下無難事(일근천하무난사)'. 부지런

하면 천하에 어려운 일이 없다는 뜻이다. 고산 스님은 중생들에게 끊임없이 경책한다. "자비를 베풀라, 인욕하라, 부지런하라."

말세=말법시대

고산 스님은 "다들 자기 정신을 놓고 있어 말세(末世)"라며 욕심과 집착을 버리지 못하는 세태를 개탄했다.
불교의 말세관은 어떤 것일까? 아함경 등에 따르면 부처가 입멸한 이후 정법(正法) 1000년, 상법(像法) 1000년, 말법(末法) 10,000년이 이어진다고 했다. 정법시대는 敎(경전)·行(수행)·果(성불)가 성해서 성불하는 이가 많다. 상법시대에는 경전과 수행은 있으나 인욕과 정진력이 부족해 증득(성불)이 없다. 또 정법과 상법의 2,000년이 지난 말법시대에는 교만 남아 있을 뿐 수행자도, 성불하는 이도 드물다.

한편 정법시대의 전기 500년을 해탈견고(解脫堅固), 후기 500년을 선정견고(禪定堅固), 상법시대의 전기 500년을 독송다문견고(讀誦多聞堅固), 후기 500년을 다조탑사견고(多造塔寺堅固), 말법시대의 첫 500년을 투쟁견고(鬪爭堅固)라고 세분하기도 한다.

말법시대에는 왜 성불하는 이가 없을까? 불멸 후에는 다섯 가지 어지러운 일이 생기기 때문이다. 어지러운 일에는 출가 비구가 속인에게 불법을 배우는 것, 속인이 윗자리에 앉고 비구는 아랫자리에 앉는 것, 비구의 설법을 듣지 않고 속인의 설법을 듣는 것, 불법의 바른 경전이 불분명해지고 삿된 것이 믿음으로 되는 것, 비구가 처자와 종을 데리고 살며 다툼을 일삼는 것 등이 있다. 이로 인해 불법이 계승되지 못하고 말법시대를 맞게 된다는 것이다.

석가모니는 말법시대는 부처님의 가르침인 백법(白法)은 몰락하고 종교와 교파간 투쟁이 만연하는 오탁악세(五濁惡世)라고 말했다. 그리고 전쟁·질병·기근 등이 일어나 시대적인 사회환경이 더러워지며(劫濁), 그릇된 사상이 만연하고(見濁), 삼독(三毒)의 번뇌가 팽배하며(煩惱濁), 인간의 자질이 저하되고(衆生濁), 중생의 수명이 점차 짧아지는(命濁) 것이 오탁이다.

그러면 말세에서 인간을 구제할 미륵불은 언제 오는 걸까?

여러 설이 있으나 56억7천만 년 뒤에 온다는 설이 가장 유력하다. 그때 가서야 미륵세상, 용화세계가 열린다는 것이다.

고산 스님

• 1934년 경남 울산 출생 • 1946년 범어사에서 동산 스님을 은사로 출가 • 1961년 고봉 스님으로부터 전강 받아 강맥 계승 • 1969~75년 조계사, 은해사, 쌍계사 주지 • 1998~ 99 조계종 총무원장 • 현재 쌍계사 조실

월운 스님

••• 높은 산봉우리에서 산 아래를 보라

경기도 남양주시 진접읍 봉선사의 다경실(茶經室). 미닫이 문을 열고 들어서자 앉은뱅이 책상에 앉아 안경너머로 뭔가 열심히 적고 있던 조실 월운(月雲·74) 스님이 연필을 내려놓으며 멋쩍은 표정을 짓는다. "뭐 하시던 중이세요"라고 물으니 "시간이 아까워서……. 78년에 나온 〈금강경 강화(講話)〉인데 다시 쓰려고……"라고 대답한다. B4용지로 복사한 '금강경 강화' 자료에는 연필로 고치고 가필한 자국이 새까맣다.

크지 않은 키에 바짝 마른 몸, 여윈 얼굴, 총총한 눈빛. 월운 스님은 평생을 경전연구와 번역에 매진해 온 학승이다. 특히 은사인 운허(耘虛·1892~1980) 스님의 뜻을 이어 37년 만에 완성한 318권의 한글대장경은 또 하나의 국보라고 해도 지나치지 않을 정도의 대작불사(大作佛事)다. 그 동안 역경원장이 초대 운허 스님에서 영암(1979년), 자운(1987년), 월운(1993년)으로 세 차례나 바뀌었고 뜻을 함께 했던 사람들 가운데 여럿이 벌써 고인이 됐다. 한글대장경 완간의 소회를 먼저 물었다.

"후련하면서도 마음의 부담이 가라앉지 않아요. 하느라고 해왔지만 지금 다시 보면 '이렇게 했더라면……' 하는 게 눈에 띄거든요. 그래서 수고했다, 축하한다는 인사는 귀에 들어오지 않고 저 소리가 나중에 욕으로 돌아오지 않을까 걱정이 앞서요."

늘 재정난, 인력난을 겪다보니 편집도 만족스럽지 않다며 아쉬워했다. 정부로 부터 지원금을 받다보니 매년 일정량의 책을 무리하게 내야 했던 탓이다. 미리 짜놓은 목차대로 원고가 들어오지 않으면 그 부분을 빼고 뒷 권의 원고를 앞 권으로 당겨서 한 책으로 묶기도 했다. 또 번역문만으로는 도저히 이해하기 어려운 부분은 이를 설명하는 강학본을 함께 내야 하는데 그렇지 못했고, 주제별 색인도 붙이지 못했다. 노장의 얼굴이 금세 아쉬움과 수심에 잠겼다.

동국역경원이 2000년부터 한글대장경 전산화 작업에 들어간 것은 이런 아쉬움을 해결하기 위해서다. 오래 전에 나온 책들은 요즘 어법에 맞게 개역하고, 세로쓰기는 가로쓰기로 바꾸고 있다. 색인, 검색 기능도 갖춰 인터넷에 순차적으로 올리고 있다. 노장은 왜 이렇게 팔만대장경 한글화에 매달리고 있는 것일까?

"선(禪)은 부처님 마음이요, 교(敎)는 부처님 말씀입니다. 대장경은 부처님 말씀, 즉 불교이론을 다 갖춰놓은 것이지요. 그런데 대장경이 한문으로 되어 있다보니 한문을 모르는 사람들은 남의 입을 통해야만 경전 내용을 알 수 있었어요. 한글대장경의 완간은 모든 사람들이 어떤 언어장벽도 없이 경전에 직접 다가서고 이해할 수 있게 됐다는 점에서 큰 의의를 가진다고 할 수 있습니다."

노장은 "국민들이 대장경의 뜻을 마음에 사긴다면 양심을 지키고 탈선하지 않겠다는 생각이 자연스레 생겨날 것"이라고 했다. 그러나 대장경은 방대한 규모 때문에 대부분의 사람들은 접근할 엄두조차 내지 못하는 게 사실이다. 이에 대해 노장은 "일상생활에 육법전서의 내용이 다 쓰이는 게 아니듯이 대장경을 꼭 다 봐야 할 이유는 없다"고 설명한다. 고기를 잡으려고 온 내에 그물을 다 쳐야 하는 게 아닌 것과 같은 이치다. 불경은 인생 문제의 백화점이라 할 수 있다. 아이에게 재미있는 경전, 어른에게 필요한 경전 등 각 경전마다 특징이 있으므로, 자기에게 필요하고 알맞은 것을 보면 된다는 얘기다. 노장은 법화경의 경우 '이솝우화'는 저리 가라 할 만큼 재미있는 내용이 많이 들어 있다고 귀띔한다.

"대장경에는 부처가 되는 길이 들어 있어요. 한글대장경은 그 지름길이고요. 금강경에 보면 '이 경(經)에서 부처님이 나왔다'라는 말이 있습니다. 길을 벗어나 누구를 만날 수 있겠습니까? 경전을 통해 부처님을 만나야지요."

노장은 어쩌다가 역경이라는 길고 어려운 길에 들어섰을까? 월운 스님이 경기도 장단의 고향집을 떠나 머리를 깎은 것은 1949년의 일이다. 집이 너무나 가난해 밥이라도 실컷 얻어 먹으려고 열일곱 살 때 가출, 전국을 떠돌다 남해 화방사에 주저앉았다. 밥도 얻어 먹고 불경을 읽는 재미도 매우 좋았던 것이다. 한학자이던 재당숙에게 10여 년간 한문을 배운 터라 출가 전의 한문실력이 이미 화방사 스님들을 놀라게 할 정도였다.

운허 스님과 만난 것도 결국은 한문 때문이다. 월운 스님의 한문실력이 뛰어난 것을 안 화방사 스님들이 "봉선사에 운허라는 대학승이 있는데 그 스님한테 가서 출가해라"고 권유했다. 마침 한국전쟁이 터져 봉선사로는 가지 못하고 부산 범어사로 내려온 운허 스님을 찾아가 머리를 깎고 사미계를 받았다. 해룡(海龍)이라는 법명도 이때 받았다(월운은 법호). 은사인 운허 스님은 평생을 경전과 함께 살았고 독립운동에도 간여했으며, 그런 와중에도 틈틈이 불경을 한글로 옮겨 전란 중에도 번역본을 낼 정도였다. 그리고 늘 월운 스님에게 "경학을 하는 것도 수행의 길이며 경학을 해야 불교를 일으킬 수 있다"고 강조했다.

이러한 영향으로 월운 스님 역시 20대 초반부터 역경에 발을 들였다. 특히 1962년 대한불교조계종이 비구·대처승간의 분규를 끝내고 통합종단으로 출범하면서 역경을 포교, 도제양성과 함께 종단의 3대 사업으로 설정하고, 1964년 3월에는 동국역경원이 설립되면서 한글대장경 발간의 대장정을 시작했다. 1993년 말부터는 역경원장의 책임을 맡아 대장경 완간을 이끌었다. 경전연구 및 번역으로 보낸 50여 년의 세월. 선을 통한 깨달음의 성취를 궁극의 목표로 삼고 또 이런 선불교가 한국불교의 주류를 이루는 현실에서 경학에만 매달려 오기가 쉽지는 않았을 텐데 혹시 후회는 없을까?

"젊어서는 동산 스님을 모시고 참선도 해봤지요. 그러나 참선 수행자는 많은 반면 연구자는 적기 때문에 불교를 살리기 위해서는 경학, 역경을 해야 한다는 생각에 변함이 없었어요. 사교입선(捨敎入禪·교를 버리고 선에 든다는 뜻)이라고 하는 것도 무조건 교학을 버리고 멀리 하라는 게 아닙니다. 가져보지도 않은 것을 어떻게 버릴 수 있나요? 교학을 보고 내용을 파악한 뒤에 거기에 머물지 말고 실천수행의 길로 들어가라는 것이지요."

월운 스님은 "많은 종교들 가운데 인과의 법칙을 가르치는 것은 불교가 유일하다"면서 "불교교리를 따라야 국민들이 제자리에 설 수 있다"고 강조한다. 유교에서는 '적선지가(積善之家) 필유여경(必有餘慶)'이라 해서 자기 좋은 일을 하면 후손들이 덕을 본다고 하지만 불교에서는 부모·자식간에도, 부부간에도 인과를 대신할

수 없다고 말한다. 금생(今生)이 아니면 내생(來生)에라도 대가를 치르게 된다는 것이다. 그러니 누가 보든 안 보든 자기 절제력을 가지지 않을 수 없고, 모두가 제자리를 찾게 된다. 정견(正見)과 사견(邪見)을 가름하는 것도 인과법이다. 선인선과(善因善果)의 법칙을 믿으면 정견이고, 믿지 않으면 사견이다.

"부처님은 지혜와 자비를 완전하게 갖춘 분입니다. 지혜와 자비는 인간이 가져야 할 가장 귀중한 것으로, 이를 얻기 위해서는 마음이 항상 침착하고 조용해야 해요. 마음이 흔들리면 조용히 사물을 판단할 수 없기 때문이지요. 열반적정(涅槃寂靜)이라는 것도 마음이 안정돼서 진정한 자기에 눈을 떴을 때 얻어지는 경지입니다. 진정한 자기에 눈을 뜨게 되면 타인의 괴로움이 곧 자신의 괴로움으로 느껴지고 타인의 기쁨을 곧 자신의 기쁨으로 받아들이게 됩니다."

높은 산봉우리에서 산 아래를 보면 밑에서 보지 못하던 것들을 다 볼 수 있는 것처럼, 진정한 자기에 눈떠 보다 큰마음을 가지고 있는 자신을 발견하면 '내가 왜 사소한 일에 집착했을까' 하고 반성하게 된다는 것이다. 노장은 "열반적정은 부처님만의 것이 아니라 만인의 것, 모든 사람이 터득해야 하는 것"이라며 "도를 구하는 생활이라야 행복을 얻을 수 있다"고 했다.

2000년 4월, 교종 본찰인 봉선사 조실로 추대된 월운 스님은 "선지식(善知識)은 능지물정(能知物情)이라, 진정한 조실은 대중의 안목을 열어주고 세속의 물정도 훤히 꿰뚫어 볼 줄 알아야 하는데, 나는 그저 세속의 나이가 많아서 추대됐을 뿐"이라며 "모두가 자기의 조실이 돼야 한다"고 말했다.

마침 점심때가 돼서 공양간으로 가기 위해 다경실을 나서던 월운 스님은 "밥장사가 밥은 해놨는데 얼마나 먹으러들 올지……"라며 말끝을 흐렸다. 완성된 한글대장경을 사람들이 얼마나 봐줄지 걱정이 되는 듯하다.

역경에 매달리느라 손가락에 굳은살이 배기고 엉덩이가 짓물렀다는 월운 스님. 지금도 노장의 서안(書案) 위에는 짓무른 데 바르는 연고가 늘 있다. 매일같이 역경삼매에 빠져들어 살이 짓무르는 것도 모르기 때문이다. 그러나 노장은 자신이 한 일에 대해서 시종일관 하심(下心)이다. "나는 야구의 희생타자처럼 한 단계의 일을 마치고 물러날 뿐이다. 뒷날의 선지식들이 더 갈고 닦아서 진정한 우리 시대의 국보를 만들어주기를 바란다"면서.

월운 스님

• 1928년 경기 장단 출생 • 1949년 운허 스님을 은사로 득도 • 1956년 해인사 강원 대교과 졸업 • 1963년 마산대 철학과 졸업 • 1959~61년 통도사 강사 • 1965년 대한불교조계종 역경위원 • 1979~93년 중앙승가대 교수 • 1983년~현재 불교전문통신 강원 원장 • 1993년~현재 동국역경원 원장 • 2001년 봉선사 조실 • 저서 〈극봉탑〉, 〈삼화행도집〉, 〈달처럼 구름처럼〉 외 다수

범룡 스님

••• 화엄경의 큰뜻이 마음 심(心)자 하나에

절을 하고 일어서는데 노장은 아직 합장한 채 머리를 숙이고 있다. 팔공산 동화사의 비로암을 지키고 있는 대한불교조계종 전계대화상(傳戒大和尙) 범룡(梵龍) 스님이다. 1914년 생으로 세수 88세, 법랍 65년의 원로 중 원로인데도 아랫사람 더하기가 더없이 깍듯하다.

전계대화상은 스님들에게 계(戒)를 내리는 최고 책임자로, 계단(戒壇)의 설치와 운영, 수계식 등을 관장한다. 따문에 종단의 원로로서 뿐 아니라 수행자의 표상으로 존경받는 사람을 전계대화상으로 위촉하게 된다. 범룡 스님은 1981년, 조계종이 보다 엄정한 전계(傳戒)를 위해 단일계단을 마련한 이래 자운·고암·석주·일타·청하 스님에 이어 여섯 번째로 전계대화상에 위촉됐다. 건강이 어떠시냐고 물었더니 단도직입, 인사조차 곁가지가 없다.

"내 발로 걸어다닐 만합니다."

아흔을 바라보는 노구에 아직도 부축 받지 않고 걸어다닐 수 있다고 하니, 실로 건강한 편이다. 겉으로 보기에도 허리가 꼿꼿하고 눈빛이 형형하다. 평북 맹산에서 태어난 범룡 스님은 스물세 살 때인 1936년 금강산 유점사에서 만허 스님을 은사로 출가했다. 유점사는 금강산 관광길이 열렸어도 아직은 가볼 수 없는 곳이다. 그래서 유점사에서 공부했던 기억부터 되살려 보기로 했다.

"금강산을 떠나올 때에는 나중에 휴전선이 이렇게 오래 가로막고 있을 줄 몰랐지요. 당시 유점사는 염불방, 선방, 강당을 다 갖추고 있었는데 수월당이 강원, 연화사 큰방이 염불방이었어요. 강원에는 학인이 서른 명 가까이 있었고요. 유점사 주지를 지낸 사람 중에 인물이 좋은데다 지식이 풍부하고 언변도 뛰어나 '금강산 제1인'으로 유명했던 김태묵이 생각나네요."

당시 절 생활은 어떠했을까? 일제시대이니 풍족할 리는 만무하고, 부족하지 않은 것이 없는 시절이었다고 한다. 범용 스님은 "요즘은 물질이 풍부해서 공부에 방해가 되지만 그때는 먹을 게 부족해서 공부하기 힘들었다"고 회상한다. 한창 젊은 나이에 눈꼽만큼의 밥을 먹고 공부하자니 양이 차지 않았다. 한겨울 깜깜한 밤에 어른들 몰래 심지를 뽑아 밤참을 해먹던 일이 기억에 남는단다.

그럼 고생스러운 수행자의 길에는 왜 들어섰을까? 노장의 출가 동기가 재미있다.

"사난득(四難得)이라는 말 때문에 출가와 인연을 맺었지요. 보통학교(초등학교) 3학년 때인가 집에 한 탁발승이 찾아왔는데, 당시 교회를 다니셨던 아버님은 이 탁발승과 오래도록 이야기를 나누다 '불교에는 사난득이 있다는데 그게 뭐요?' 하고 물으셨지요. 스님이 대답을 않자 아버님은 '사난득이란 인생난득, 장부(丈夫)난득, 출가난득, 불법난득' 이라고 말씀하셨어요."

사난득이란 사람으로 태어나기 어렵고, 장부로 태어나기 어렵고, 출가사문(沙門)이 되기 어렵고, 불법을 얻기 어렵다는 뜻이다. 이 말이 오래도록 가슴에 남아, 인생난득과 장부난득은 해결했으니 불법난득을 해결하고 싶다는 생각이 싹텄다고 한다. 그 후 금강산 구경하러 갔다가 유점사 분위기에 끌려 눌러 앉은 것이 출가로 이어졌다고 노장은 회고한다. 그리고 당시 어떤 불교잡지에 '사람이 물을 마심에 차고 뜨거운 것은 스스로 안다(如人飮水 冷暖自知)'라는 말을 보고 눈이 번쩍 띄었다고 한다.

"오대산에 계시던 한암 스님 밑에서도 공부하셨지요?"

"그래요. 그때 오대산 상원사에 승려수련소를 설치해 강원도에 있는 3본산(유점사 · 건봉사 · 월정사)에서 10명씩을 보내도록 했지요. 한암 스님같이 되라고 말이죠. 한암 스님은 드인으로 명성이 자자해서 그러잖아도 그 분에게 배우고 싶었는데 잘됐다 하고 갔어요. 그때 한암 스님에게 국문으로 토를 단 금강경과 보조법어, 화엄경을 배웠어요. 수련소를 마친 뒤 본사 강원에서 종전공부를 더 하라는 걸 싫다하고 상원사 선방에서 참선수행했지요."

한암 스님은 어떤 분이었는지 궁금했다.

"인격적으로나 승려로서나 뭐 하나 부족한 게 없는 분이셨어요. 계행도 가르치는 것도 찬바람이 쌩쌩 불었지요, 뭐. 그러면서도 한없이 자비롭고 말보다는 행(行)이 앞서는 분이었어요. 원래 유학과 한문을 많이 공부해서 경학이나 선지(禪旨), 글씨 등이 옹졸하지 않고 시원하면서도 활발했지요. 사람이 그만하면 자기자랑도 하고 남 흉도 보고 그럴 텐데 일절 그런 게 없어요. 그러니 학인들이 보고 배울 수밖에 없었지요."

한암 스님은 한국전쟁 그 난리 통에도 피난가지 않고 절을 지킨 것으로도 유명하다. 그때 범용 스님도 상원사 중대에서 함께 절을 지켰다고 한다. '도인 스님'의 곁을 떠나지 않는 게 더 나을 것 같아서였다. 그 당시 국군과 인민군이 번갈아 찾아왔는데, 60리 밖에 군인들이 오면 까마귀들이 미리 와서 까악까악 알려줬다고 한다. 처음엔 그런가보다 했는데, 군인들이 오는 날에는 매번 까마귀들이 나타나 울더라는 것이다.

"평소 말수가 적으신 것도 한암 스님의 영향입니까?"

"글쎄요, 말을 안 하려고 해도 누군가는 와서 자꾸 시키니까 하게 돼요. 어떤 스님들은 참선하는데 방해된다고 찾아오는 사람을 그냥 물리친다고 합디다만, 나는 그렇게까진 하지 않고……."

평생을 참선수행하는 것이 힘들지 않느냐고 했더니 노장은 "쉬우면 다 성불하게요"라고 대답한다. 그러면서 절집에서는 "성불하십시오"라고 하는 것이 제일 좋은 인사라고 설명한다.

젊었을 때 금강산에서 부산까지 걸어가며 수행한 일화가 궁금했다.

"스물여덟 살 때였어요. 옛 어른들은 선지식을 찾을 때 일보일배(一步一拜)하며 수행했어요. 나는 그렇게까진 못해도 걸어서는 가야겠다고 마음먹고 유점사를 떠나 서울을 거쳐 범어사까지 걸어갔지요. 한 달쯤 걸렸는데 범어사 선방에 앉아 있으니 다리도 아프지 않고 며칠간 자지 않아도 잠이 오지 않는 성성(惺惺)한 경지가 계속됐지요."

　노장은 "남들과 생존경쟁을 벌이는 것이 아니라 자기 자신, 자기 마음과 경쟁하는 것이 곧 수행"이라고 설명한다. 눈에 보이지도 않는 마음이 찰나에 수천, 수만 리를 왔다갔다하고 잡으려 하면 소리도 없이 내뺀다. 이 마음을 붙잡아 가라앉히는 게 수행이라는 얘기다. 누가 말리는 사람도 없지만 그게 쉽지 않다며 노장은 웃음을 짓는다.

　범룡 스님의 화두는 무엇이었을까?

　"당나라 때 조주 스님의 '무(無) 자' 화두예요. 선객 하나가 조주 스님한테 개에게도 불성이 있느냐고 물었더니 조주 스님이 '무'라고만 했지요. 한암 스님한테 화두를 하나 가르쳐 달라니까 이 '무 자' 화두를 주시더군요. '부득작진무지무(不得作眞無之無) 부득작유무지무(不得作有無之無)'라 했습니다. '무'라고 하니까 아무것도 없다는 뜻의 '무'라고 생각하기 쉽지만, 있다 없다라는 생각조차 하지 말아야 합니다."

　　노장은 지금도 화두를 든다. 그러나 화두일념이라는 것이 말처럼 쉽지 않아서 여차하면 화두를 잊어버리고 딴 망상을 하기 쉽다고 한다. 효봉 스님은 열반에 임박해서도 화두를 놓지 않아, 상좌가 입에 죽을 떠 넣어도 모를 정도였다. 심지어는 숨이 넘어갈 때에도 화두를 안 놓치려고 "무―" 하면서 돌아가셨다고 해서 젊은 스님들이 "견성하지 못했다"고 흉을 봤을 정도다. 그러나 노장은 "그 사람들(젊은 스님들)은 죽을 때 그런 정신도 없을 것"이라며 "그 정도면 내생에는 도가 터진다"고 덧붙였다.

　　좀 외람되다 싶지만, 노장에게 참선수행을 통해 깨달음을 얻었느냐고 물었다.

　　"오래 참선해도 견성은 잘 안 됩디다. 다만 어느 해던가, 석가모니불께서 깨달음을 이룬 성도절을 앞두고 정혜사에서 일주일간 용맹정진(勇猛精進·잠자지 않고 수행하는 것)을 하다가 삼매에는 들었지요. 삼매에 들면 몸도, 마음도, 눈동자까지도 움직이지 않아요. 보통 때는 내 눈이 대상을 보지만 삼매에 들면 눈이 면경(面鏡·거울)이라, 사물이 눈동자에 와서 비쳐요. 밤참 시간인데 밤참도 안 먹고 혼자 삼매에 빠져 있으니 다른 스님들이 '이 수좌가 자는가, 죽은 것인가' 하며 눈을 들여다보고 그랬지요. 그렇게 1주일, 2주일 있으면 도

를 깨쳤을 텐데 대중생활이다 보니 포행을 하느라 그만 멈춰버렸어요. 여하튼 삼매에 들어보니 불법이 좋은 줄 알겠더군요."

　　노장에게는 그래서 오도송(悟道頌)이 없다. 노장은 "깨쳤다는 사람은 다들 오도송이 있는데 나는 그런 게 없다"면서 "오도송이라는 게 도를 깨치는 그 순간에 절로 나와야지 나중에 지어서야 무슨 소용 있겠느냐"고 했다. 노장은 참선을 할 때 경전을 보지 않는 게 좋다고 충고한다. 참선을 하던 중 화엄경의 어려운 구절에 걸려 마음이 화엄경으로 갔다가 화두로 갔다가 하는 바람에 방해를 받았던 경험이 있어서다. 그래서 기본적으로는 경전을 공부해야 하지만 참선할 땐 안 보는 게 낫다고 말하는 것이다.

깨달음은 어떻게 오는 것일까? 단박에 깨닫고 나면 더 이상 닦지 않아도 된다는 돈오돈수(頓悟頓修)가 맞을까, 깨친 후에도 계속 닦아야 한다는 돈오점수(頓悟漸修)가 올바른 방법일까?

"참으로 돈오하고 나면 돈오도 없어요. 무릇 얻기도 어렵지만 지키기는 더 어려운 법이지요. 깨달은 걸 잘 보림하지 않으면 도로 다 없어지고 말지요. 특히 근기가 예리한 사람이 힘들이지 않고 도를 깨닫게 되면 너무 간단하게 생각해서 도로 잃어버리기 쉬워요. 따라서 깨달은 뒤에도 정진을 계속해야 해요."

전계대화상인 노장에게 계율이 뭐냐고 물어보니 "질서를 잡기 위한 방편"이라고 대답했다. 부처님은 이계위사(以戒爲師), 즉 계로써 스승을 삼으라고 했다. 또한 노장은 영위지계일일생(寧爲持戒一日生)이언정 불위파계백년생(不爲破戒百年生)이라, 즉 계를 지키며 하루를 살지언정 파계를 하며 백 년을 살지는 않겠다고 말한 자장율사의 이야기도 들려준다. 계율을 지키고 생활화하면 개인은 물론 사회도 청정해진다는 것이다.

그러나 노장은 계율이라고 융통성 없이 문자에만 매달리는 것은 옳지 않다고 경계한다. 지범개차(持犯開遮)라 해서, 갖기도 하고 범하기도 하며 열기도 하고 닫기도 하는 것이 계율이라는 뜻이다. 예를 들어 살생이나 거짓말이 다 계율에 어긋나지만, 경우에 따라서는 거짓말을 해서라도 살생죄를 피할 수 있다는 것이다. 계율을 지키는 것도 마음을 비우지 않고서는 참으로 어렵겠다 싶다.

"화엄경에 선용기심(善用其心 · 마음을 잘 쓰라는 뜻)이라는 말이 있어요. 사람마다 그 마음을 잘 쓰면 평안해지고 세상도 평화로워지지요. 화엄경의 큰뜻이 마음 심(心) 자 하나에 다 들어 있어요. 서산대사가 '객이 주인에게 꿈 이야기를 하니 주인이 객한테 꿈 이야기를 하네. 이제 꿈 이야기를 한 두 객도 역시 꿈속의 객이네(客說夢主人 主人說夢客 今說二夢客 亦是夢中客)'라는 시를 남겼지요. 사람들은 잠자면서 꾸는 꿈만 꿈인 줄 알고 이 세상이 꿈인 줄은 몰라요. 마음을 맑게 하고, 사람간에는 물론 세상 만물에도 마음을 잘 써야 합니다."

사진을 찍기 위해 마당에 내려선 노장은 비로암을 중창한 얘기며, 채마밭 일군 얘기까지 자상히 들려준다. 짙은 그림자를 드리운 나무 아래 평상에 앉아 한담을 나누는 사이 산비둘기 몇 마리가 절간 마당에 내려앉았다. 노장의 선용기심이 산비둘기에게도 가 닿은 듯했다.

범룡 스님

• 1914년 평북 맹산 출생 • 1935년 만허 스님을 은사로 유점사에서 출가 • 1941년 상원사에서 한암 스님을 계사로 비구계를 받음 • 상원사, 수덕사, 범어사, 해인사 등 제방선원 안거 • 1981년~현재 동화사 비로암 주석 • 1994년 봉암사 조실 • 1999년 전계대화상

원담 스님

• • • 자기 마음자리가 부처이니

"만법(萬法)은 하나로 돌아간다고 했는데 그 하나는 무엇입니까?"

"(엷은 미소와 함께 오른 주먹을 들어 보이며)……."

"그게 무슨 뜻입니까?"

"못 알아듣겠으면 이리 와봐(머리를 이리 대봐)."

하마터면 큰 꿀밤을 맞을 뻔했다. 충남 예산의 덕숭산 수덕사 염화실(拈華室). 한국 선불교의 중흥조인 경허(1849~1912) 스님과 만공(1871~1946) 스님의 선맥이 흐르는, 덕숭총림 방장인 원담(圓潭·76) 스님의 수행처다.

깨달음의 실체가 뭐냐고 묻자 원담 스님은 주먹을 들어 불립문자(不立文字)의 선지(禪旨)를 내보였다. 나다, 너다 하는 분별과 집착을 끊어버린 자리가 견처(見處)라는 뜻으로 들렸다. 스님은 어떤 화두를 들고 참선했는지 물었더니 "일만 법이 하나로 돌아갔으니 하나는 무엇인고(萬法歸一 一歸何處), 그 뿐이여"라고 한다. 그럼 이 화두를 들고 참선해서 이른 견처(깨친 자리)는 어떤 곳일까?

"못 봤어. 한 물건도 못 봤어. 내가 여태 공부한 게 있간디."

선지종찰(禪之宗刹)의 큰 어른이 견처가 없다니……. 뜨악한 표정을 짓고 있자 방장을 모시고 있는 시자 법보(法甫) 스님이 "견성(見性)한 사람은 스스로 견성했노라고 말하지 않는다"고 귀띔해 준다.

그럼 선이란 도대체 무엇인가? 노장은 "한 물건도 볼 수 없는 곳을 찾는 것이 참선이지"라고 했다. 그 곳이 정말 참선으로 찾아질까?

"그럼 찾아지지. 색(빛)에 물들지 않고, 소리에 물들지 않고, 냄새와 맛에도 물들지 않는 곳이 바로 '한 물건'도 볼 수 없는 곳이야."

수행을 통해 찾아야 할 '참 나'란 무엇인가? 노장은 다시 오른 주먹을 내보이며 말한다.

"이것이지. 이것말고는 없어. 찾다보면 이거야. 나를 찾다보면 나도 아니고 너도 아니고 (주먹을 들며) 이것이여."

종잡기 어려운 선문답에 기막혀하는 마음을 읽었는지 법보 스님이 옆에서 "나는 없고 너와 내가 둘이 아니라는 뜻"이라고 설명해 준다.

원담 스님은 여러 가지 수행방법 중에서 참선만을 고집한다. 좋은 수행법이라며 이것저것 따지고 찾아다니는 것 자체가 "중생들의 망상일 뿐"이라고 딱 자른다. 노장은 "만공 스님은 '달마가 견성하면 부처가 된다'고 했는데, 경전이나 주력으로는 견성하기 어렵다"며 "결국 산을 움직이는 건 참선"이라고 했다. 말이 나온 김에 만공 스님을 모셨던 이야기를 청하자 노장의 목소리가 더욱 커진다.

"만공 스님은 머리가 훌떡 벗어지고 키가 아주 큰 분이었지. 다시 보기 어려운 대(大)선지식이요, 대도인이야. 그 어른의 가풍은 깊고 어렵거나, 쉽고 편리한 데 있는 게 아니라 사실 그대로에 있어. 차 맛이 담담한 것처럼 언제나 여여(如如)한 그대로지. 무궁화 꽃송이에 먹물을 묻혀 '세계일화(世界一花)'를 쓰시던 생각이 나는군. 세계는 한 송이 꽃이니 너와 내가 둘이 아니요, 산천초목이 둘이 아니요, 이 나라 저 나라가 둘이 아니라는 뜻이지."

만공 스님 이야기를 하면서 노장은 신이 났다. 그 옛날 스승과의 선문답이 마치 어제 일처럼 재생된다. 주먹 문답도 만공 스님한테 빌려온 것 같다.

"만공 스님이 주먹을 들어 보이며 '무엇이냐' 고 물었어. '주먹입니다' 라고 했더니 '주먹말고는 무엇이냐' 그 다시 물었어. '주먹말고는 한 물건도 없습니다' 그랬더니 '이놈, 맹랑한 놈이구나' 하셨지. '왜 맹랑하다고 하십니까' 했더니 '더욱 맹랑한 놈이구나. 또 대답해 봐라' 라고 하시는 거야."

당시에는 먹고살기가 어려워 만공 스님을 모시고 다니며 수행하다 산중에서 칡도 캐먹고 솔잎도 따서 먹었다고 한다. 노장의 말대로 '세상 일 다 버리고 오직 참선 하나만 가지고 들어가는 것' 이 수덕사 가풍인 탓이다.

노장은 12세 때 출가를 했다. 견성암의 비구니였던 이모를 따라 수덕사에 갔다가 만공 스님을 뵙고 출가를 결심했다. 그 당시

이야기가 재미있다. 만공 스님은 "어디서 왔느냐"는 물음에 어린 원담 스님이 "서천에서 왔습니다"라고 대답하자 "서천이 네 고향이냐? 그럼 서천의 고향은 어디냐?"고 재차 물었다. 원담 스님이 우물쭈물하자 만공 스님은 주장자로 머리통을 때리며 "알겠느냐? 무얼 알았느냐?"며 다그쳤다. "제 머리가 아픈 걸 알았습니다"라고 하니 만공 스님은 "아픈 놈 모양이 어떠냐? 그 모양을 내놔봐라"고 했고, 원담 스님은 "아야야"라며 아픈 시늉을 했다. 그러자 만공 스님은 "어허 이놈 봐라. 아주 묘한 놈이로구나" 하고 박장대소했다는 이야기다.

출가 후 원담 스님은 5년간 만공 스님을 모시고 생사용단(生死勇斷)의 정진을 거듭해, 마음자리가 허공과 같이 아무것에도 끌리지 않고 물들지 않는 것임을 보았다. 이런 원담 스님에게 만공 스님은 '시진성사미(示眞性沙彌·진성사미에게 보이다)'라며 전법게(傳法偈·법을 전하는 게송)를 내리고 법을 인가했다. 진성은 노장의 법명이고, 원담은 법호다.

眞性本無性(진성본무성·참 성품에는 본래 성품이 없고)
眞我元非我(진아원비아·참 나는 원래 내가 아닐세)
無性非我法(무성비아법·성품도 없고 나도 아닌 법이)
總攝一切行(총섭일체행·일체 행을 모두 거두느니라)

선을 통해 생사를 초월할 수 있느냐고 묻자 노장은 찰나의 주저도 없이 "물론"이라고 대답했다. 스스로 체험한 바 있기 때문이다. 젊은 시절 잠도 자지 않고 수행하다 저승사자 같은 괴물이 온

몸을 조여 죽음 직전까지 갔을 때 '만법귀일 일귀하처'의 화두를 들고 벗어났다고 한다.

"참선을 부지런히 해 통달하면 삶과 죽음을 마음대로 조절할 수 있어. 저승사자가 나를 쫓아와서 잡아가더라도 하나도 겁날 게 없거든. 한번은 밤에 자다가 기둥에 새겨 놓은 용이 달려들어 내 몸을 감기 시작하는데 숨이 막혀 견딜 수가 없을 정도였지. 그때 화두를 들고 입정을 하니, 감고 있던 용이 저절로 풀어지는 거야. 참선은 그래서 좋은 거야."

그 뒤로도 노장은 이런 화두의 힘을 여러 차례 경험했다고 한다. 수덕사에서 정혜사로 쌀을 짊어지고 올라갈 때 화두를 들면 아프던 등과 허리가 편해졌다고 한다. 쌀짐보다 화두의 무게가 더 컸다고 노장은 설명한다. 어떤 경우에도 화두만 들면 문제가 잘 풀린다는 이야기다.

"화두를 들면 누가 나를 욕해도 화가 나지 않아. 내 마음속에 미운 생각이 없으니 상대방이 싸우려 해도 싸울 수가 없어. 일을 하다 어려움이 생겼을 때 참선을 하면 미묘한 지혜가 생겨나. 내가 나를 찾으면 내 안의 갈등도, 남과의 불화도 없어지고 안심(安心)의 경지에 이를 수 있어."

노장은 참선을 할 때는 철저히 해야 한다고 강조한다. 나를 잊어버리고, 잊어버렸다는 생각조차 버려야 한다. 참선한다고 자랑도 하지 말고 상(相)을 내서는 더욱 안 된다. 참선은 누가 보라고 하는 것이 아니라 스스로 체험하는 것이기 때문이다.

노장은 행자 시절 만공 스님이 설한 법어를 정리한 〈만공법어집〉에서 "백 년의 공부나 연구가 일분간의 무념처(無念處)에서 얻은 것만 못하다"고 전했다. 일체의 생각을 쉬고 일념에 들되, 일념이라는 생각조차 잊어버린 무념처에서 한 걸음 더 나아가야 나를 발견할 수 있다는 것이다.

"참선하는 사람은 사람의 목숨도 살릴 수가 있어. 그것은 나를 완성하는 것이며 성불하는 것이기 때문이야. 내가 나를 찾을 때 나와의 전쟁도 남과의 불화도 모두 사라지고 안심(安心)의 경지에 도달하게 돼. '나'를 찾으면 세계 인류의 평화를 완성할 수 있는 거야."

노장은 "나를 찾는 장소가 따로 있지 않다"며 "각자 자기 육신이 선방"이라고 강조했다. 참선은 깊은 산 속 선방에서만 하는 것이 아니라 언제, 어디서든 할 수 있고, 또 해야 한다는 얘기다. 노장에게 중생들이 어리석음에서 벗어나지 못하는 이유를 물었다.

"집착하기 때문이야. 아는 데 집착하고, 모르는 데 집착하고, 이런 건가 저런 건가 하며 분별하는 데 집착하고……. 방황과 불안에서 벗어나려면 편안히 살려는 마음을 내버려. 그럼 편해져. 마음을 버리면 제일 편한 것이여. 제일 좋은 것도 마음이고 나쁜 것도 마음이니까."

노장은 "(자기를 찾지 않고) 누구에게 의지해 복을 비는 것은 집착이며 미개구착(未開口錯)"이라고 했다. 흔히 선을 통한 깨달음 즉 불립문자의 경지를 말로 표현하면, 원래 뜻을 그르친다는 의미의 개구즉착(開口卽錯)이라는 말을 쓴다. 그러나 누구에게 의지하겠다는 생각을 갖는다면, 분별심을 갖는다면, 상(相)을 일으킨다면 입을 열어도 닫아도 다 틀리게 된다는 뜻이다.

"말세, 말세 하는데 그렇게 말하고 따지는 놈이 말세여. 불법은 항상 머물러 멸하지 않는다고 했어. 불교의 미래가 어두우니 어쩌니 하는데, 사실 밝을 것도 어두울 것도 없어. 어째서 그러냐, 밝고 어두운 것이 중생들의 분별이기 때문이여."

노장은 사람이 사는 데는 두 가지 길이 있다고 한다. 정신의 길과 물질의 길이다. 물질을 극복하는 것이 정신인데, 요즘은 물질이면 다 된다는 풍조가 만연해 있다고 걱정이다. 과학문명이 발달하고 물질이 풍요로워졌지만 몸의 쾌락만 좇는 것이 안타깝다. 노장은 "이런 현실을 치유할 수 있는 것은 불교의 참선밖에 없다"면서 "물질과 정신의 중간 길은 없다"고 강조한다.

"부처님이라 하면 어디에 계신 부처님인가? 절에 모셔 놓은 부처님만 생각하지만, 자기 마음자리가 부처이니 사람마다 부처님을 모시고 있다는 걸 깨달아야 해. 석가모니불이 인간의 몸으로 사바세계에 나오신 것도 인간 그대로 부처의 성품을 지니고 있음을 가르쳐주기 위해서야. 그런데도 세상 사람들은 미몽에서 깨어나려 들지를 않아. 부처를 찾기는커녕 물질세계에 끌려 다니다 허망하게 인생을 마치는 이들이 태반이야. 밥 광주리 안에서 굶어죽는 꼴이지."

당대 최고의 선필(禪筆)로도 유명한 노장은 "요샌 글씨 안 써"라고 했다. 글씨를 쓸 때 힘이 많이 들기 때문이다. 그러나 오늘은 기운이 펄펄 나는 모양이다. 오랜만에 붓을 잡았다. 시자의 도움을 받으며 붓이 위에서 아래로 내려가는데 '살은 없고 뼈만 남은' 글씨다. '무이묘광(無二妙光 · 둘이 없는 오묘한 빛)'. 중생과 부처가 둘이 아니고, 부모와 자식이 둘이 아니고, 너와 내가 둘이 아니라는 뜻이다.

"춘색무고(春色無高)한데 화지자장단(花枝自長短)이라. 봄빛은 높은 곳이나 낮은 곳이나 차별 없이 비추고 꽃가지가 길고 짧은 것은 저절로 그렇다는 뜻이야. 꽃가지가 길건 짧건 그것은 분명히 꽃이며, 제 나름의 향기를 풍기고 있잖아. 길고 짧다는 것은 시각적 현상일 뿐이니, 다르지 않은 근본 이치를 살펴야지. 중생과 부처가 평등한 도리가 있는데 이 도리를 반드시 찾아야 해."

그래서일까. 노장은 사람을 대함에 있어 좋고 싫음이 없다. 혹 시자들이 남 흉을 보거나 싫은 소리를 했다간 혼쭐난다고 한다.

"공부할 땐 극악극독심(極惡極毒心)을 내야 한다"며 납자들을 혹독하게 다그치지만, 손자뻘 되는 시자와 장난을 즐길 땐 천진

불(天眞佛) 같다. 시자가 경전을 보다 졸고 있으면 살며시 다가가서 "이놈아, 무슨 망상을 그렇게 하냐"라며 꿀밤을 한 대 먹인다.

사진을 찍기 위해 문밖으로 나올 때 시자가 겨드랑이에 팔을 끼며 부축하자 "아야, 아야야"라며 엄살(?)을 피웠다.

만공 스님은 누구인가?

만공월면(滿空月面·1871~1946) 스님은 근대 한국 선불교의 중흥조인 경허 스님의 제자로, 한암 스님과 더불어 선풍을 진작시킨 선지식이다.

전북 태안에서 태어난 스님은 13세 때인 1883년 김제 금산사에서 불상을 처음 보고 크게 감동, 공주 동학사로 출가했다. 이후 서산 천장사에서 태허 스님을 은사로, 경허 스님을 계사로 사미계를 받았으며, '모든 법이 하나로 돌아가니 하나는 어디로 돌아가는가(萬法歸——歸何處)'라는 화두를 들고 참선정진했다.

1895년 아산 봉곡사에서 새벽에 범종을 치면서 화엄경 사구게를 읊다가 홀연 깨달았고, 그 뒤에는 조주(趙州)의 무(無) 자 화두를 들고 정진했다. 1901년 통도사 백운암에서 새벽 범종 소리를 들으며 '원컨대 이 종소리가 법계에 두루 퍼져 칠벽의 어둠이 모두 밝게 하소서(願此鐘聲遍法界 鐵圍幽暗悉皆明)'라는 게송을 읊다가 확철대오, 경허 스님으로부터 전법게(傳法偈)를 받았다.

이후 만공 스님은 생애의 대부분을 덕숭산에서 보내며 전국에서 모여든 납자들을 지도하여 선풍을 드날렸고, 그의 제자들이 덕숭문중이라는 큰 법맥을 형성했다. 보월(寶月) 용음(龍吟) 고봉(高峰) 금봉(錦峰) 서경(西耕) 혜암(惠庵) 전강(田岡) 금오(金烏) 춘성(春城) 벽초(碧超) 원담(圓潭) 등의 비구승과 법희(法喜) 만성(萬性) 일엽(一葉) 등의 비구니가 모두 만공 스님의 제자다.

마곡사 주지로 있던 1937년, 조선총독부에서 열린 31본산 주지회의에서 미나미(南次郞) 일본 총독을 호통친 일은 유명하다.

일본 총독 미나미가 일본불교와 조선불교의 통합을 주장하자 자리를 박차고 일어나 "청정본연(淸淨本然)하거늘 어찌하여 문득 산하대지(山河大地)가 나왔는가"라고 호령, 총독의 기를 꺾어버렸다. 그런가하면 "일곱 여자의 허벅지를 베고 눕지 않으면 잠이 오지 않는다"하여 '칠선녀와선(七仙女臥禪)'이라는 말이 생겨나기도 했다.

파격(破格)의 난조(亂調)를 즐겼던 만공 스님은 호탕하고 적정하고 무섭고 인자했으며, 머리는 길어서 백발이 성성했던 일세의 대선사였다고 제자들은 전한다.

원담 스님

• 1926년 전북 옥구 출생 • 1932년 한학자 신동우 선생 문하에서 공부 • 1937년 벽초 스님을 은사로 천장사에 출가 • 1941년 만공 스님을 계사로 사미계 받음 • 1960년 화엄사 주지 • 1970년 수덕사 주지 • 1986년 덕숭총림 3대 방장에 추대 • 1986년 일본 산케이(産經)신문사 주최 국제서도전에서 대상 수상

천룡 스님
• • • 자기 그릇을 키워라

속세를 떠난 산에 부처님이 머문다는 속리산(俗離山) 법주사(法住寺). 수없이 찾아드는 관광객들로 인해 경내가 어수선하지만 일반인의 출입이 금지된 총지선원(總持禪院)은 바늘 떨어지는 소리도 들릴 만큼 적묵(寂默) 그대로다. 한참을 둘러봐도 인기척조차 느낄 수 없다.

"스님, 계십니까?"

고요함을 깨지 않기 위해 혹시 출입하는 스님이 있을까 기다리다 못해 결국 스님을 부르고 말았다. 드르륵 ─. 미닫이문을 열고 나오는 사람은 이 곳에서 끊임없이 정진중인 법주사 선덕 천룡(天龍 · 67) 스님이다.

1963년 금오(1896~1968) 스님을 은사로 출가한 천룡 스님은 오대산의 상원사 청량선원을 비롯해 제방선원을 답파하고 각종 경전, 불서까지 섭렵했다. 자그마하지만 다부진 체구와 형형한 눈빛이 고희를 바라보는 노장 같지 않다. 스님의 방에 들어서니 좌우 벽면이 바닥에서 천장까지 불서(佛書)로 빼곡하다. 법문을 청하자 얼마 전 터진 미국 테러와 종교문제로 이야기를 시작했다.

"잘못된 종교가 지금까지 쌓아온 공덕을 부숴 버릴 겁니다. 전쟁도 무엇도 모두 거기서 비롯돼요. 사람을 언어와 사유의 동물이라고 하지만 깨달음이 없다면 오히려 이런 것들이 환란을 부릅니다. 사유가 정도(正道)를 걸어야 하는데 다들 탐욕으로만 흘러요."

나와 너를 가르는 이분법을 극복하지 못하고 내 것만이 최고라는 망집(妄執)에서 벗어나지 않는다면 종교가 오히려 분쟁과 대립의 독소가 되고 만다는 설명이다. 심지어 종교가 분쟁과 대립을 조장하는 실정이다. 때문에 노장은 각 종교에서 말하는 사랑과 자비조차 깨달음이 전제되지 않으면 자기본위의 망집일 뿐이라고 말한다. 그 깨달음의 실체가 뭐냐고 물었다.

"우주는 연기적 산물이라는 사실을 아는 것이지요. 사람이나 동·식물이나 그 자체로는 존재하지 않아요. 눈에 보이는 현상은 인연에 따라 그때그때 모습을 드러낼 뿐 모든 것은 상호관계 속에서 이뤄집니다. 내 몸만 해도 무수한 동·식물성을 흡수해서 존재합니다. 코로는 모든 사물이 뱉어낸 응체(凝體)인 공기를 먹고살고 또 이 공기를 내뱉으면 우주의 일부가 되지요. 이것이 반야심경에서 말하는 색즉시공 공즉시색(色卽是空 空卽是色)이요, 화엄경의 일즉다 다즉일(一卽多 多卽一) 사상입니다."

따라서 "내가 곧 우주"라고 천룡 스님은 강조한다. 돌 한 덩이, 나무 한 그루, 새 한 마리, 한 그릇의 음식……, 그 어떤 것도 연기법에서 벗어나지 않는다는 것이다. 나도, 너도, 그 누구도 소우주가 아닐 수 없는 까닭이다. 인간이 자연을 멋대로 훼손해서는 안 되는 까닭도 여기에 있다.

"천지동근(天地同根) 만물일체(萬物一體)라, 자연은 인간의 모체입니다. 요즘 산사(山寺)에도 자꾸 찻길을 내는데 옳지 않아요. 살을 도려내는 아픔을 느껴야 합니다. 산에는 가급적 길을 내지 말고 짐승들이 다니는 길로 살금살금 표 안 나게 다녀야 해요. 인간의 편의대로 마구 깎아서 산이 죽으면 결국 인간에게 큰 우환과 천재(天災)로 돌아옵니다. 이 세상에 우연은 없어요. 매 순간마다 눈으로 볼 수는 없지만 조그만 것도 쌓이고 쌓이면 큰 과보(果報)로 오지요."

인간이 만든 문명과 문화에 대해서도 천룡 스님은 "깨달음이 없다면 허망한 것"이라고 했다. 문명과 역사가 인간의 편의와 풍요, 안락이라는 측면에서는 많이 발전했지만 근본적으로는 나아진 게 없다는 말이다. 깨닫지 않는 한 발전은 없으며, 인간은 늘 불안 속에 살 수밖에 없다는 것이다.

"미국은 과학과 힘의 노예가 되어 있고 테러를 주도했다는 오사마 빈 라덴은 잘못된 종교의 노예가 되어 있어요. 힘의 논리로 세계를 지배하려는 미국이나 이슬람 근본주의를 위해 남을 죽여야 한다는 라덴이나 모두 근본 무지에 빠져 있는 것이지요."

천만(千萬)의 강이 모여 바다가 되듯 온갖 종교의 가르침도 깨달음으로 수용돼야 진정한 절대경지에 이를 수 있다는 것이다. '천상천하 유아독존(天上天下 唯我獨尊)'은 사람이 저마다 우주성을 띠고 있다는 것인데, 이런 본질을 깨닫지 못하면 당집(妄執)과 망념(妄念), 망어(妄語)가 된다고 노장은 강조한다. 기독교의 부활도 몸의 부활이 아니라 잘못된 자아를 극복하는 것이라고 해석한다. 문자나

의식은 달을 가리키는 손가락(指月)일 뿐 이에 집착하면 오히려 신도 가르침도 죽게 된다. 천룡 스님은 종교가 제대로 되려면 하늘에서 뭘 구하기보다 세속에서 깨달음을 실천해야 한다고 지적한다.

"아름다운 꽃은 한아름을 따도 일주일이 지나면 쓰레기가 되지만 볼품 없는 씨앗은 주워다 심으면 생명이 되지요. 그런데도 지금은 생명 같은 깨달음은 아랑곳 않고 물질주의만 남았어요. 돈이 친구요, 부모요, 하느님이고 부처님이죠. 검찰에 잡혀간 높은 사람들이 다 하느님 부처님 믿는다고 하지만, 돈과 물질에 끌리면 하느님이고 부처님이고 다 팔아버리거든요."

천룡 스님은 대학을 졸업하고 방송사 등에서 일하다 28세 때 늦깎이로 출가했다. 젊은 시절, 세상이 허망하고 허탈해 허무주의에 빠져 있을 즈음, 여행길에서 만난 한 스님이 천룡 스님의 그릇을 보고 절로 데려갔다고 한다. 천룡 스님은 출가 전에 이미 웬만한 불경은 혼자서 섭렵한 터라 초발심자경문과 선가귀감(禪家龜鑑) 등은 며칠만에 독파해 버렸을 정도다.

또한 금오 스님이 준 무(無) 자 화두로 맹렬히 수행, 일찍이 수좌계에 이름을 떨쳤다. 금산 태고사에서 수행할 때는 졸리면 한겨울에도 우물로 뛰어들었다. 겨울철 새벽에 우물에 들어갔다가 나오면 얼굴에 얼음이 얼어 부석부석했다고 한다. 만행을 할 땐 집에 들어가서 자지 않을 것, 걸식할 것, 차를 타지 않을 것을 스스로 약속해 고행을 마다하지 않았다. 수마(睡魔·잠)를 떨치느라 목에 막대를 받치고 천장에는 새끼줄을 매달아 목에 걸어두기도 했다. 이처럼 위법망구(爲法忘軀·깨달음을 위해 몸을 잊어버림)로 수행한 결과 반신불수가 돼 반년 동안 기동조차 못한 적도 있었다.

"그런 독기가 없으면 정진할 수 없어요. 평상(平常)을 이기고 일상생활을 무섭게 극복해야지요. 물이 맑으면 밑바닥이 다 보이듯, 깨달으면 인간사가 다 보이거든요."

이처럼 치열하게 정진하다 보니 신비한 체험을 한 적도 있었다. 오대산 상원사에서 수행할 때였다. 새벽 3시쯤 그 유명한 상원사 종을 치는데 오른쪽 장삼이 무겁게 느껴져서 타종을 마친 다음 살펴보니 뱀이 한 마리 들어 있었다. 그 뒤 지리산 벽송사에서 가부좌를 틀고 앉아 수행하는데, 커다란 뱀이 머리를 곧추 세우고 달려들어 화두일념(話頭一念)으로 맹렬히 정진하니 더 이상 다가오지 않고 사라졌다. 그리고 경북 봉화군 춘양면의 각화사 산신각에서 정진할 때에도 뜰 앞에 뱀이 나타나 스님을 노려보았다. 이때도 역시 화두를 붙들고 정진하니 뱀은 사라지고 없었다.

만행을 하다가 경남 하동에 들렀을 때였다. 캄캄한 밤에 시골길을 걷다가 배가 고파서 어떤 마을로 들어가니 50대의 보살(여신도)이 "우리 집에 들어가자"고 했다. 그 집에 들어가니 이미 밥상이 차려져 있었다. 보살은 "어제 산신이 나타나 스님이 올 테니 묵을 쑤고 깨죽도 끓여 놓으라"고 했다고 설명했다. 노장은 "수행하다 보면 여러 가지 신비한 체험을 하게 되는데, 거기에 현혹되어 한 눈 팔지 않고 정진하는 것이 중요하다"고 했다.

"깨달음은 분명히 있는데 입을 열면 진실이 아니기 때문에 말로 할 수는 없어요. 생각을 일으켰을 땐 이미 제2구에 떨어져 있을 때이기 때문이지요. 언어문자로는 이분법과 망상을 극복할 수 없습니다."

그러면서 천룡 스님은 유마 거사의 이야기를 들려준다. 유마힐이 여러 보살들에게 "어떻게 상대적 차별을 끊고 절대 평등한 불이법문(不二法門)에 드는지 설해달라"고 하자 여러 보살이 자신의 생각을 이야기했다. 문수보살도 "무언·무설·무식·무시(無言·無說·無識·無示, 모든 것에 있어서 말이 없고, 설함도 없으며, 인지하는 일도, 가리키는 일도 없어 모든 질문과 대답을 떠나는 것이 절대 평등한 경지에 드는 길이라는 뜻)"라고 했다. 이어 문수보살이 유마힐에게 "거사의 생각은 어떠냐"고 되묻자 유마힐은 오로지 묵연(默然)할 뿐 대답이 없었다. 그러자 문수보살은 "참으로 훌륭합니다. 문자도 언어도 없는 것이야말로 진실로 불이법문(不二法門)에 드는 길입니다"라며

감탄했다.

"깨달은 사람에게는 환실(幻實·환상과 현실), 본현(本現·근본과 현상), 근지(根枝·뿌리와 가지), 진가(眞假·진짜와 가짜)가 그대로 진실이 되지만, 무명 중생에게는 모두가 거짓이 됩니다. 씻지 않은 그릇에 음식을 담으면 오물이 되고 황무지에 씨앗을 뿌리면 잡초가 되는 이치와 같지요."

그릇을 닦고 닦아 청정하게 만들고 밭을 갈고 갈아 옥토를 만드는 것처럼, 마음도 비우고 또 비워 성공(性空) 가운데 생각이 들면 참마음(眞心)이 된다는 것이다. 노장은 "그릇과 밭은 상심(常心)으로 닦고 가꿀 줄 알면서 마음만은 왜 구습(舊習)과 구견(舊見)에서 벗어나지 못하느냐"고 경책한다. 또한 깨달음은 이웃과 나눌 때 참 의미를 갖는다고 역설한다.

"깨달음은 곧 백척간두(百尺竿頭)라, 혼자 그 곳에 머문다면 죽음과 다르지 않습니다. 백척간두에서 진일보(進一步)해 다시 세상으로 내려와야지요. 심우도(尋牛圖)의 마지막 단계가 입전수수(入廛垂手·중생제도를 위해 저자에 들어가 손을 드리운다는 뜻)이지 않습니까? 얽히고 설킨 속세의 인연을 극복하고 깨달음을 얻은 뒤에는 다시 인연으로 돌아와야 합니다. 이때의 인연은 이전의 인연과 달리 주체적으로 수용하는 인연이지요."

여간해선 산문(山門)을 나서지 않지만 법문 요청만은 거절하지 않는 까닭도 여기에 있다. 종교의 이상을 하늘과 천국에서 중생들이 있는 세상으로 돌려야 한다는 생각에서다. 천룡 스님은 "수불세수 금불박금(水不洗水 金不博金·물은 물로 씻을 수 없고 금은 금으로 펼 수 없다)이니 자기를 깨쳐야 한다"고 강조한다. 모든 것이 그대로 부처이므로 나를 깨달으면 곧 우주를 깨닫는 것이기 때문이다. 노장은 또한 "만물은 종교적인 동시에 과학적"이라며 과학도 종교적으로 승화되지 않으면 안 된다고 했다.

"풀에서 잎이 나고 꽃이 피는 게 얼마나 과학적이며 또한 신비한 일입니까? 그러나 깨달음이 없는 과학만의 발달은 동굴 속의 장난처럼 죽음을 재촉할 뿐 참된 사람이 되는 것과는 거리가 먼 일입니다. 반면 불교는 일반적인 종교를 넘어서는 것입니다. 기독교나 유교는 인간을 위주로 하지만 불교는 자연까지도 생명으로, 나의 부모요 핏줄로 여깁니다. 그런데 요즘은 불자들 중에서도 이런 본질적 가르침보다는 기복불교에 빠져 있는 사람들이 적지 않아서 걱정입니다."

노장은 시비와 다툼이 많은 세상을 향해 "자기 그릇을 키워라"고 충고한다. 그릇이 크면 시비든 무엇이든 다 담을 수 있어서 다툼이 생길 수 없다는 것. 정치판에서 매일같이 싸움질하는 것도 이기주의에 빠져 심량(深量)이 '개 콧구멍'만 하기 때문이라고 한다. 옳은 소리를 하면 얼른 받아들이고 국량(局量)을 키우는 데 힘써야 한다는 소리다. 노장은 "나중에 후회하지 않으려면 지금 반성하고 그릇을 키워라"고 거듭 당부했다.

선원 밖으로 나서니 가을 하늘이 더욱 맑고 높다.

천룡 스님

• 1935년 출생 • 1963년 금오 스님을 은사로 출가 • 금산 태고사, 오대산 상원사, 지리산 벽송사, 봉화 각화사 등 제방 선원에서 수행 • 현재 법주사 총지선원 주석

원명 스님
··· 마음을 비우면 다 부처님

추석 전날이라 도심은 여느 때보다 한산하다. 가을비가 촉촉이 내리는 대구 시내 삼덕동의 관음사(송광사 대구분원) 주지실. 30년 이상 이 곳을 지키고 있는 조계종 원로회의 부의장 원명(元明·72) 스님과 찻잔을 놓고 마주 앉으니, 처마 밑의 빗물소리도 법음처럼 들린다. 노장은 "말도 잘 못하는 어눌한 사람을 뭐 하러 찾아왔느냐"며 동행한 불교신문의 여태동 기자를 나무란다.

열네 살 때 구산(1909~83 · 전 송광사 방장) 스님을 은사로 김천 청암사 수도암으로 출가한 원명 스님은 할아버지뻘인 효봉(조계종 전 종정 · 구산 스님의 은사) 스님을 10년 넘게 모신 수좌 출신이다. 그래서일까, 주지실은 마치 송광사를 옮겨다 놓은 듯한 분위기다. '牧牛家風(목우가풍)'이라 새긴 전각과 보조국사 지눌 스님의 영정, 보조국사가 들고 다녔다는 불감(佛龕)의 사진, 효봉·구산 스님의 사진이 벽면을 차지하고 있다.

먼저 '목우가풍'의 뜻이 궁금했다.

"목우자(牧牛子)는 보조 스님의 아호예요. 목우가풍이란 당시 불교가 타락해 바람 앞의 등불 같은 위기에 처했을 때, 중노릇을 제대로 하기 위해 부처님 말씀대로 참되게 수행했던 보조 스님의 가르침과 수행정신을 가리키는 거지요. 당시에는 교(敎)와 선(禪)이 갈라져서 대립하고 선사어록에만 매달려, 어지러운 마음이 쉴 수 있는 형편이 못 됐어요. 그래서 보조 스님이 부처님 말씀대로 중노릇을 해야 한다고 했고, 그 가르침이 오늘날까지 내려오고 있는 겁니다. 중이 부처님 말씀을 버리고 딴 것을 찾을 수 있나요? 그러니 이런 가풍을 본받자는 것이지요. 목우자에서 '소 우(牛)'는 마음을 가리키는 것으로, '목우'는 심성을 길들인다는 뜻입니다. 참선을 통해 마음을 수행하는 과정을 나타낸 '심우도(尋牛圖)'도 있지 않습니까?"

이런 이유에서인지 원명 스님은 도를 닦기 위해 출가한 수행자로서 지켜야 할 자세를 강조한다. 산중과 달리 현실과 타협하기 쉬운 도심사찰에 살면서도 계율정신을 강조하는 것은 이런 뜻에서다.

"출가는 몸으로 하는 것과 마음으로 하는 것 이렇게 두 가지가 있어요. 절에 가서 삭발하고 가사장삼을 입는 것은 몸의 출가요, 탐진치(貪瞋痴·탐하고 성내고 어리석음) 삼독을 여의는 것은 마음의 출가입니다. 몸만 출가하고 마음은 탐진치로 가득 차 있다면 진정한 출가라 할 수 없지요."

원명 스님은 계율을 지키는 것에 대해 "밥을 먹으면 반찬을 먹듯이 중이면 당연히 지켜야 하는 것"이라고 했다. 출가자에게 계율은 곧 생활이요, 그 생활의 질서이기 때문이다. 노장 자신은 "송광사에서 선방의 용상방(龍象榜·선방 수좌들의 직책과 소임을 적은 게시판)에 이름을 붙여놨을 뿐"이라고 했지만, 승보종찰(僧寶宗刹)인 송광사에서 율주로 모신 데는 그만한 까닭이 있는 것이다. 노장은 요즘 승단풍토에 대해 어떻게 생각하고 있을까?

"요새도 대부분의 스님들은 수행을 잘하고 있지요. 그러나 부처님 당시에도 승단에 많은 사람들이 모이다보니 말썽을 부리는 스님이 있었고, 요새도 마찬가지예요. 그것은 자기 습성과 업(業)이 제대로 가시지 않아 계율을 지키고자 하는 마음은 있어도 행동이 따라주지 않기 때문입니다. 그러나 부처님의 뜻을 완전히 어긴 것은 아니라서 시간이 지나면 안개비에 옷자락이 젖듯이 몸에 익고 수행이 되지요. 술과 담배가 몸에 해로운 줄 알면서도 얼른 고치기 어려운 것과 비슷해요."

노장은 "요즘 사람들은 지식은 많은데 안목이 없다"고 안타까워한다. 지식수준이 높다고 해서 안목이 열리는 게 아니기 때문이다. 달마대사가 중국에서 불립문자(不立文字) 견성성불(見性成佛)을 내세웠던 것은 당시 중국불교가 교학 위주의 지식만 있고 마음의 안목이 없었기 때문이라는 설명이다. 그럼 어떻게 하면 안목을 가질 수 있을까? 원명 스님은 "안목은 스스로 쌓아올리는 것"이라며 수행정진을 강조했다. 절집에 이(理)와 사(事)가 있듯이 지식도 갖추고 마음도 닦아야 한다는 얘기다.

"탐진치 삼독심만 비우면 안목이 열려요. 지금 밖에 비가 오지만 원래 해가 안 뜬 것이 아니고 구름이 걷히면 해가 비치는 것처럼, 안목도 어디서 새로 오는 게 아니라 원래 갖고 있는 겁니다.

단리망연(但離妄緣) 즉여여불(卽如如佛)이라, 다만 망령된 생각만 여의면 곧 여여한 부처님이 되고, 영원한 생명으로 되돌아오지요. 그래서 귀의(歸依)라 하지 않습니까? 수행은 거울을 보는 것과 같아요. 자신에게 뭐가 묻었나 안 묻었나 관조하고 반성해야 합니다."

'단리망연 즉여여불'은 중국의 백장회해(百丈懷海 · 749~814) 선사의 어록에 나오는 게송의 일부다. 백장 선사는 '신령한 광채 호젓이 밝아(靈光獨耀) 육근 · 육진을 아득히 벗어났고(脫迴根塵), 영원한 진상 그대로 드러나(體露眞常) 문자에 매이지 않도다(不拘文字). 심성은 물듦이 없어(眞性無染) 그 자체 본래 완전하나니(本自圓成), 허망한 인연 여의기만 한다면(但離妄緣) 그대로가 여여한 부처라네(卽如如佛)'라고 했다.

"말은 해도 (실천하기는) 참 어렵지요. 마음을 비우면 다 부처님인데 다 그렇게 되면 얼마나 좋겠어요? 승속을 막론하고 거기에 초점을 두고 열심히 해야 합니다. 해인사 선방에 가면 '唯以無念爲宗(유이무념위종)'이라는 편액이 있는데 오직 무념으로 종(가르침)을 삼는다는 뜻입니다. 참선이나 기도 염불은 오로지 망령된 일체의 생각, 우리 마음속에서 일어나는 탐진치 삼독심을 내려놓고 쉬게 하려는 것입니다."

노장은 이처럼 망령된 생각을 여의고 도를 이루려면 몇 가지 전제조건이 있다며 제시했다. '인과와 연기의 도리를 믿고 막행막식(莫行莫食)을 삼갈 것, 계율을 엄격히 지킬 것, 불법의 도리를 굳게 믿을 것, 하나의 수행방편을 정해 곧바로 달려나갈 것' 등이다.

원명 스님은 어린 시절부터 스님들을 자주 접했다. 부모님이 독실한 불교신자여서 김천역 부근의 속가에 스님들이 자주 들렀

던 것이다. 당시 청암사 수도암 정각토굴에서 수행하던 구산 스님도 가끔 집에 와서 공양도 하고 부모님과 법담을 나누기도 했다. 원명 스님은 당시 어린 눈에도 5척 단구의 구산 스님이 대도인으로 보였다고 회고한다. 원명 스님이 출가한 것은 초등학교를 졸업한 직후다. 어머니가 3남2녀 가운데 막내인 원명 스님을 아무런 주저 없이 출가시킨 것을 보면 불교와 구산 스님에 대한 믿음이 얼마나 컸는지 짐작할 수 있다. 구산 스님 역시 원명 스님을 맏상좌로 삼았으니, 사제의 정이 각별할 수밖에 없을 듯하다.

"구산 스님은 수도암 토굴에서 정진할 때도 직접 밭을 일궈 양식을 조달할 정도로 선농일치(禪農一致)의 행을 보이셨고, '일수좌'라는 말을 들을 정도로 가람불사나 울력에 솔선수범하셨던 분입니다. 그러다 보니 상좌들도 게으름을 피울 수 없었고 일하는 가운데 하심(下心)을 배울 수 있었지요. 구산 스님은 또 송광사, 해인사, 동화사로 스승인 효봉 스님을 모시고 다니면서 직접 수발을 들 정도로 효성이 지극해 '효(孝) 상좌'라는 별명까지 얻었지요. 권위를 내세우지 않는 소탈한 성품 또한 유명했어요. 은사 스님의 가르침을 담으려고 평생 수행하지만 너무 커서 흉내내기도 쉽지 않습니다."

통영의 용화사 도솔암에서 효봉 스님을 10여 년간 시봉하던 이야기를 묻자, 원명 스님은 "어른을 얼마나 오래 모셨느냐보다는 그 수행을 얼마나 본받아 믿고 실천하느냐가 중요하다"고 강조한다. 그리고 "나는 (효봉 스님에) 미치지 못했다"며 한국전쟁 당시 피난 중이던 경남 통영 용화사 도솔암에서 자신에게 내린 친필 선경어(禪警語)를 들려준다.

請看東流水(청간동류수·동으로 흘러가는 저 물을 보라)
滾滾無停時(곤곤무정시·도도히 흘러 멈추지 않네)
參禪若如是(참선약여시·만약 참선을 이같이 하면)
見性何得遲(견성하득지·견성이 어찌 더딜까)

 원명 스님은 효봉과 구산, 두 스승이 내린 '무(無)'를 화두로 들고 스무 차례 이상의 안거를 거치며 수행자로 초지일관해 왔다. 그는 "효봉 스님은 누가 와서 딴 사람 흉을 보면 가만히 다 듣고 나서 '이놈아, 너나 잘해라'고 일갈하셨다"면서 남 얘기하기를 좋

아하는 요즘 사람들을 경책했다. 남의 흉이나 볼 게 아니라 스스로 반조해 살피는 게 불자된 도리인데, 지금은 젊은 스님들조차 겉치레가 많다고 걱정이다. 그런 점에서 효봉 스님은 참으로 부처님 말씀을 그대로 믿고 수행함에 게으르지 않았다고 스님은 전한다.

"말을 조심해야 합니다. 말만 잘하면 천냥 빚도 갚는다는데, 옛 스님이 후학을 가르칠 때 이런 일도 있었어요. 어떤 고승 밑에 젊은 스님이 있었는데 아무리 기다려도 스승이 뭘 가르쳐 주지 않더랍니다. 그래서 젊은 스님이 '아무리 기다려도 가르침이 없어 떠나야겠다'고 하자 스승은 '다 가르쳐 줬는데도 몰랐구먼'이라고 대답했답니다. 젊은 스님은 스승의 이 한 마디에 문득 깨쳤다고 합니다. 같은 말이라도 인연이 닿는 사람이 있고 그렇지 않은 사람이 있어요.

그런가 하면 경허 스님은 누가 달마 스님의 사행론(四行論)을 읽기 쉽게 토를 달아 달라고 부탁하자 "이놈아, 내가 달마가 아닌데 어떻게 토를 다느냐"고 했습니다. 그만큼 조심스러운 일이지요. 요새 사람들은 출중해서 그런지 경전을 보고 번역도 많이 합니다마는, 과연 부처님의 뜻을 얼마나 반영하고 있는지 모르겠어요."

원명 스님은 알뜰하기로도 유명하다. 한 번 쓴 편지봉투를 뒤집어서 새로 풀칠해 쓸 정도다. 일제 때 지은 일본식 사찰인 관음사 건물을 허물고 새로 짓자는 의견에 대해서도 "누가 지었든 어떻게 멀쩡한 건물을 부수고 또 신도들에게 시주금을 내라고 할 수 있느냐"며 딱 자른다.

"사람들은 재물과 명예와 여색 등 오욕락(五慾樂)에 사는데, 지나치니 문제예요. 오욕락이란 세속의 다섯 가지 욕심, 즉 재물욕과 색욕, 명예욕, 식욕, 수면욕에서 느끼는 즐거움인데, 오욕은 인간이 살아가는 데 없어서는 안 될 요소지만 지나치면 즐거움이 아니라 고통이 되는 겁니다. 탐진치 삼독을 여의어야 깨달음이 옵니다. 망령된 생각을 여의면 부처님 세계가 안 나타날 수 없지요. 요샌 중들도 욕심이 많아 말썽을 피워요. 돈이 그렇게 좋은지 온갖 비리 사건도 꼬리를 물지요. 그러나 인간의 고통을 구제하려고 부처님이 세상에 출현하신 것처럼 현실에 절망하기보다는 좋은 것은 더 좋게 만들고, 나쁜 것을 보면 저렇게 되지 말아야지 하는 희망을 걸고 노력해야 합니다."

1968년부터 관음사에 머물러온 노장은 "자운 스님이 잠깐 가 있으라고 해 정말로 잠깐 왔다간다는 게 대추나무 연 걸리듯 얽혀서 지금까지 살고 있다"며 웃는다.

법당 앞에 심은 연잎에 맺힌 빗방울이 맑고 투명하다.

원명 스님

- 1930년 경북 김천 출생 • 1943년 경북 금릉 수도암에서 구산 스님을 은사로 출가
- 1944년 송광사에서 구산 스님을 계사로 사미계 받음 • 1950년 해인사에서 상월 율사를 계사로 비구 · 보살계 받음 • 1968년~현재 대구 관음사 주석 • 1978년 조계종 제5 · 6대 중앙종회 의원 • 1979년 제27대 송광사주지 • 1981년 대구사원주지연합회 초대회장
- 1995년~현재 대구사원주지연합회 회장

고송 스님
● ● ● 내 마음에 부끄럽지 않게 사는 것이 잘사는 길

"껍데기만 찾아다니지 말고 실제를 알아야 돼. 단신불무언(但信佛無言)이라, 다만 말없는 부처를 믿으란 말이야. 그러면 연화종구발(蓮花從口發), 입에서 연꽃이 따라 나와. 종일 지껄여도 실행하지 못하면 다 거짓말이야. 말없는 부처에게서 참말이 나와. 말하는 부처를 믿다간 장애가 생겨 큰일 날 거야."

온 산이 가을빛으로 물드는 대구 팔공산 자락의 파계사 내원(內院). 이 절의 조실이며 한국 불교계의 최고령 원로인 고송(古松 · 96) 스님은 "서울에서 왔다"며 법문을 청하자 이렇게 일갈했다. 말없는 부처, 즉 불립문자(不立文字)의 가르침을 실천해야 참말(깨달음)이 나오므로 남의 '말'에 매달리지 말라는 뜻이다. 그러면서 노장은 "참으로 도인은 저자에 있어. 시장에 가면 도인이 꽉 찼어"라고 했다. 도인이 시장에 있다니······. 값이 맞으면 물건을 사고 팔 뿐 그밖에는 아무런 거리낌이 없는 상인들에게서 걸림 없는 여여(如

如)함을 배우라는 의미다.

"자고로 공부하면 말이 없어져. 할 말이 없단 뜻이야. 좋은 말도 그때뿐이지, 차라리 노랫소리나 듣는 게 나아. (마침 텔레비전에서 나오는 국악프로그램을 가리키며) 국악한마당이 낫지. 노래는 제 마음대로 나거든. 조금도 조작이 없어. 그러나 말하는 부처는 종일 지껄여봐야 소용이 없어."

노장은 한국불교계의 '살아 있는 전설'로 통한다. 1920년 경북 영천의 속가를 떠나 상운(祥雲) 스님을 은사로 이 곳 파계사로 출가했으니 법랍만 82년이 넘어섰다. 1930년부터 15년간 마하연, 유점사, 신계사 등 금강산 일대와 묘향산 보현사 등을 두루 거치며 수행한 것이나, 일제 때 불교잡지를 만들던 만해 한용운 스님을 도왔던 일 등 지금은 전설 같은 이야기가 바로 노장의 삶이다.

"금강산 마하연에도 많이들 갔지. 만공 스님이 마하연 주지였고 조계종 종정을 지낸 설석우 스님도 있었고. 만공 스님은 본래 유점사까지 맡고 있다가 내놨어. 그땐 비구, 대처가 같이 살았는데 이화응이 선방한다고 지어놓고는 선방을 안 하고 염불당을 만들었거든. 대처승들이 수좌를 좋아하지 않았지. 자기들이 쫓겨나야 하니까."

노장은 상원사에도 오래 있었다고 한다. 서울 봉은사 조실로 있다가 오대산으로 들어온 한암 스님도 거기서 만났다. 한암 스님으로부터 전법게(傳法偈)를 받아 법맥을 이은 것도 여기서다.

不讀金文不坐禪(부독금문불좌선 · 경도 읽지 않고 좌선도 하지 않으며)
無言相對是何宗(무언상대시하종 · 말없이 마주하니 이 무슨 종인가)

非風流處風流足(비풍류처풍류족 · 풍류 아닌 곳에 풍류가 넘치니)
碧峰千年秀古松(벽봉천년수고송 · 푸른 뫼 부리에 천년 고송이 빼어났네)

　　종협(宗協)이라는 법명보다 더 많이 알려진 '고송'이라는 법호도 이때 한암 스님이 내려준 것이다. 출가 때의 이야기를 들려달라고 하자 노장은 "오래돼서 잊어버렸지"라며 기억을 더듬는다.
　　"열다섯 살 때 절이 좋아서 부모님 몰래 무작정 파계사로 가출했지. 이듬해 섣달 그믐날 부모님이 파계사로 찾아왔을 땐 이미 출가한 뒤였어. 옛날에는 머리를 금방 안 깎아줬어. 보름이나 한 달 있다가 깎아줬는데 나는 보름 있다가 깎았지. 삭발하던 날, 큰방에 대중들을 모아놓고 머리를 깎는데 삭도가 잘 들지 않아 얼마나 아팠던지……. 그래도 아무 말 않고 있었더니 노장들이 '됐다' 고 하는 거야. 그때서야 마음이 놓였지."

불교가 무엇이냐는 물음에 노장은 "혁범성성(革凡成聖), 범부의 몸으로 성현이 되는 도리"라고 설명한다. 일체 중생이 다 불성을 가지고 있으므로, 한 생각 돌이켜 깨달으면 부처가 되는 '쉬운 길'이라는 것이다. 그런데도 범부(凡夫)들은 우주에 충만한 부처를 보지 못하고, 중생구제를 위해 인간의 몸을 빌어 잠시 나투신 부처님만 쳐다본다고 노장은 안타까워한다. 사람이란 처한 상황과 경계에 따라 착하기도 하고 악하기도 하지만, 그런 바깥 경계에 휩쓸리지 않고 한결같은 마음을 가진다면 부처가 될 수 있다는 설명이다.

그 한결같은 마음은 무엇일까? 노장은 "마음은 물과 같다(心如水)고 했다. 물은 얼음이 되고 수증기가 되어도 젖는 본성을 잃지 않듯이 마음에도 변하지 않는 한결같은 자리가 있다는 것이다. 그 자리를 찾기 위한 방편이 참선수행이다. 어떻게 공부하면 삶에 도움이 되겠느냐고 노장에게 물었다.

"공부를 하면 도움이 될 거라는 생각이 벌써 방해가 되는 거라. 자성 지혜의 햇불을 밝혀 자기의 본래면목을 찾는 것이 참선이야. 화두를 들고 끊임없이 의심해 들어가면 얻는 게 있지. 그러나 이걸 해서 뭘 얻겠다고 생각하면 장애가 생겨 깨달음은 그만큼 멀어져. 참선은 아는 것을 다 버리고 모르는 데로 들어가는 공부야. 사람들은 다 알려고, 다 안다고 목에 힘을 주지만 참으로 모를 때 알아지는 거야."

노장이 남의 이야기에 매달리지 말고 스스로 공부(수행)하라고 강조하는 이유가 여기에 있다. 내가 어떻게 깨닫느냐가 중요하다는 뜻이다. 그러면서 노장은 "밖에서 자꾸 물을 갖다 부어도 금방 새버리면 무슨 소용 있겠어? 그 곳(자기)에서 물이 나오도록 해야지. 그래야 맛이 있지. 남의 것은 암만 듣고 배워도 내 것으로 안 만들면 소용없는 거야"라고 했다.

"사람들 중에는 껍데기만 보고 사는 경우가 많아. 너와 나의 구별을 버리고 참나를 돈증(頓證)하려면 인과를 알고 사리를 밝히는(知因果 明事理) 공부를 지속해야 해. 단욕무구(斷慾無求)라, 욕심을 끊고 구하는 것이 없으면 숙명통(宿命通·전생의 일을 잘 아는 신통력)이 멀지 않고, 해탈이 멀지 않아. 그런데도 자신이 부처인 줄 모르고 다른 데서 부처를 찾으려고 야단들이니 참 안타까운 일이지."

손바닥과 손등은 하나다. 이상과 욕망에 이끌려 불안한 것도 손바닥 뒤집듯이 한 생각 돌이키면 대자유의 경지로 바뀐다고 노장은 설파한다. 잘살고 못사는 것이 내 마음에 달렸다.

"내 마음에 부끄럽지 않으면 잘살아. 잘하는지 못하는지는 내 마음이 알거든. 죄도 알고 짓지 모르고 짓는다는 건 거짓말이야. 도둑놈이 왜 밤에 몰래 다니겠어. 좋은 일이 아닌 줄 알기 때문이지. 그러니 바르게 익히고 양심에 부끄럽지 않게 살아야 돼."

산문에 든 지 80여 년, 노장은 보통 사람들의 일생보다 긴 시간을 수행자로 살아왔다. 파계사 주지를 잠시 맡았던 것 외에는 높은 자리에 나서 본 적도 없다. 요즘도 도량석이 시작되는 새벽 3시면 어김없이 노장의 방에 불이 켜지고, 하루 일과는 정진, 운동,

공양, 산책 등 자로 잰 듯 규칙적이다. 그래서 장수하는 것일까? 그러나 노장의 대답은 뜻밖이다.

"비결이 따로 없어. 인욕하면 장수해. 인욕(忍辱)을 못하고 진심(瞋心·성냄)을 내면 좋은 게 다 없어져 버리거든. 진심은 불이라 다 태워버려. 그래서 아무리 좋은 것도 진심을 한 번 내면 다 끝이야. 그러니 항상 참고 견뎌야지."

모두가 부처님처럼 인욕선인(忍辱仙人)이 되라는 얘기다. 그리고 "남에게 이기려 말고 져야 한다"고 노장은 덧붙인다. 욕심을 부려서 이겨봐야 자기한테 아무 이득도 없을 뿐 아니라 진 사람도 나를 좋아하지 않게 되고 멀리 하기 때문이다. 구하고자 하는 마음이 없으면 고통도 없으니 그것만 쉬어도 생사가 끊어진다는 게 노장의 안심법(安心法)이다.

그래서일까. 노장은 한 점 꾸밈이 없고 누구에게나 차별 없이 온화하다. 사람을 섣불리 평가하지도 않는다. 노장의 한 제자는 다른 사람을 흉봤다가 "이놈아, 네 마음도 모르는 놈이 남의 마음을 어떻게 아느냐"는 호통만 들었을 정도다. 노장은 "내 마음에 부끄럽지 않게 사는 것이 잘사는 길"이라 했다. 좋은지 나쁜지는 내 마음이, 양심이 알기 때문이다. 이제 백수(白壽)를 눈앞에 둔 노장에게 인생이란 어떤 의미일까?

"사람 욕심은 한이 없어서 만 년도 부족하지만 인생은 잠깐이야. 눈 깜빡하면 지나가는 찰나간이요 호흡지간(呼吸之間)이지. 이 몸은 촛불 같은 거라, 대궁이 타면 불이 꺼져. 그러니 세월 가면 늙고 버려야 할 몸뚱이보다는 늙지 않고 죽지도 않는 마음을 궁구해야지."

인터뷰를 마치고 일어서는데 노장이 다시 한번 당부한다.
"말 없는 부처를 믿어야 해. 입 한 번 잘못 놀리면 고(苦)가 생겨. 천언만당불여일묵(千言萬當不如一默)이라, 천 번 말해서 만 번 옳더라도 한 마디도 안한 것만 못하다는 뜻이야."

누가 무슨 소리를 하든 묵빈대처가 상책이라는 소리다.

추사(秋史)의 친필을 새겼다는 日光東照(일광동조)라는 편액이 걸린 내원의 조실당을 빠져나오는데, 내원 입구에 보이는 모과가 탐스럽다.

고송 스님

• 1906년 10월 경북 영천 출생 • 1920년 파계사에서 상운 스님을 은사로 출가 • 1923년에 용성 스님을 계사로 비구계 받음 • 1925년 도봉산 망월사에서 30년 결사 동참 • 1930 ~1945년 금강산에서 수행 • 1954년~현재 파계사 주석 • 조계종 명예원로의원

활안 스님

••• 희망도, 고통도, 행복도 원인은 나에게 있으니

가파른 산길을 숨이 차고 목이 마르도록 오른 끝에 천자암에 도착했다. 천자암은 조계산의 여러 암자 가운데 송광사에서 가장 외떨어진 곳이다. 그래서 가는 길도 간단치 않다. 순천역 앞에서 곡천행 버스를 타고 이읍마을 입구에 내려서 택시로 갈아탔다. 10분쯤 조계산을 오르면 차를 돌릴 만한 공터가 나오는데 택시는 여기서 돌아가고, '천자암'이라는 이정표를 따라 급경사의 산길을 20분 가량 오르니 천자암이다.

수곽(水廓·물받이통)에서 목을 축인 뒤 고개를 드니, 외로 꼬인 아름드리 향나무 두 그루가 우뚝 서있다. 수령 800여 년의 천연기념물 제88호 '곱향나무 쌍향수(雙香樹)'다. 고려 때 보조국사 지눌이 중국의 천자를 만나고 오는 길에 짚었던 지팡이를 땅에 꽂았는데 그 지팡이가 나무로 자란 것이다. 이 유서 깊은 암자에 '살아 있는 눈'을 가진 선사가 살고 있다. 천자암 조실이며 조계종 원로의 원인 활안(活眼·76) 스님이다.

　　노장의 처소인 염화조실(拈華祖室)에 들어서자 묵향이 그윽하다. 마침 선필(禪筆)을 쓰고 있던 탓이다. 선필을 마무리하고 다탁(茶卓) 앞에 앉은 노장에게 "방금 쓰시던 게 무슨 뜻이냐"고 물었더니 대답이 엉뚱하다.

　　"(종이와 글씨를 가리키며) 요거이 흰 뜻이고 요거이 검은 뜻이여."

　　입을 열면 본뜻을 그르치니 언어, 문자에 매이지 말라는 의미일까? 딱 부러지게 감을 잡지 못한 채 뜨악한 표정을 짓고 있는데 금세 할(喝·꾸짖는 소리)이 날아온다.

　　"너는 어째 직설(直說)은 모르고 가설(假說)만 좋아하느냐?"

　　그래도 뜻을 몰라 다시 물으니 돌아온 대답은 몽둥이에 가깝다.

　　"야, 이 거지야. 이런 것도 모르는 주제에 뭘 들으러 왔어? 그냥 맑은 공기나 쐬고 가."

　　법문을 청하기도 전에 은산철벽(銀山鐵壁)에 부딪힌 느낌이다. 서울에서 불원천리(不遠千里) 찾아온 노력이 허사가 될 판이다. 이쪽의 난감함을 읽은 것일까, 잠시 갑갑한 침묵이 흐른 뒤 노장은 "그래 점심은 묵었나"라며 짙은 남도 사투리로 말문을 연다.

　　"지혜와 복은 종교나 천지자연이 주는 것이 아녀. 각자 생명이 타고난 성품을 밝게 하면 태양보다도 밝은 대우주의 무한한 지혜를 얻게 되지. 모든 생명이 각자 그런 원리를 다 타고났어. 따라서 짧은 한 생에 해야 할 일 가운데 선후가 있으니, 한 생각의 판도 즉 타고난 성품을 밝게 바꿔 놓는 것이 먼저여."

노장은 이것을 목표로 오늘까지 살아왔다고 했다. 그래서 그 타고난 성품을 바꿔 놓았느냐고 물었더니 대답으로 또다시 꾸중이 날아온다.

"네 놈은 바꿨다 해도 못 알아듣고 바꾸지 않았다 해도 못 알아들어. 하나 하나가 말과 표정에 다 나타나는데, 기다 해도 못 알아듣고 아니다 해도 못 알아듣고 그래. 여기서 욕이나 얻어먹고 가."

역시 선사는 스스로 깨쳤다고 말하지 않는다. 다만 말 이전의 가르침으로 보일 뿐.

활안 스님은 스무 살 때인 1946년 월정사로 출가해 월산(1912~97·전 불국사 조실) 스님을 은사로 수행자의 길에 들어섰다. 노장의 성장기는 순탄치 못했다. 열세 살 때 부모님이 돌아가시고 자신도 온 몸이 퉁퉁 붓는 이상한 병에 걸려 생활고와 병고에 시달려야 했다.

"아무 죄도 짓지 않은 내가 왜 이 고생을 해야 하는가 싶어서 천지성현에게 그 이유를 추궁해야겠다는 생각이 들었어. 열여섯 살 때 함경도 성진의 군수공장에 취직해 4년간 일하다가 이대로는 안 되겠다는 마음이 들어서 스무 살에 출가했지. 그 전에는 기독교를 맹신에 가까울 만큼 열심히 믿었는데, 나중에 절에서 1주일간 관세음보살을 일념으로 자나깨나 외니까 신호가 오더만."

출가한 지 두 해만에 사미계를 받고 33세에 자운 스님을 계사로 비구계를 받을 때까지 노장은 기도와 참선으로 정진했다. 화두는 '나고 죽는 일 이전의 나는 무엇인고(生滅未生前 是甚麼)'. 비구계를 받은 뒤에는 상원사 청량선원을 비롯해 칠불암, 범어사, 용화선원 등 전국의 제방선원을 찾아다니며 40차례나 안거에 들었다.

구산, 전강, 금오, 향곡 등 당대의 선지식을 찾아 그 문하에서 정진하기도 했다. 특히 광양 백운산에서 움막을 짓고 토굴수행한 지 4년 만에 오도송을 읊고, 금오·월산 스님으로 이어지는 법맥을 계승했다.

通玄一喝萬機伏(통현일할만기복 · 진리에 통하는 한 번의 할에 모든 사람이 엎드리니)
言前大機傳法輪(언전대기전법륜 · 말 이전의 커다란 움직임이 법륜을 전하네)
法界長月一掌明(법계장월일장명 · 법계를 비추는 달이 한 손바닥에 밝으니)
萬古光明長不滅(만고광명장불멸 · 만고의 밝은 빛이 길이 빛나네)

1975년부터 천자암에서 후학들을 지도해온 활안 스님은 추상 같은 수행가풍으로 유명하다. 오죽하면 상좌들이 "날선 도끼 같다"고 할까. 매일 새벽 2시면 일어나 도량석, 새벽예불, 주인 없는 혼령(무주고혼)들을 위한 천도기도로 하루를 시작한다. 날이 밝으면 밭일 등의 운력에도 빠지지 않는다. 요즘도 직접 밭일을 하시느냐고 물었더니 노장은 "차라리 요새도 밥 먹느냐고 묻지 그러냐"고 한다. 특히 천자암에 온 이후 매년 100일간 방문을 잠그고 수행하는 '폐관(閉關)정진'은 뭇 선객들의 귀감이 되고 있다.

"행복해지려면 타고난 성품이 단번에 다 밝아져야 해. 마음이 밝아지면 시간과 공간 그 어디에도 속하지 않아서 생(生)도 다스리고 멸(滅)도 다스려 대우주를 통솔할 수 있어. 그 지혜 자원은 아무리 써도 줄어들지 않아. 마음도, 보고 듣는 것도 밝아지면 시비할

것도 없고 내가 천지생명을 창조하고 관리하는 주인이 되는 것이지. 어떻게 해야 밝아지느냐, 그건 마음에 달렸지. 한 생각을 돌려 천지가 이뤄지기 전의 자기 진짜 모습을 알아야 돼. 견성대각을 해야지."

노장은 "한 생각을 돌리면 자성청정(自性淸淨)으로 탈바꿈한다"면서 "견성도 자기가 마음 정한 대로 따라가는 것"이라고 했다. 산봉우리에 오르려면 고개를 넘고 내를 건너는 다리품을 팔아야 하고, 깨달음을 구한다면 뼈에 사무치고 오장육부를 찌르는 대(大)의심으로 화두를 챙기라는 것이다. 노장은 "간절한 마음으로 구하면 자신도 모르게 잡념이 사라지고 한 생각만 또렷이 드러나게 되는 법"이라며 "누구든 밝음을 얻을 수 있다"고 했다.

성품을 밝게 한다는 것은 무슨 뜻일까?

"마음이 모든 창작의 원인이거든. 그대도 서울에서 여기까지 오겠다고 마음을 먹었으니 몸뚱이는 마음이 정한 대로 온 것 아닌가. 모든 것은 마음이 원인이야. 그걸 알면 돼. 세간이나 출세간이나 마음과 노력이 균형을 이뤄야 빛이 나. 생각만 하고 노력하지 않으면 사기꾼이야. 계약만 해놓고 실행하지 않는 것과 똑같지. 국민들의 병이 다 거기에 있어. 호랑이는 무서운데 가죽은 탐나는 꼴이지."

활안 스님은 "수행자가 게으르면 늘 문턱에 머물게 된다"며 터럭만큼의 안일함도 용납하지 않는다. 추상같이 수행하라는 뜻에서다. 노장 자신도 초심(初心)을 잃지 않으려 부단히 경계한다. 깨달으면 부처요 미혹하면 중생인데, 깨달음에 출가의 선후가 어디 있고 나이가 어디 있겠느냐는 얘기다. 또 출가자가 아니더라도 흐트러짐 없이 노력해야 자신이 원하는 바를 이룰 수 있다고 덧붙인다.

"생각 생각마다 화두를 놓치지 말아야 해. 마음은 참으로 미묘한 거야. 세간의 모든 것이 한 마음을 좇아 생겨나니 미물을 생각하면 곧 미물이요, 축생을 생각하면 곧 축생이며, 부처의 마음을 내면 곧 부처인 것이야. 화두를 놓치는 순간 곧 한 생각이 일어나니 그게 바로 무명(無明)이요, 업의 굴레에 빠져드는 시작이야. 내 이름

이 활안, 즉 살아 있는 눈인데 실체는 그렇지 않아 마음먹기에 따라 죽은 눈도 되고 산 눈도 되는 거야."

노장은 "천지가 지혜와 복을 주는 게 아니고, 각자 타고난 생명이 자기를 밝히면 그 밝기가 태양을 뛰어넘는다"면서 "대우주 생명이 시작되는 밑받침이 되고 대우주 생명이 다할 때 뒤처리까지 하게 된다"고 했다. 관건은 역시 자기 자신이다. 노장은 "상대방한테는 속아도 '나' 한테는 속지 말라"고 했다. 희망도, 고통도, 행복도 원인은 나에게 있으니 자성(自性)을 밝히라는 당부다.

"사람은 중심이 딱 서있어야 해. 그렇게 되면 혼자만 행복한 게 아니라 중생이 전부 그 혜택을 받게 돼. 마음의 중심이 선 사람은 언제 어디서나 밝기 때문이지. 밝은 데도 끄달리지 않고 어두운 것을 버리지도 않으니, 밝은 곳에서는 더 밝은 빛을 내고 어두운 곳에서는 빛을 보충한단 말이야. 그러나 마음이 정해지지 않으면 자기 소유는 하나도 없어. 다 남의 것이야."

노장은 "요즘 생명을 복제한다고 떠들지만, 형체 아닌 것이 형체의 주인인 도리를 알아야 한다"고 강조한다. 마음이 대우주의 근본임을 알아야 한다는 것이다. 그러나 첨단의 생명과학이 이런 진리를 외면하고 있다고 노장은 걱정이다. 생명을 복제해도 그 업력까지 복제하지는 못하기 때문이다.

"요즘 박사들을 보면 참 큰일이야. 의학박사, 철학박사, 문학박사, 공학박사 해도 다 헛것이야. 다들 '신'은 신이지. 자기 분야를 아는 데는 '귀신'이면서 한 생명과 우주의 종합적인 구도는 모르는 '등신'. 그러면서도 남의 말을 새겨듣지도 않아. 박사라면 자기 안팎의 세계를 종합적으로 알고 삶의 최종적인 목표를 알아야지."

지식을 쌓는 것 이전에 타고난 마음자리를 밝히는 게 급선무라는 말이다. 그리고 "국민이 불교를 알아야 나라가 흔들리지 않는다"면서 조선과 신라, 고려를 비교한다. 조선은 불교를 무시했다가 임진왜란을 당했지만 신라와 고려는 나라는 약했어도 불교를 중심으로 단합해 침략자들을 물리쳤다는 것이다.

올해 대통령 선거에서 어떤 사람을 뽑아야 되겠느냐고 묻자 노장은 "대통령은 멋있어야 해. 담대해야 하고 태양같이 밝아야 하지. 그리고 소나무, 대나무같이 정확히 실천해야 하고……"라고 대답했다.

보랏빛과 달콤한 향이 짙은 산머루즙도 다 마셨다. 왔던 길이 길었던 만큼 갈 길도 멀어 서둘러 자리에서 일어날 즈음 노장이 선필 몇 점을 챙겨준다. 오도송을 쓴 글씨다. 노란 빛깔이 탐스러운 모과도 하나 얻었다.

조계산을 내려오는 길, 단풍으로 물 들어가는 천지 자연은 이미 자성 그대로였다.

활안 스님

• 1926년 전남 담양 출생 • 1946년 월정사로 출가 • 1948년 월산 스님을 은사로 사미계 받음 • 1958년 자운 스님을 계사로 비구계 받음 • 상원사 청량선원 지리산 칠불암, 범어사, 용화사 등 제방선원에서 40안거 • 1975년~현재 송광사 천자암 주석 • 1999년~현재 조계종 원로회의 의원

원응 스님
• • • 사람의 본래 성품은 바다같이 넓어

가을비가 그치고 운무가 산허리를 둘렀다. 경남 함양군 마천면 추성리 지리산 칠선계곡의 산중턱에 자리잡은 벽송사 서암정사(西庵精舍). 단풍으로 곱게 물든 첩첩산중의 비경을 찾아 벽송사와 서암정사를 둘러보는 관광객들의 발걸음이 분주하다. 벽송사로 가는 오른쪽 길을 버리고 왼편 서암으로 오르자 커다란 입불상(立佛像)이 속인의 흐트러진 마음가짐을 경책한다.

"경건한 마음가짐 그 얼굴 거룩하고, 어지러운 행동거지 스스로 몸을 더럽힌다."

혹시 옷차림이라도 흐트러진 게 없나 살펴보고 마음을 가다듬은 뒤 다시 올라가니 커다란 돌기둥 두 개가 일주문처럼 서암 입구에 떡 버티고 서있다. 돌기둥에는 '百千江河萬溪流(백천강하만계류) 同歸大海一味水(동귀대해일미수)'라고 새겨져 있다. '시냇물이 모여 강·하천이 되고 큰 바다에 모이면 한 맛이 된다'는 뜻이다.

'大方廣門(대방광문)'이라 새긴 돌문을 지나 서암으로 들어서니 바위마다 부처와 보살을 새긴 마애불 천지다. 석굴 전체를 불보살과 연꽃등으로 조성한 굴법당을 비롯해 노천의 바위면에 새긴 비로자나불과 사천왕, 나한들……. 참선과 사경(寫經)을 평생의 수행방편으로 삼아온 벽송사 조실 원응(元應·68) 스님이 신심을 다해 이룬 불사다. 점심 공양을 마치고 잠시 쉬고 있던 노장에게 암자 입구 돌기둥에 새겨진 글귀의 뜻부터 물었다.

"수많은 강과 냇물, 계곡물이 함께 큰 바다에 모이면 한 가지 맛이 된다는 뜻입니다. 사람도 천 사람, 만 사람이 각각 생각이 다르지만 마음을 넓히면 누구나 큰 바다 같은 부처님 심성에 이른다는 말이지요."

원응 스님은 "사람의 본래 성품은 바다같이 넓은데 다들 조금밖에 쓰지 못한다"며 안타까워한다. 누구나 부처와 같이 무한한 능력을 갖고 있으면서도 자신의 업보에 가려 극히 일부밖에 쓸 줄 모른다는 것이다. 자신에게 집착하고 도취되어 무한대의 세계에 등을 돌리고 산다는 뜻이다.

"무한한 본래 성품의 세계, 즉 부처님의 세계로 돌아가려는 것이 수행입니다. 사람들이 이웃간에, 지역간에, 국가간에 등지고 사는 것은 결국 조그만 자기의 업에 가려지고 집착하기 때문이지요. 기독교에서 '전지전능'이라는 말을 쓰는데 자기를 낮추고 버리고 아집을 깨면 전지전능의 세계로 갈 수 있어요. 이를 위해 나를 버리고 잠재우는 것이 수행이지요."

원응 스님은 그래서 '하심(下心)'을 강조한다. 자기를 낮추고 버리면 부처의 세계, 극락의 세계로 간다는 것이다. 노장은 지난

10여 년간 정성껏 조성한 굴법당 앞에도 '下心'이라고 써놓고 오가는 사람들을 경책한다. 미국의 테러전쟁에 대해서도 "모두 이기심 때문"이라며 "나를 버리고 낮추면 평화로워진다"고 지적했다.

"미국이 보복하면 맞은 사람은 가만있나요? 보복은 새로운 보복을 부를 뿐입니다. 억울해도 그것을 억누르는 자기희생과 양보가 필요합니다. 평범하지만 그 길밖에 없어요. 가족간, 이웃간, 그리고 동서남북의 분열도 다 그런 이기적인 생각, '나'라는 생각에서 출발합니다. 집단이기주의도 마찬가지고요. 그래서 '나'를 버리고 잠재우는 게 수행입니다. 그러나 참 어렵지요. 스님들도 이기심을 버리지 못해 싸우지 않습니까?"

1954년 부산 선암사에서 석암 스님을 은사로 출가한 원응 스님은 출가동기부터 남달랐다. 염세도피성 출가가 아니라 불교에 심취했던 아버지가 권해서 절을 찾았던 것이다. 부친은 중앙고보를 거쳐 연희전문학교를 다니다 징용도 피하고 한의학도 공부할 겸 절에 들어갔다가 '딴 세상'을 발견, 심취했다고 한다. 수덕사 만공 스님한테 '만법귀일 일귀하처(萬法歸一 一歸何處)'를 화두로 받아 평생을 참구했던 부친은 아들 중 하나는 수행자로 만들고 싶어했다. 그래서 출가 전부터 원응 스님에게 '이뭣고'를 화두로 주었고, 원응 스님이 병을 앓자 절에 요양토록 한 것이 출가의 계기가 되었다.

"절에 가보니 고향집처럼 편안해 평생을 보내게 됐어요. 당시 선암사는 수좌계에서 손꼽히는 선방이었지요. 은사 스님의 허락을 얻어 아버님께서 주신 '이뭣고' 화두를 들고 해인사, 김룡사 등에서도 정진했습니다. 일본 도쿄의 어느 선방에는 '종교는 묻지 않는다. 참선하라'는 문구를 간판처럼 써놨다는데 맞는 말입니다. 참선은 사람이 본래 가진 심성의 세계를 탐구하는 것이어서 특정 종교의 테두리 안에 있지 않아요. 기독교에서도 하느님의 본 모습을 보려면 참선해야 합니다."

불교는 본래 형상이 없는 것이라고 노장은 설명한다. 절에 많은 불상이 있지 않느냐고 하자 "불상은 허상에 집착하는 중생들이 이를 통해 참모습을 보게 하는 방편일 뿐 궁극의 자리는 아니다"라고 말한다. 참으로 올바른 마음으로 수행해서 마지막으로 돌아가는 곳은 부처의 세계이면서 일체중생의 세계, 즉 중생과 함께 하는 세계요 대방광문(大方廣門)의 무한한 세계라는 설명이다. 서암 입구에 대방광문이라 쓴 이유를 이제야 알 것 같다.

"지식이 진정한 삶의 양식은 못 돼요. 지식도 알고 익히고 다듬는 것이지만 순수본성은 지식과 상관없는 겁니다. 부처님 법문도 부처님의 세계로 가라는 안내서에 불과한 것이지요. 물질이 풍요해도 행복한 것이 아니잖아요? 사람이 인정을 주고받는 게 지식이나 물질과 무슨 상관 있겠어요. 많이 가졌다고 더 너그러워지기는커녕 많을수록 욕심만 더 많아지지 않습니까? 옛날보다 교통, 통신이 편리해졌지만 사람은 더 바쁘잖아요. 현대문명이 대단히 편리한 것 같지만 사람이 전선 하나에 의지해 사는 것 아닌가요? 전기가 없으면 뭐 하나라도 온전히 할 수 없으니 말입니다. 그만큼 물질은 허망한 것이에요."

법, 지식에 앞서 사람의 마음, 순수한 본성이 중요하다는 말이다. 노장은 이런 마음을 가꾸기 위해 노력하고 일깨우는 것이 수행이며 또 수행자의 길이라고 덧붙인다. 또 참선에 대한 관심이 늘면서 지금 선불교가 성황인 것 같지만 겉보기만 굉장할 뿐 속을

들여다보면 넉넉지 않다며 걱정이다.

원응 스님이 이 곳 벽송사로 온 것은 1961년. 지금은 절 마당까지 차가 들어오지만 당시에는 사람이 다니는 길만 겨우 나 있었을 뿐 인적마저 드물었던 첩첩산중이라 정진하기 딱 좋았다. 그러나 벽송사 주위엔 한국전쟁 때 희생된 사람들의 유골이 즐비했고, 절의 건물도 곳곳이 허물어져 분단의 상처가 깊었다. 그래서 시작한 것이 서암의 도량조성과 화엄경 사경이다.

"마침 서암 주위에 바위가 많아 여기에 도량을 가꾸면 부처님의 성지가 되고 많은 희생자들의 원혼이 극락왕생할 수 있겠다 싶었어요. 부처님 성지는 천지가 생길 때부터 마련되지 않으면 안 되는데, 여기는 천지개벽 때부터 부처님 도량으로 마련된 것 같은 느낌이 들었지요. 시절 인연도 그랬고, 이 장소도 그런 사람과의 인연을 기다려왔고……. 처음엔 전기도 차도 들어오지 않아 터만 닦아 놓았다가 1988년 찻길이 생긴 이후에 불사를 본격화했습니다. 대개 아무리 집을 잘 지어도 천 년을 지내기 어려운데, 여기는 천지개벽이 일어나지 않는 한 몇 천 년이 가도 괜찮을 장소예요."

실제로 자연석 암반에 조성한 대방광문이나 굴법당(극락전), 바위를 깎아 비로자나불을 새긴 비로전, 스님들의 수행공간인 사자굴 등은 조각이 정교하고 아름다울 뿐 아니라 겉보기에도 웅장하고 튼튼하기 그지없다. 특히 서암의 중앙에 있는 굴법당은 아미타불을 중심으로 관세음·지장보살, 사천왕과 가릉빈가 등의 조각이 석굴 사방과 천장을 빈틈없이 메우고 있다. 덕분에 벽송사 서암은 칠선계곡을 찾는 관광객들이 반드시 들르는 곳이 됐다.

사경(寫經) 또한 원응 스님과는 뗄 수 없는 수행방편이다. 특히 '화엄경 금니사경(金泥寫經)'은 1985년부터 시작해 15년의 노력 끝에 완성한 대작으로, 고려 말 이후 단절된 금니사경의 맥을 이은 것으로 평가된다. 화엄경 전문 59만8천여 자를 한지에 한 자씩 옮겨 쓰는데 4년, 감지(柑紙·닥종이)를 그 위에 덧대고 금니로 이를 다시 적는 금사(金寫)에 6년, 뒷마무리에 5년이 걸렸다.

완성된 '금니 화엄경'은 병풍형 책자로, 14~16미터 높이의 병풍 80권이다. 전체 길이가 1300미터에 달하는 것으로 작업과정에서 닳은 붓이 60자루에 달한다. 2001년 3월 예술의 전당에서 가진 회향 전시회에서 사람들이 이구동성으로 찬탄한 대작이다.

"사경은 부처님의 말씀을 하나하나 글자로 옮기며 그 뜻을 눈과 입, 그리고 가슴으로 새기는 수행방편입니다. 글자 한 자 한 자가 곧 부처님이지요. 그래서 한 자 한 자에 정성을 다해야 합니다. 그러다 보니 화엄경을 사경하는 데 10여 년을 바쳤어요. 화엄경을 사경한 특별한 이유가 있다기보다 모든 경전을 회통한 경전이 바로 화엄경이기 때문입니다. 참선을 하면서 거의 매일 화엄경 사경에 매달리느라 시력을 잃을 뻔하기도 했는데, 지금도 눈이 불편해 잔글씨는 쓸 수가 없어요."

원응 스님은 화엄경 중에서도 '불신충만어법계(佛身充滿於

法界) 보현일체중생전(普現一切衆生前) 수연부감미부주(隨緣赴感靡不周) 이항처차보리좌(而恒處此菩提座)'라는 구절을 좋아한다. '세주묘엄품'에 나오는 구절로 '부처님은 법계에 충만해 일체중생 앞에 나투시고, 인연 따라 나투지 않음이 없으나, 항상 보리좌를 여의지 않는다'라는 뜻이다.

지리산에만 묻혀 산 지 40년. 산승에게도 혹시 후회스런 일이 있을까? 원응 스님은 "항상 부족한 마음, 한 곳으로 매진하지 못하는 데 대한 안타까움으로 살아왔다"고 했다. 지금도 수행에 진전이 없을 땐 쫓기는 마음에서 벗어날 수가 없다고 한다. 또 하심, 하심이다.

"참선이든 염불이든 완전히 몰입해서 마음이 떠나지 않을 정도가 돼야 합니다. 수행자가 염불이든 참선이든 자기공부를 잊어버리면 죽은 사람이거든요. 평생 동안 자기공부를 꾸려가야 합니다. 금생에 안 되면 내생에라도 자기공부를 꾸려가겠다는 자세로 해야 돼요. 일상생활에서도 자기가 하는 일에 만족하고 거기에 철저할 수 있어야 행복합니다. 어중간하면 방황하게 돼요. 그러니 신념을 세우고 한시라도 이탈하지 않게 충실하세요. 그러면 모든 일이 정연하게 돌아갈 겁니다."

그러나 생활 속에서 참선하기가 쉬운 일은 아닐 터. 노장은 "쉽지 않은 것을 쉽게 만들고, 낯선 것은 익숙하게 만드는 것이 공부"라고 강조한다. 일상생활 속에서도 화두를 놓치지 말라는 얘기다. 그리고 공부가 몸에 익어 숨쉬듯이, 밥먹듯이 의식하지 않고도 저절로 되도록 습관화해야 한다고 덧붙였다.

"마음을 가다듬고 단속하는 과정을 통해 공부가 익어요. 그런 사람은 앉으나 누우나 공부가 됩니다. 만일 사랑하는 사람이 있다면 무엇을 해도 그 사람을 생각할 것 아닙니까? 그러니 화두를 연인 그리듯이 하세요. 물론 처음엔 화두를 붙드는 것도 힘들지만, 말 안 듣는 소라도 자꾸 끌면 고분고분해지듯이 화두도 자꾸 붙들면 고분고분해져요."

한담을 마치고 일어서는데 벽에 걸린 원응 스님의 글씨가 산승의 마음을 엿보게 한다.

'雲白雪白天地白(운백설백천지백 · 구름 희고 눈도 희고 천지가 흰데) 道絶人絶心路絶(도절인절심로절 · 길 끊어지고 사람 끊어지니 마음 길도 끊어졌네).'

원응 스님

• 1934년 출생 • 1954년 부산 선암사에서 석암 스님을 은사로 득도 • 1961년~현재 벽송사 서암정사 주석 • 1985년 화엄경 금니사경 시작 • 2001년 화엄경 금니사경 회향전(예술의 전당)

우룡 스님
· · · 집에 있는 부처님을 잘 섬기라

"나는 누가 '큰스님'이라고 하거나 3배를 하면 차나 마시고 돌아가라고 합니다. 그냥 '아무개 스님' 하면 되지 큰스님은 뭐고 3배는 또 뭡니까?"

아하! 그때서야 의문이 풀렸다. 3개월 전, 찾아뵙고 싶다며 전화했을 때 노장이 왜 매정하게 퇴짜를 놓았는지를. 노장은 그때 "여긴 큰스님이 없고 서울에 많으니 거기서 찾아보세요. 내려오지 마세요"라며 일방적으로 전화를 끊었다. 황당하기 그지 없었지만, 지금 생각해 보니 '큰스님'이라고 부른 게 화근이었다.

경주 시내 중심가에서 경남 언양으로 빠지는 35번 국도변 남산 자락의 함월사. 포석정을 지나 삼릉에서 100m 정도 떨어진 이 곳이 그 노장, 울산 학성선원 조실 우룡(雨龍·70) 스님의 주석처다. 마침 주말이라 스님을 뵙기 위해 온 경남 양산의 내원사 비구니 스님들과 이병인 환경공학과 교수 등도 자리를 함께 했다.

우룡 스님은 잿빛 티셔츠에 승복 바지 차림이다. 야박하게(?) 전화를 끊었던 것과는 달리 소박하고 소탈하기 그지없는 모습이다. 함월사 주지 스님이 차를 우리는 옆에서 가부좌와 꿇어앉은 자세를 번갈아 하며 객들의 질문에 거침없이 답을 내놓았다. 소탈한 모습과 달리 목소리는 카랑카랑하면서도 쩌렁쩌렁하다.

"마음이라는 게 모양은 없지만 무서운 겁니다. 그래서 스님이건 속인이건 마음가짐을 조심해야 하는데, 근래에 와선 스님들이 더 못하는 경우가 많아요. 물질이 너무 흔하고 대접받는 데 익숙해지다 보니 모두가 자칭 부처가 돼서 남의 말에 귀도 기울이지 않아요. 절 집안을 앞으로 어떻게 해야 할지 막막합니다."

세속의 중생들을 향한 경책이 아니라 승가에 대한 자성과 걱정이 먼저다. 화두선만 강조하다보니 경전이나 의식을 가벼이 여기고, 선승이 아니면 얕잡아 보는 나쁜 풍조가 만연해 있다는 것이다. 그러다 보니 어디가 바른 길인지 분간하지 못할 뿐 아니라 공부하다 옆길로 가는 사람을 바로 잡아줄 사람이 아쉽다고 말한다.

"능엄경에 보면 '오십종변마사(五十種辨魔事)'라 해서 색수상행식(色受想行識)의 50가지 마구니, 즉 공부할 때 장애가 되는 마장(魔障)에 관한 이야기가 있는데 옛날에는 늘 이걸 보라고 했어요. 여기에 옆길로 가는 온갖 선례가 있기 때문이지요. 이 경전에 의지하면 병통이 생길 수가 없습니다. 그런데 요즘 수행자들은 이걸 몰라요. 선을 하든 염불을 하든 부처님의 말씀을 담은 경전이 먹줄이 돼야 합니다.

불교에는 진리를 보는 세 가지 기준으로 원성실성(圓成實性), 변계성(遍計性), 의타성(依他性)이라는 게 있어요. 원성실성은 사물의 진실한 본성을 보는 것이고, 의타성은 인연에 의해 이뤄진 것으로 보는 것이며, 변계성은 실체가 아닌 것을 실체라고 잘못 보는 것입니다. 예를 들어 밤길을 가다 새끼줄을 봤을 때 이를 뱀으로 착각하고 무서워한다면 변계성이고, 뱀과 비슷하지만 새끼줄인 것을 안다면 의타성이며, 짚이 새끼줄의 형상을 하고 있음에 불과하다는 것을 아는 것이 원성실성이지요."

우룡 스님은 "모름지기 모양보다 본질을 꿰뚫어볼 수 있는 원성실성을 지녀야 하는데 우리는 늘 변계성에서 허우적거린다"면서 "눈을 똑바로 떠야 한다"고 경책한다. 특히 스님들이 자기의 사상과 실천행을 돌이켜 반성해야 한다고 강조한다. 너도나도 부처가 된 양 착각해 누가 법문을 한다고 하면 귀를 기울이지 않고, 스님은 마치 인과법에서 벗어난 것처럼 잘못 생각하고 있다는 것이다.

"중노릇을 하려면 세 분의 부처님을 섬겨야 합니다. 부처님과 대중과 스승이지요. 부처님이 당연히 최우선이고 둘째가 대중, 그 다음이 스승입니다. 그런데 지금은 대중을 섬기는 풍토가 없어졌어요. 주지 스님이 독단으로 다 해버리지요. 그게 절 집안을 어지럽게 만든 원인 같아요. 옛 어른들은 무슨 일이든 대중과 함께 의논했습니다. 한 달에 한 번씩 큰방에 어린아이들까지 다 모인 자리에서 사중(寺中)의 행정을 공개하고, 혹 사중 살림이 어려워서 나무를 베어야 한다면 어느 쪽 산을 벨까, 뒤처리는 어떻게 할까 이런 것까지 다 의논했거든요. 또 어떤 일을 한다면 그 쪽에 밝은 신도님을 모셔서 의논하기도 했는데, 지금은 그런 것도 다 없어졌어요. 주지가 대중의 간섭을 받지 않으려고 하니까요."

스님들 개개인의 의식도 문제라고 노장은 지적한다. 예전에는 스님이 절에서 쫓겨나면서도 산에서 허락 없이 나무를 베는 사람을 보면 걸망을 벗어놓고 그 사람을 쫓아낸 다음 다시 걸망을 지고 나갔다고 한다. 산을 몸처럼 아끼고 보살폈다는 이야기다. 심지어 노장이 해인사에서 공부할 때에는 책상에 낙서한 것을 공유물 훼손이라고 해서 장군죽비로 서른 대를 맞았다고 한다. 그러나 지금은 많은 스님들이 신도들의 보시로 이뤄진 절 살림이 아까운 줄 몰라 걱정이다.

"살림을 아껴서 종단 바깥에 사람을 길러야 해요. 공부시켜 놓으면 그 사람이 중이 되지 않더라도 다 절 집안의 울타리가 됩니다. 일제 말기까지는 노스님들이 허리띠를 졸라매고 그런 사람을 만들었어요. 그러나 조계종단(통합종단) 출범 이후에는 그런 울타리를 부수기만 하고 새로 만들지를 않았어요. 그러니 무슨 일이 생기면 절집 밖에서 도와줄 사람이 없는 겁니다. 이렇게 무관심하게 놔두면 불교라는 큰 덩어리가 서서히, 한꺼번에 쓰러져요."

노장은 "모든 점이 옛 어른들보다 모자란다. 생각이 모자라 공심은 줄어들고 삿된 욕심만 늘었다"고 했다. 모두가 원점으로 돌아가서 이름도 물질도 싫다고 하는 출가자 본연의 자세로 돌아가야 하는데, 자꾸 옆길로 가는 자신을 뒤돌아보지는 않고 자신을 정당화하기에 급급하다는 지적이다. 그렇다면 노장의 눈에 비친 속인들의 모습은 어떨까?

"요즘 사람들을 보면 국회의원이나 무슨 기관의 장에서부터 일반 국민에 이르기까지 말이나 마음가짐이 너무나 살벌해서 복털기 경쟁을 하는 것 같아요. 복 짓기 경쟁을 해도 시원찮을 판에 참 걱정입니다. 복은 돈 갖다주고 물건 주는 데서 생기는 게 아닙니

다. 마음가짐 하나, 행동 하나, 말 한 마디가 복을 짓습니다. 그래서 나는 신도들에게 우리 집이라는 도량에 내 가족이라는 부처님이 계시니 그 분을 잘 섬기라고 합니다. 그러면 지난 시간의 원결(寃結)이 풀리면서 집안에 행복의 싹이 터요. 묘 하나에 수십 억씩 들여 누울 자리를 구한다지만 터가 아무리 좋아도 거기 들어가 누울 어른과 아들, 손자의 복이 그 터의 복을 감당할 만해야 복을 받지, 그렇지 않으면 터만 망쳐요."

　　노장은 "내 가족을 섬기고 용서하고 축원하는 것이 예불이요 복 짓는 방법"이라고 단언한다. 가족 앞에 내 마음이 바뀌고, 말이 바뀌고, 행동이 바뀌는 게 복을 심는 것이라는 설명이다. 그러니 하루에 단 한 번이라도 가족 앞에 3배를 올리며 "내가 당신에게 잘못한 것을 참회 드립니다. 용서하시고 모든 일 순탄 하소서"라고 축원하라고 한다.

"죽은 뒤에 극락에 가는 것이 아니라 우리 눈앞에 지옥과 극락이 있습니다. 부모자식간에 살벌한 대화를 하고, 서로 삿대질하며 옳다 그르다 싸운다면 그게 바로 지옥입니다. 그러나 가족끼리 서로 웃으며 '수고하셨습니다' '고맙습니다' 라고 인사한다면 그 집안이 바로 극락이지요."

노장은 "인과의 법칙에는 한 치의 오차도 없다"면서 "내가 만든 원인에 따라 복락과 칼날의 길이 갈라진다"고 했다. 노장이 "인생의 가계부를 잘 써라"고 당부하는 것도 이런 까닭에서다.

"돈이 들어오고 나가는 것보다 인생 전체를 잘 계산해야 합니다. 인생 가계부의 수입은 복을 짓는 일이요 지출은 재앙을 만드는 것이니, 복을 적게 짓고 재앙을 많이 만들면 적자 인생인 것이지요. 주변의 고마움에 감사할 줄 모르고 그들을 위해 베풀지 않으면 언젠가는 갚아야 할 빚이 됩니다. 전생이라는 어제의 가계부를 잘못 써놓아서 오늘 고생하는 것인데, 만일 오늘 잘못 써놓으면 내일 고생하게 되는 거지요. 그러니 매일매일 내가 오늘 얼마나 복을 털었나 돌아보세요. 복을 짓는 것은 쉽지 않으니 있는 복을 지키기라도 잘해야지요."

일본에서 태어나 중학교에 다니다 해방과 함께 귀국한 우룡 스님은 1947년 해인사에서 고봉 스님을 은사로 출가, 경(經)과 선(禪)을 함께 배웠다. 출가동기는 해방과 함께 빈털터리로 귀국한 부모님과 6남매는 먹고 살길이 막막했기 때문이다. 그래서 해인사로 출가한 외숙부가 "공부하러 가자"고 해 글공부하는 학교인 줄 알고 따라 나섰다가 머리를 깎게 됐다.

"고봉 스님은 항상 선(禪)을 주춧돌로 하는 공부를 가르치셨어요. 생활을 하든 교학을 하든 중심은 항상 선에 두고 그 중심을 잃지 말아야 한다는 것이지요. 그래서 지금까지도 내 마음을 다스리면서 선을 중심으로 세우고 삽니다. 일상 속에서 염불이든 참선이든 부지런히 정진하다 보면 자연히 지혜의 눈이 열려요."

화엄사, 법주사, 범어사 강원 강사를 역임하고 수덕사, 직지사, 쌍계사, 통도사 등의 여러 선원에서 수행하며 선교일여(禪教一如)를 이룬 것도 그런 결과다. 공부를 하는 중에 여러 가지 신기한 체험도 했다고 한다. 해인사 강원에서 공부할 때는 업장을 소멸한다며 '옴마니반메훔' 육자주(六字呪)를 일구월심으로 염한 결과, 어느 겨울날 새벽예불을 하러 축대에 막 올라서는데 산하대지가 없어져 버렸다. 보이는 것이라곤 옅은 황금색의 수천만 리 평지와 그 끝에서 해돋이처럼 솟아오르는 옴마니반메훔뿐이었다. 시공도, 물질도 없는 경계에 있다가 도반이 등을 쳐서 눈을 뜨니 법당도 있고 산도 있었다. 그 뒤로는 몸에 한없이 기운이 솟아 대우주의 기운이 전부 와닿는 것 같았다고 한다.

또 청화 보령사 서운암에서 백일기도를 할 때는 텔레비전도 없던 시절인데도 그 동네 일이 한눈에 다 보이고 집집의 대화가 다 들렸다. 절에서 몇 십 리 밖의 일을 다 보고 듣고 할 수 있었다. 그러나 이런 경지는 마구니여서 여기에 빠져서는 안 된다고 한다. 오직 지극한 마음으로 공부해 삼매의 경지에 이르면 불에 떨어져도

다치지 않고 물에 빠져도 죽지 않는다는 확신을 갖고 정진하는 게 중요하다는 것이다.

노장은 "세상에는 물거품 주춧돌과 불성의 주춧돌이라는 두 가지 주춧돌이 있는데, 불성의 주춧돌과 마음의 주춧돌을 바로 세워야 한다"고 강조한다. 또 불성의 주춧돌을 세우기 위해서는 불성이 무엇인지 알아야 한다며 설명해 준다.

"불성은 분명히 있지만, 잡을 수도 없고 빛깔과 소리도 없고 그러면서도 펄펄 살아 있는 어떤 기운 같은 것입니다. 반야심경에서는 불성을 시작도 끝도 없고 가고 옴이 없기에 불생불멸(不生不滅)이라고 했으며, 때가 끼는 일이 없고 더 어떻게 깨끗이 할 수도 없기 때문에 불구부정(不垢不淨)이라고 했어요. 또 누구나 평등하고 한결같이 가지고 있어서 부증불감(不增不減)이라고도 했지요. 누구도 침범하지 못하는 여여한 경지, 어떤 경우에도 움직이지 않는 자리가 바로 불성자리입니다. 불성자리로 돌아가서 살면 모든 문제는 저절로 사라질 겁니다. 불성은 가능성입니다. 누구나 가지고 있어서 노력 여하에 따라 크게 개발할 수도 있고 적게 개발할 수도 있는 가능성이 바로 불성이라는 말입니다. 그러니 그 가능성을 개발하기 위해 부단히 노력해야 합니다."

노장은 "불성의 주춧돌 위에 서서 물질에 너무 얽매이지 말라"고 한다. 물질에 한없는 애착을 보여 내 몸과 마음과 대우주의 주춧돌을 허술하게 관리하면 결국 인생은 무너지고 만다는 이야기다. 겉모습과 물질에 속지 말라는 당부다.

"많은 병폐와 문제들이 불성을 인생의 주춧돌로 삼지 않는 데서 비롯됩니다. 각자가 지닌 무한한 가능성을 인식하지 못하니 스스로를 무시하고 남을 무시하지요. 불성이 '참 나'라는 사실을 잊어버리고 끊임없이 일어나는 생각과 무상한 몸뚱이를 나로 생각해 버리는 겁니다. 그러니 나만을 위하는 이기심이 생기게 되고 그 상대가 부모든 형제든 손해보지 않으려고 서로 뺏고 싸우고 살인까지 서슴지 않게 되는 거지요. 세상 모든 사람들이 불성을 지닌 거룩한 존재임을 깨달아야 합니다."

내 곁의 사람들, 가족과 이웃의 고마움에 보답하며 가까운 곳에서 실천하라고 강조하는 이유도 여기에 있다. 노장은 "주변의 고마움에 보답하고 베풀지 않으면 남들이 내게 베푸는 것이 모두 빚이 된다"고 말한다. 때문에 일상생활에서 빚을 갚듯이 베푸는 삶을 실천해야 한다는 것이다. 지금 나의 행동이 씨앗이 돼 언젠가는 열매가 맺힌다는 것을 명심하고 자신의 마음과 행동을 잘 다스리라는 말씀이다.

우룡 스님은 "함부로 말이 튀어나오는 걸 조심하고, 마음이 꿈틀꿈틀하는 것을 조심하며, 행동이 빼쭉빼쭉하는 걸 조심하면 거기에 다 복이 있다"고 했다. 이야기 도중에 신도가 데려온 어린아이 하나가 '스님' 하며 노장의 품에 덥석 안겨 장난을 치더니 이내 잠이 들었다. 객들은 자리를 뜨고 천진불 둘만 그 곳에 남았다.

우룡 스님 ✿

• 1932년 일본 출생 • 1947년 고봉 스님을 은사로 출가 • 1955년 등산 스님을 계가로 구족계 받음 • 1963년 김천 청암사 불교연구원 전강 • 화엄사, 법주사, 범어사 강원 강사 역임 • 수덕사 능인선원, 직지사 천불선원, 쌍계사 서방장, 통도사 극락선원 등에서 수행 • 현재 울산 학성선원 조실

지관 스님
• • • 사심 없이 맑고 투명하게 살라

　　　　일주문을 들어서니 반듯하게 다듬어진 돌로 포장된 길 위에 낙엽이 보기 좋게 쌓여 있다. 찻길에서 몇 걸음 떨어져 있지 않은데도 속세의 티끌이나 소란함은 찾아볼 수 없고 고요함만 있을 뿐이다. 서울 길음동에서 정릉유원지로 오르는 길옆의 삼각산 경국사. 고려 말인 1325년 창건된 유서 깊은 도량이요, 한국불교의 대표적 학승인 지관(智冠·70) 스님의 수행도량이다.
　　　　거처인 무우정사(無憂精舍) 앞에서 인기척을 내자 "누구시오" 하며 문을 열어준다. 방에 들어서니 사방 벽에 가지런히 정리된 책들이 먼저 눈에 들어온다. 책상 위에는 방금 전까지 쓰던 원고가 잉크도 채 마르지 않은 상태다. 지관 스님이 차를 우려내는 동안 당호(堂號)의 뜻이 궁금해 물었더니 대답이 뜻밖이다.
　　　　"근심 없는 사람이 어디 있나요? 다만 마음 갖기에 달린 것이지요."

그런데 왜 당호를 무우정사라고 지었을까? 불교의 우주관, 세계관에 따라 가람을 배치한 결과라는 설명이다. 불교적 세계관에 따르면, 중앙의 화장세계를 중심으로 동방 만월세계, 서방 극락세계, 남방 환희세계, 북방 무우세계가 있다. 그래서 경국사에도 중앙의 관음전을 중심으로 만월당, 극락전, 환희당이 동·서·남쪽에 있고, 북쪽에 있는 지관 스님의 거처가 자연스럽게 무우세계를 상징하는 무우정사로 이름지어졌다는 것이다.

이야기가 아프가니스탄에서의 전쟁으로 옮겨간다.

"요새 미국과 아프가니스탄이 한창 전쟁중인데 이를 놓고 문명의 충돌이니 대립이니 하지만 꼭 문명간의 대립이라고 규정할 필요가 있을까 싶어요. 그런 이유보다는 결국엔 물질 때문에 욕심이 생기고 대립하는 것이지요. 정신 때문에 대립하는 경우는 없어요. 물질은 부딪히고 받히고 하니까 더 가지려면 싸워야 하고 또 지지 않아야 하지만, 정신은 걸리는 게 없으니까 싸울 일도 없지요."

지관 스님은 "우리가 그 동안 미국, 유럽과 주로 상대하다 보니 그쪽에 너무 치우쳤다"며 반성을 촉구한다. 미국 것이라면 다 따라하고 무조건 좋다고 하는 풍토에 대한 비판이다. 반면 "이슬람쪽 사람들은 사는 건 어려워도 자기 주관대로 하지 무작정 남을 따라가지는 않으니 그것이 큰 힘"이라고 했다. 지금까지 도외시했던 부분에 눈을 돌려서 정확히 알아야 한다는 지적이다.

"미국이 아무리 과학이 발달한 강대국이라고 하지만 역사적으로는 200여 년밖에 안 되잖아요. 그에 비하면 우리는 얼마나 긴 역사를 가지고 있습니까. 고적을 답사해 보면 사찰만 해도 지금의 불국사, 해인사, 통도사 같은 절이 큰 것 같지만, 옛날에는 이보다 훨씬 크고 번창한 절이 많았어요. 그런데도 우리는 전통을 너무 쉽게 잊고 또 버립니다. 물론 제행무상(諸行無常)이라 시간이 가면 모든 것이 변할 수밖에 없고 윤회하는 게 진리지요. 또 전통만 고집하는 것도 '개가 마른 뼈다귀 씹는 것처럼' 발전이 없지만 현대적인 것이 좋다고 무작정 따라가서도 안 됩니다. 전통을 보듬고 미래를 지향해야 해요. 모든 것은 항상 꾸준하고 맹물처럼 담담해야지요."

무한경쟁과 경쟁주의, 이른바 '신지식' 위주의 정부 정책에 대한 비판도 나온다. 경제개발하고 수출하고 돈 많이 버는 게 좋기는 하지만 그렇게만 흘러가면 세상이 각박해질 수밖에 없다는 얘기다. 무한경쟁의 세상에서는 이겨야 하고, 이기기 위해서는 혼자서 앞으로 달려야 하니까 옆을 볼 수 없다는 뜻이다.

"그게 뭐가 좋겠어요? 생각을 조정해야 마음에 여유도 있고, 편안함도 있고, 나와 남을 같이 생각할 수 있는 겁니다. 자기 혼자만 앞서 가봐야 결국은 쓸쓸히 죽는 거밖에 없어요. 신지식이라며 무조건 돈 많이 버는 것만 강조하면 나중에 어디로 가느냐, 결국 낭떠러지로 가요. 학문에서도 동양철학의 본래 바탕은 전승·선양하지 않고 실증주의만 강조합니다. 실증주의는 딱 맞게 확인이 안 되면 부인해 버립니다. 신비라는 게 있어야 사람이 희망도 걸고 꿈도 가질 수 있지 않겠어요?"

지관 스님은 동·서양이 서로 부족한 것을 배우고 장점을 살려야 한다고 강조한다. 사람은 완벽하지 않기 때문에 부족한 부분은 최선을 다해 보충하고 그래도 모자라는 부분은 마음으로 채워야 한다는 얘기다. 그 마음이란 '이만하면 됐다'고 하는 '지족(知足)'의 자세다. 지관 스님은 "지족을 모르면 허구한날 헐떡거리기만

하다 죽는다"고 경계했다.

"옛날에 비해 오늘날이 좋은 점도 있고 나쁜 점도 있어요. 물질문명, 과학문명이 발달해 살기가 편해졌다고 하는 것은 몸뚱이만을 중심으로 생각한 것입니다. 문명이 발달할 수록 종교나 정신은 등한시하고 의지하지 않게 되기 십상이지요. 예로부터 고통이 있어야 발심(發心)이 되고, 춥고 배고파야 도심(道心)이 생긴다는 말이 있어요."

15세 때 해인사에서 자운 스님을 은사로 출가한 지관 스님은 해인사 강원과 동국대에서 오랫동안 후학들을 지도했고 해인사 주지를 맡기도 했다. 특히 동국대 총장에서 물러난 뒤 1991년 설립한 가산불교문화연구원을 중심으로 불교학 전문학자를 양성하는 한편, 불교학 백과사전이라 할 수 있는 〈가산불교대사림(伽山佛敎大辭林·전15권)〉 편찬작업에 매진중이다.

〈가산불교대사림〉은 1982년 불교대사전 편찬을 발원한 지 18년 만에, 그리고 1991년 연구원 개원과 함께 사전편수에 착수한 지 근 10년 만에 첫 권을 만들어냈을 정도로 혼신의 힘을 쏟아 넣은 대역사(大役事)다. 노장은 "사전(가산불교대사림)이 아직 많이 남아있어서 죽기 전에 다할 수 있을지……"라며 걱정이다. 하던 일을 마저 끝내야겠다는 부담감 때문이다. 스님은 어떤 인연으로 학승이 됐을까?

"처음엔 선(禪)과 교(敎) 가운데 어느 쪽을 하겠다는 생각이 없었어요. 꼭 어느 쪽을 한다기보다 공부하다보니 그렇게 된 것 같아요. 강원공부가 딱 적성에 맞았다고 할 수도 없고……. 통도사에 있을 적에는 매일 108배를 하고 뭘 할까 심지를 뽑았는데, 참선과

경전연구, 율(律) 연구 가운데 선이 나왔어요. 참선하라는 말인데 그렇게 안 됐어요. 처음엔 참선도 했는데 분위기에 휩쓸렸는지……. 업이 아닌가 생각해요."

　　지관 스님은 '3은사'로 모시는 자운·영암·운허 스님의 영정을 벽에 걸어놓고 그 가르침을 항상 되새긴다. 자운 스님한테 율을 배웠고, 운허 스님에겐 경을 배웠다. 종단행정에 밝았던 영암 스님은 절 살림의 스승이다. 영정 밑에 걸린 자운 스님의 글씨 '悲心施一人(비심시일인) 功德如大地(공덕여대지)'가 눈길을 끈다. 자비로운 마음으로 한 사람에게 베풀면 그 공덕이 땅덩어리만큼 크다는 뜻이다.

"불교의 미래에 대해 이런저런 비판이 있는데, 사실 시대마다 그 시대를 탄식하고 비판했어요. 고려 때 보조 스님도 그 당시를 걱정했고 지금도 마찬가지예요. 지금은 나쁘고 옛날은 좋다거나 지금이 옛날보다 낫다고 말할 수 없어요. 시대상황이 다를 뿐입니다.

과학과 물질문명의 발달로 생활이 향상될수록 종교가 설 자리는 좁아집니다. 부족한 게 없으면 인생고를 이야기하거나 발심을 시키려고 해도 잘 안 받아들여져요. 포고발심이라, 사람이 고통을 받고 불행해야 정신이 향상됩니다. 공자도 기한(飢寒)에 발도심(發道心)이라, 춥고 배고파야 도심이 피어난다고 했어요. 배부르고 등 따시면 딴 마음만 생기지요. 콩나물을 길러도 물을 안 주면 살려고 발이 막 생깁니다. 그러나 물을 많이 주면 살만 찌지 발은 없어요. 그런 발버둥을 칠수록 인간의 폭이 넓어집니다."

노장은 "세상이 잘살수록 종교인이 큰소리 못 친다"며 "그때그때 자기를 살피고 살아가는 것이 가장 잘사는 길이며 그 길밖에 없다"고 했다. 그러면서 경전의 일화를 하나 들려준다. 어떤 비구가 연못가에서 선정에 들어 있다가 연꽃 향기가 참 좋아서 "좋다"하고 있는데 지신(地神)이 나와서 질책했다. 출가수도자가 연꽃향기를 도둑질해서 맡으면서 어찌하여 좋아하느냐는 것이었다. 그런데 잠시 후 도둑이 와서 연꽃을 뿌리째 뽑아가는 데도 지신은 아무 말도 하지 않았다. 이 광경을 본 비구가 "왜 저 사람에게는 뭐라고 않느냐"고 하자 지신은 "어째서 스님의 위치를 격하시키느냐"며 오히려 책망했다. 하얀 백짓장에 뭘 떨어뜨리면 점이 되지만 새카만 바탕에는 표가 나지 않는 것처럼, 스님에게는 더 엄격한 기준이 적용돼야 한다는 이야기다. 지관 스님은 "그저 최선을 다하고 양심에 부끄럽지 않도록 노력할 뿐"이라고 했다.

그래서일까. 노장의 하루 일과는 밤낮 없는 연구와 집필의 정진뿐이다. '계왕계례(繼往開來·옛것을 오늘에 이어 후대에게 준다는 뜻)'가 지표다. 고희를 넘긴 나이에도 하루 10시간 이상 연구·집필하고 원고를 매만진다. 낮에는 사람들도 거의 만나지 않고 저녁 9시가 넘어 가산연구원에서 경국사로 돌아와도 밤을 새는 경우가 허다하다고 한다. 그러면서도 지관 스님은 정릉 경국사에서 연건동의 연구원까지 버스를 타고 다닌다. 1993년 연구원을 한 명 더 쓰자며 총장 때부터 타던 차를 팔아버렸기 때문이다.

노장의 책상 옆에 걸린 액자의 글귀가 눈길을 끈다. '在公者取利不公則法亂(재공자취리불공즉법난) 在私者以詐取利則事亂(재사자이사취리즉사난) 事亂則人事不平(사난즉인사불평) 法亂則民怨不服(법난즉민원불복).' 공직에 있는 자가 이익을 취함에 공평하지 못하면 법이 어지러워지고 개인들이 정당하지 않은 방법으로 이익을 취하면 일이 얽혀 어지러워진다. 일이 복잡해지면 인사가 불공평해지고 법이 어지러워지면 백성들이 원망하고 복종하지 않는다'는 뜻이다. 사심 없이 맑고 투명하게 살라는 뜻이다. 그런 삶으로 가는 방편은 오계(五戒)를 지키는 것이라고 한다.

"오계를 지키면 자연히 환경을 지키게 되고 사회가 맑게 됩니다. 함부로 살생하지 않으면(不殺生) 생태의 순환을 방해하지 않고, 음행을 저지르지 않으면(不邪淫) 가정과 사회를 청정히 하게 되고, 거짓말을 하지 않으면(不妄語) 사물의 정직한 분배로 경제 윤리를 수호하게 되고, 술을 마시지 않으면(不飮酒) 몸과 마음을 깨끗이 하게 되지요. 오계는 언제나 새로운 삶의 원리예요. 지금 우리에게 필요한 것은 무슨 특별한 새 것이 아니라 가르침을 삶에서 실천하는 겁니다."

지관 스님은 환경이라는 말 자체가 인간중심의 사고에서 만들어진 개념이라고 지적한다. 인간 외의 존재를 인간과 평등하게 보지 않는다는 것이다. 불교에서는 인간이라는 개념보다는 육취(六趣, 지옥·아귀·축생·아수라·인간·천)와 태란습화(胎卵濕化)의 사생(四生)이라는 말로 중생의 범주를 평등하게 본다. 때문에 환경을 보호하는 것도 인간이 먹고 마시고 호흡할 것이 더럽혀졌기 때문이 아니라 동체대비(同體大悲)의 자각으로 차별 없이 사랑하는 마음에서 비롯되어야 한다는 설명이다.

"욕망이 가득한 세상에서 지계(持戒)의 실천은 더욱더 중요합니다. 칼이 칼로서 영원한 승리를 얻지 못하듯 욕망은 욕망을 더 많이 채우는 것으로 이길 수 없기 때문이지요. 게다가 우리의 마음을 오염시키고 번뇌를 전염시키는 사회환경의 오염은 참으로 우려할 만한 일입니다. 그렇기 때문에 욕망의 중독과 전염을 정화시키는 일을 우리 종교인들이 해야 합니다. 절제하지 못하고 충돌하는 욕망들로 인한 총체적 위기를 부처님의 가르침으로 극복해야 하지요. 본질적으로 욕망에 기초한 것은 영원하지 않다는 것을 알아야 합니다."

지관 스님이 방에 걸어둔 또 하나의 글이 눈길을 붙잡는다.

主人夢說客(주인몽설객 · 주인이 객에게 꿈 이야기를 하니)
客夢說主人(객설몽주인 · 객도 주인에게 꿈 이야기를 하네)
今說二夢客(금설이몽객 · 지금 꿈을 꾼 두 사람도)
亦是夢中人(역시몽중인 · 역시 꿈속에 있네)

    서산대사가 지은 삼몽시(三夢詩)다. 주인과 객이 꿈 이야기를 하는 것을 보고 옆에 있던 제3자(부처님)가 '꿈을 꾼 너희들도 다 꿈속에 있는데 무슨 꿈 이야기냐'고 일깨우는 장면이다. 정말 이 삶이 꿈이란 말인가.
    문 밖으로 나오니 가을빛이 청명하다.

지관 스님

- 1932년 경북 영일 출생 • 1947년 해인사에서 자운 스님을 은사로 출가 • 1957년 해인사 강원 대교과 마침 • 1976년 동국대 대학원 불교학과 졸업(철학박사) • 1960~70년 해인사 강원 강주 • 1969년 해인사 주지 • 1970~72, 1993~96년 해인사 주지 • 1975~98년 동국대 선학과 교수 • 1986~90년 동국대학교 총장 • 1991년~현재 가산불교문화 연구원장 • 조계종 원로회의 의원 • 저서 〈역고승비문총서(7권)〉, 〈한국불교 소의경전 연구〉, 〈비구니 계율 연구〉, 〈조계종사〉, 〈가야산 해인사지〉 외 다수

석주 스님

••• 자비로 집을 삼고 참는 것으로 옷을 삼으라

이른 아침, 서울 삼청동 길이 샛노란 은행잎으로 덮였다. 이때가 일년 중 삼청동길이 가장 아름다운 때다. 삼청터널로 향하는 길 왼편 골목으로 올라가니 스님이 골목길의 낙엽을 쓸어내고 있다. 삼청동 칠보사 앞이다.

번듯한 일주문도 갖추지 못한 칠보사지만, 경내에 들어서니 비질 자국이 가지런하다. 그 정결함과 청소의 흔적이 속진(俗塵)으로 어지러운 마음을 새삼 가다듬게 한다. 건물이라곤 대웅전과 종각, 요사채 2개 동뿐이다. '큰법당'과 '종각'이라는 한글 현판과 한글 주련이 특이하다.

'둥글고 가득한 지혜, 캄캄한 번뇌 없애 버리고, 온갖 것 두루 두루 비치며, 모든 중생들 안락케 하는, 여래의 한량없는 그 모습, 어쩌다 이 세상 오시나니.'

칠보사 조실이며 조계종 원로인 석주(昔珠·93) 스님이 30

여 년 전에 직접 쓴 글씨다. 요사채 2층에서 노장(老長)을 만났다. 인사를 하고 명함을 내밀자 안경도 끼지 않은 채 잔글씨를 본다. 신문도 그냥 읽을 정도라고 한다. 예고도 없이 찾아온 터라 다소 덤덤하던 노장은 역경사업 등 한글사랑을 말머리로 꺼내자 반색하며 입을 열었다.

"내가 출가했을 땐 우리말로 된 경전이 거의 없었어요. 신도들이 읽을 만한 책은 더 귀했지요. 수송동 각황사(현 조계사)에 가보니 〈불자지손〉인가 하는 손바닥만한 책과 〈법화경〉의 관음보살보문품을 접책해서 만든 좁다란 〈관음경〉이 전부였어요. 그 뒤 적음 스님이 선학원에 와 계시면서 〈부설거사〉라는 책과 〈육조대사〉, 〈극락 가는 길〉 등의 팸플릿을 만들었는데, 그 외에는 신도들이 읽을 책이 없었어요. 하지만 지금은 서점에 가보면 불교책이 아주 많이 나와 있어요. 참 많이 발전했지요."

석주 스님이 대장경을 번역해야겠다고 생각한 것은 광복 전후 한글학회에서 하는 강습회에 나가 강의를 들으면서부터다. 그러나 본격적으로 역경에 나선 것은 한국전쟁 이후다. 당시 선학원에서 불교사전을 출판했던 운허(1892~1980) 스님에게 부탁해 열반경을 번역, 출판했고 법화경, 유마경, 육조단경, 현우경, 선가귀감 등은 용담 스님이 번역한 것을 책으로 냈다. 또 부모은중경, 목련경, 우란분경은 직접 번역하기도 했다. 1964년 동국역경원 설립 이후에는 운허 스님과 함께 한글대장경 편찬사업에 착수, 2001년에 318권의 한글대장경을 무려 37년 만에 완간했다.

"감회가 남달랐지요. 운허 스님이 시작해서 제자인 월운 스님이 마무리했는데, 두 분은 우리나라 역경사에서 빼놓을 수 없어요. 특히 운허 스님의 원력(願力)이 컸어요. 운허 스님은 경학에 아주 밝은 분이고 애국자이셨지요. 우리나라 역경사를 보면 세조 때 간경도감을 두고, 원각경, 금강경, 법화경 등 대여섯 가지를 번역했는데, 유교가 성할 때 어떻게 정부에 간경도감까지 두고 그렇게 했는지 모르겠어요. 그 뒤로는 백용성 스님이 '삼장역회'라는 걸 만들어서 화엄경, 금강경, 원각경 등을 번역했지요. 그리고 운허 스님이 법보출판사, 법보은회를 만들어 몇 가지를 번역했고요. 그러다 역경원이 생긴 뒤에는 내가 법보은회를 인수해 몇 가지 책을 냈고……"

동국역경원 부원장을 20년 이상 했고 역경사업진흥회 이사장까지 지냈지만, 노장은 끝내 한글대장경 완간에 대한 자신의 공은 내세우지 않았다. 출가 이후 몸에 밴 겸손이요 하심(下心)이다.

석주 스님은 15세 때 서울 선학원에서 남전 스님을 은사로 출가한 원로 중의 원로다. 경북 안동의 산골마을에서 가난한 농사꾼의 아들로 태어나, 입 하나라도 덜자는 생각으로 집을 나와 선학원에 들어가 곧 행자가 됐다. "공부가 되는 일이라면 무엇이든 하겠다"는 행자에게 은사인 남전 스님은 꼭두새벽부터 잠자리에 들 때까지 잠시도 쉴 틈을 주지 않고 일을 시켰다. 쉼 없이 이어지는 예불준비, 예불, 공양준비, 설거지, 울력, 군불 지피기, 심부름, 손님 수발……. 남전 스님은 마음에 틈이 생기면 쓸데없는 생각이 끼여들어 사람이 게을러지고, 그러면 마음에도 때가 끼기 마련이라고 가르쳤는데, 이것이 곧 하심 공부의 시작이요, 게으름 없이 정진하는 습관을 길러주기 위한 것이었다고 노장은 회고한다. 향 피우고, 공양 짓고, 손님들 시중드는 일 하나하나가 수행의 과정이요, 스승이었으며, 가르침이었다는 이야기다.

　　　　6년간의 행자생활 끝에 계를 받은 석주 스님은 범어사 강원을 거쳐 오대산 상원사, 금강산 마하연, 묘향산 보현사, 덕숭산 수덕사 등 제방선원에서 당대의 선지식을 찾아 참선 정진했다.

　　　　"한암 스님은 구도자란 출가자뿐 아니라 보다 참된 삶을 살고자 계를 지키기 위해 노력하는 사람이라고 하셨어요. 또 참으로 자기를 아끼고 사랑하는 사람은 자신을 사랑하듯 남을 사랑해야 하며, 남의 슬픔과 고뇌를 나의 슬픔과 고뇌로 알아 남의 괴로움을 덜어주는 자비심을 내야 한다고 가르쳐주셨지요. 한암 스님한테 배운 '범망경'은 내 마음에 출가의 의미를 확실하게 심어 주기에 충분했습니다. 우리가 선을 행하고 악을 짓지 않기 위해 계를 지킴으로써 자신을 지킬 수 있다는 가르침은 지금도 생생해요."

　　　　노장은 "우리의 본 마음은 모두 부처님"이라며 "경전을 이정표 삼아 부처님의 경지에 가야 한다"고 강조한다. 선을 강조하다 보니 경을 홀대하는 측면이 있지만, 경전은 부처의 길에 이르는 이정표 같은 것이라는 설명이다.

　　　　"우리의 마음속에는 팔만사천 가지 번뇌가 있다고 해요. 번뇌란 번요뇌란(煩憂惱亂)이라는 말로, 마음을 흔들어서 어지럽게 한다는 뜻입니다. 마음의 때 같은 것이지요. 그러나 또한 객진번뇌(客塵煩惱)라, 잠시 왔다가 언젠가는 사라지는 손님 같은 것이기도 합니다. 그러니 번뇌만 털어 내면 본 마음이 나타나고 본래 가지고 있는 부처님을 깨닫게 되는 것이지요."

　　　　그래서 노장은 마음을 거울에 비유한다. 깨끗한 거울은 사물을 있는 그대로 비추지만 먼지가 두껍게 앉으면 사물을 비추는

힘이 줄게 된다. 그러나 먼지를 깨끗이 털어 내면 다시 이전처럼 모든 것을 비추게 된다. 번뇌의 구름만 걷어내면 감춰진 자기 본성을 찾을 수 있다는 이야기다.

"문수 보살께서 말씀하시기를 만일 사람이 잠깐이라도 고요히 앉아 있으면 항하사(恒河沙·인도 갠지스강[恒河]의 모래알[沙]의 수만큼 큰 수) 같은 칠보탑을 쌓는 공덕보다 수승(殊勝)하다고 했습니다. 보배탑은 필경에 소멸돼서 티끌이 되지만 항상 깨끗한 한 생각, 깨끗한 마음은 필경에 성불한다는 것이지요."

걸림이 없는 선필(禪筆)로도 유명한 노장이 '霜松潔操 水月虛襟(상송결조 수월허금)'이라는 글귀를 자주 쓰는 것도 이런 이유에서다. '서리와 소나무같이 지조를 깨끗이 가지고, 물에 잠긴 달같이 마음을 비운다'는 뜻으로, 북송 시대 영명연수선사의 문집 서문에 나오는 말이다.

"선입견이 있으면 남의 생각을 받아들일 수가 없어요. 수월(水月)과 같이 마음을 열고, 속을 비워 놓고 사람을 대해야지요. 또 사람이 지조가 있어야지 너무 변절하면 사람 취급을 못 받아요. 특히 정치인들은 이 말을 명심해야 해요. 그리고 욕심을 버려야 합니다. 원효 스님은 '막지도 않는 천당에 가는 사람이 적은 것은 이 몸과 망심(妄心)을 보배로 삼기 때문'이라고 하셨어요. 마찬가지로 아무도 지옥에 같이 가자고 권하는 사람이 없는데도 가는 사람이 많은 것은 이 몸과 마음이 욕심으로 꽉 차서 그것을 자기의 재물로 삼기 때문입니다. 마음을 비우고 욕심을 비우고 남을 위하는 마음으로 살아간다면 우리는 누구나 복을 받고 부처님이 될 수 있어요."

1996년 백두산 정상에 올랐던 노장은 최근 젊은 스님들의 부축을 받으며 오대산 적멸보궁에 다녀왔다. 생애 마지막이라는 생각으로 다녀왔다고 한다. 그러나 노장의 건강은 아직도 넉넉해 보인다. 좋은 일을 위해서라면 선필도 주저 없이 써준다. 불교텔레비전 발전기금 마련을 위한 전시회에 30점, 하와이 이민 100주년 기념 전시회에 200점 하는 식이다.

"글씨는 글방(서당)에 다닐 때 좀 썼지, 따로 배우지는 않았어요. 절 짓는 데 필요하다, 뭐 하는 데 필요하다며 사람들이 써달라고 해서 자꾸 쓰다보니 글씨가 늘었지요. 글씨를 쓰자면 여간 정성이 들어가는 게 아닙니다. 힘도 들고……. 많이 쓰면 소화도 안 되는 것 같아서 요샌 쓰기가 싫어요. 그래도 써 달라견 써줍니다."

그렇게 많이 쓰면 몸에 탈이 나지 않느냐고 했더니 노장은 "며칠 쓰면 돼요. 하루에 한 20~30장씩 쓰면 되니까"라고 했다. 대수롭지 않다는 표정이다. 불교텔레비전을 위해 내놓은 작품 가운데는 반야심경을 일사천리로 쓴 병풍도 있다. 쓰는 데 1시간 반이나 걸린다면서도 노장은 "또 쓰긴 써야겠는데……"라며 끝없는 자비의 세계를 펼쳐 보인다. 노장은 글씨를 써서 마련한 돈으로 온양 보문선원에 '안양원'이라는 실버타운을 지어 운영중이기도 하다.

"아직은 우리나라 사람들이 양로원 같은 데 가는 걸 좋아하지 않아요. 그러면서도 자식들이 부모 모시는 걸 좋아하지 않으니 문제지요. 어째서 자기를 낳아 길러준 부모를 안 모시겠다고 하는지, 도저히 있을 수 없는 얘깁니다. 세상을 잘살려면 우선 부모를 잘 모셔야 해요. 부처님도 부모은중경에서 부모를 '집에 있는 부처님같이 잘 모시라'고 했어요. 또 복을 심고 짓는 여덟 가지 복전(福田)이 있는데 그 중에서도 부모에게 효도하는 복전이 제일 크고 좋다고도 했지요."

　　노장은 "부모를 존경하는 사람은 남도 존경한다"면서 "효 사상을 새로 일으켜야 한다"고 강조한다. 또 자녀교육에도 문제가 있다고 지적한다. 부모들이 자식을 잘못 가르쳐서 이렇게 됐다는 것이다. 노장은 "나는 농촌에서 보릿고개 다 겪으면서 자랐고 학교 문 앞에도 못 가봤지만 부모에 대한 정을 잊을 수가 없는데, 지금 사람들이 하는 거 보면 이해할 수 없다"고 안타까워한다. 또 법화경에 나오는 상불경(常不輕) 보살의 얘기를 들려주면서 "서로 존중하고 존경하며 살아야 한다"고 했다.

　　"상불경 보살은 이름 그대로 항상 남을 가볍게 보지 않고 존경해 보살의 경지에 이른 사람입니다. 가볍게 보지 않는 것은 남을 존경한다는 것인데, 상불경 보살은 모든 사람들에게 '나는 당신네를 존경합니다'라고 했어요. 왜 존경하느냐고 물으면 당신네들이 이 다음에 부처님이 될 분들이기 때문이라고 답했지요. 그러면 거기 모인 사람들이 돌이나 막대기를 던지며 미친 사람이라고 하는 거예요. 그럼 상불경 보살은 다른 데로 피해가서 또 그렇게 해요. 부처님은 '일체중생(一切衆生) 개유불성(皆有佛性)이라, 중생은 다 불성이 있어서 이 다음에 다 부처님이 된다고 그랬거든요. 그러니 상불경 보살같이 모든 사람을 서로 존경하고 살면 무슨 법이 필요하겠어요."

　　노장이 신도들한테 '慈室忍衣(자실인의·자비로 집을 삼고 참는 것으로 옷을 삼으라)'를 많이 써주는 것도 같은 이유에서다. 유교에서도 인지위덕(忍之爲德·참는 것이 덕이 된다)이라고 한 것처럼 상대를 존중하고 참는 게 제일이라는 설명이다. 미국의 테러전쟁에 대해서도 "부처님 뜻으로 봐서는 저렇게 보복해서는 안 되지"라며 "부처님은 자기 부모를 죽인 원수에게 절대 갚지 말라고 했다"고 전한다. 원수를 갚기 시작하면 끝없이 반복되기 때문이다.

　　노장에게 "사람답게 사는 길을 좀 알려달라"고 사족을 달았더니 "상불경 보살처럼 남을 존경하고 살면 된다"고 했다. "하심하는 게 좋아요. 하심은 상대를 존경하고 나를 낮추는 건데 그러면 누가 나를 싫어하겠어요"라면서.

　　사진을 찍기 위해 큰 법당 마당에 내려서는 노장의 발걸음이 가볍다.

석주 스님

• 1909년 경북 안동 출생 • 1928년 남전 스님을 은사로 출가 • 1936년 오대산 상원사, 금강산 마하연, 덕숭산 정혜사, 묘향산 보현사 등에서 안거 • 1961년 선학원 이사장 • 1969년 동국역경원 부원장 • 1971, 84년 조계종 총무원장 • 1989년 동국역경사업진흥회 이사장 • 1994년 조계종 개혁회의 의장 • 현재 조계종 원로회의 의원, 삼청동 칠보사 조실

서옹 스님

• • • 닫고 나면 모든 것이 다 좋게 보인다

      내장산 국립공원 지역인 전남 장성의 백암산. 가을의 끝자락이나마 잡아보려는 관광객들의 발길이 분주하다. 백암산 동쪽 기슭의 고불총림(古佛叢林) 백양사(白羊寺)에도 관광객들의 발길이 끊이지 않는다. 1400여 년 전에 세워진 백제 고찰이기 때문이다. 백양사는 이런 역사적 의미 외에도 호남불교의 중심사찰이라는 점에서 중요한 곳이다. 한국불교계의 대표적 선지식이며 임제의 정맥을 잇고 있는 고불총림 방장 서옹(西翁·90) 스님이 선풍을 드날리고 있는 탓이다.

      경내 설선당(說禪堂)에 들어서니 마침 노장은 외출중이다. 시자와 함께 온천에 갔다가 지금 돌아오고 있는 중이라고 했다. 기다리기를 한 시간여, 설선당에 돌아온 노장은 천진스러울 만큼 티없는 미소로 객을 맞는다. 가히 '국보급' 미소라 할 만한 그 표정은 예전이나 지금이나 변함 없이 밝다. 건강이 괜찮으시냐고 인사를 건네자 노장은 "이젠 늙어 버렸어. 기운도 없고. (건강하다는 것도) 사실은 남 보기에만 그래"라며 활짝 웃는다.

70년대부터 노장이 제창하고 있는 '참사람 운동'의 뜻부터 물었다.

"참사람이란 자각한 사람의 참모습이야. 자아를 초월한 본성자리요, 인간의 진실성을 근원적으로 드러낸 본래의 자기 자신이지. 무명(無明)과 욕망의 장애를 벗어버리고 분별과 아집을 타파해 '참나'를 되찾으면 나와 남의 대립, 시간과 공간의 일체를 초월할 수 있어. 그래서 참사람은 참으로 자유자재하고 절대 평등하며 대자대비(大慈大悲)하지. 우리 스스로 참사람임을 믿고 실천하도록 노력해야 해."

노장이 주창하는 '참사람'은 당나라 때 고승 임제의현이 말한 '무위진인(無位眞人)'이다. 상하, 귀천, 성인과 범부 등을 초월해 어떤 막힘도 없이 본래 면목에 투철한 사람이다. 인간은 우주만물 가운데 가장 발달한 존재일 뿐 아니라, 불가사의하며 한량없이 신비스러운 우주 안에서도 가장 뛰어난 존재인데, 인간 스스로는 자신의 훌륭한 참모습을 모른다고 노장은 지적한다. 그래서 한량없이 신비롭고 자유자재하며 능력과 지혜를 갖춘 자기의 참모습, 자기 자신을 자각하자고 강조한다.

"인류 전체가 참사람인데 그걸 망각하고 살아. 자기 자신이 참사람인데 환경에, 과학문명에 끄달려서 노예가 되고 제정신 없이 살아서 그래. 그게 문제야. 제 정신 없이 끄달리고 노예가 되어서 어떻게 잘살 수가 있겠어? 그리고 인간도 대자연의 일부인데 대자연을 마구 파괴하고 망쳐놓으면 우리 인간도 잘살 수가 없게 돼. 우주가 모두 조화를 이루어 서로 의지하면서 힘과 은혜를 입고 살아가는데 요새 사람들은 대자연을 정복하고 지배한다고 해. 그래서 환경을 파괴, 오염시키고 생태계를 죽이고 사람도 못살게 만들잖아. 인간은 여러 가지 훌륭한 능력이 있는데도 욕망 때문에 타락하고 싸우는 시대가 된 거야."

노장은 물질문명과 과학만능주의를 경계하지 않으면 안 된다고 강조한다. 과학문명 그 자체는 선도, 악도 아니지만 이 문명의 바탕에는 인간이 대자연을 지배한다는 욕망이 깔려 있기 때문이다. 그 결과 이성적 인간에서 욕망적 인간으로 전락해 비극적 종말을 우려하지 않을 수 없다는 얘기다.

"우리가 인간의 참모습을 깨달아 참모습의 입장에서 살자는 게 참사람 운동이야. 그 자리는 아주 자유자재라 과학문명의 노예로 전락한 것을 해방시킬 수가 있어. 그래야 제정신이 올바로 서서 살 수 있는 거지, 그냥 과학문명에 끄달려서 제정신 없이 살면 잘못 사는 거야. 대자연은 죄다 한 생명체인데, 서양풍조는 인간은 주인이고 대자연은 종이라고 생각하고 투쟁을 당연시해. 역사도 투쟁을 통해 발전한다고 하고……. 인간다운 게 하나도 없어. 그러면 인류가 멸망해."

그래서 노장은 현재를 위기라고 진단한다. 인류를 한꺼번에 다 죽일 수 있는 무기를 만들고 있는 인간의 투쟁철학과 과학기술이 만나면 인간도 대자연도 다 죽을 수밖에 없기 때문이다. 그러면서 역사란 투쟁으로 발전하는 것이 아니라 참된 자비심과 평화적 협력을 통해 창조되고 발전된다고 강조한다.

"오늘날 세상은 온통 싸움뿐이야. 신문에도 온통 싸우는 이야기뿐 인간다운 게 없어. 그러면 인류는 멸망해. 이미 그런 징조가 나타나고 있어. 참으로 위기야. 맹수도 자기들끼리는 싸우지 않고 잡아먹지도 않아. 그런데 인간은 허구한날 서로 싸우고 있으니 짐승만도 못해. 모두가 참사람이 돼서 자유자재함과 자비심으로 서로 돕고 평화롭게 사는 세상을 만들어야 해."

어떻게 하면 참사람이 될 수 있을까? 노장은 자기 자신에게 깊이 들어가서 자재한 그 자리를 찾아야 한다고 설명한다. 이를 위해서는 참선이 가장 좋은 방법이라고 덧붙인다. 선사다운 해결책이다.

충남 논산에서 태어난 노장은 양정고보에 다닐 때 무교회주의자였던 김교신 선생의 영향으로 간디 자서전을 읽다가 불교에 입문했다. 이후 동국대 전신인 중앙불교전문학교를 거쳐 백양사에서 만암(曼庵·1876~1957) 스님을 은사로 출가, 오대산 상원사에서 한암 스님의 지도를 받은 뒤 일본 교토의 임제대에서 유학했다. 해인사, 동화사, 파계사, 봉암사 등 여러 선방에서 정진했고, 1974년 조계종의 제5대 종정도 역임했다. 노장은 만암 스님을 이렇게 회고한다.

"만암 스님은 어려서 출가해 경을 다 배우시고 참선도 하시고 모든 걸 다 공부하셨어. 그래서 여법 수행하셨지. 허튼 마음으로 살지 않았어. 사회적으로는 여러 사람을 위해 여러 가지 활동도 하셨어. 그래서 동국대 전신인 혜화불교전문학교 학장도 하시고 총장도 하셨지. 해방 후에는 호남에 평화학교도 설립하셨고. 백양사의 현재 건물도 다 만암 스님이 세운 거야. 수행도 철저히 하시고 사업도 철저히 하시며 일생을 사셨어. 쉼 없이 노력하셨지."

노장에게 견성(見性)이나 확철대오의 자리를 봤는지 물었더니, "그 자리에 가면 그런 말을 할 수도 없어. 했느니 안 했느니 하는 것도 초월해 버리니까. 그게 다 분별이거든"이라고 했다. 그래도 궁금해서 견성한 때가 언제냐고 다시 물었더니, 노장은 "서른 살쯤에 처음 깊이 들어가는 경험을 했고, 쉰 살쯤에 백양사에서 점심 무렵 물 내려가는 소리를 듣고 문득 깨달았다(확철대오했다)"고 했다. 다음은 이때의 경지를 표현한 오도송(悟道頌)이다.

象王嚬呻獅子吼(상왕빈신사자후・상왕은 위엄을 떨치그 사자는 울부짖는다)
閃電光中辨邪正(섬전광중판사정・번쩍이는 번갯불 가운데서 옳고 그름을 분별하도다)
淸風凜凜拂乾坤(청풍늠늠불건곤・맑은 바람이 늠름하여 하늘과 땅을 떨치는데)
倒騎白岳出重關(도기백악출중관・백악산을 거꾸로 타고 겹겹의 관문을 벗어나도다)

노장은 또 깨달음이란 한 번의 견성으로 완성되는 것이 아니라, 지속적인 화두참구를 통해 투과되고 또 투과되면서 점차 깊이를 더해 가는 것이라고 설명했다. 그럼 깨닫고 나면 어떻게 달라질까?

"변화가 있지. '나'라는 아집이 없어져서 무아가 되고 모두 우주와 통해 버려. 나라는 것을 고립, 대립시키지 않으니 아주 달라지지. 보통 사람은 시간과 공간 안에 살지만 그 자리엔 시공이 없고 자유자재해. 우주가 모두 한 생명체가 되니까 자비심이 절로 우러나게 되지."

그러나 깨달음의 경지는 언어, 문자로는 설명할 수 없다는 게 역대 조사들의 한결같은 설명이다. 노장은 이에 대해 "모든 게 깊이 들어가면 문자를 초월하니까 안 된다는 것이지, 사실 초월하면 문자도 자유자재로 사용하는 것"이라고 했다. 선종이 어록, 법문을 제일 많이 가지고 있는 점이 이를 말해 준다. 말도 끊어지고 문자도 없다고 하면 아무것도 없어야 하는데, 문자를 초월해서 자유자재하게 얼마든지 창조할 수 있다는 얘기다.

노장은 "인간의 참모습을 깨달으면 의식도, 무의식도 초월한다"고 했다. 그리고 "깨달음의 세계는 의식·무의식을 투과(透過)하는 것으로 누구나 이룰 수 있지만, 눈앞의 일에 끄달려서 안 하니까 볼 수 없는 것"이라고 말했다. 의식, 무의식을 초월한다면 이성도 없다는 뜻일까? 그렇지는 않다.

"보통 사람들은 이성적으로 현실을 살고 있지. 그러나 깨닫고 나면 이성이 없는데서 이성적으로 살게 되는 거라. 이성이 아주 없어지는 게 아니라 초월한 입장에서 자유자재하게 이성적으로 산다는 말이야. 그래야 완전한 거야. 이성이 아주 없어진다면 죽은 고목이나 다를 바 없잖아."

우주가 한 생명체가 되면 왜 자비심이 절로 우러나는 것일까? 이기적 욕망으로 인해 자기를 위해 욕심을 내고 싸우게 되는 것이지만, 자기라는 게 없이 모두 다 하나가 되고 자유자재하게 되면 욕심은 사라지고 자비심이 나오게 된다는 설명이다. 노장은 "깨닫고 나면 모든 것이 다 좋게 보인다"면서 "그것이 행복의 길"이라고

했다. 그래서 노장의 웃는 모습이 이렇게도 천진한가보다. 노장은 "모두가 자기의 참모습을 깨달을 수 있고 또 하면 되는데, 눈앞의 일에 끄달려서 하지 않으니 볼 수 없는 것"이라고 했다. 올바르게 살려는 마음을 내는 것, 발심(發心)이 중요하다는 얘기다.

그럼 고통은 왜 생기는 것일까? 노장의 답이 허를 찌른다.

"그럼 즐거운 건 왜 생겨? 행복이 있으니 불행이 있고, 즐거움이 있으니 고통이 있고, 다 붙어 있어. 악하고 선하고 즐겁고 고통스러운 걸 초월해서 자유자재한 그 자리에 살면 현실은 그대로 있는 데도 걸리지 않아."

　　노장은 수좌들에게 늘 "인간의 참모습을 해결하는 건 조사선(祖師禪)뿐이니 조사선을 살리는 게 우리 책임"이라고 다그친다. 여러 가지 수행법 가운데 가장 깊을 뿐 아니라 부처님이 깨달은 자리를 그대로 살려 올바르고 병폐가 없는 방법이 곧 조사선이라는 생각에서다. 1998년부터 고불총림에서 지위나 신분을 가리지 않고 한 데 모여 서로의 경지를 묻고 답하는 무차선회(無遮禪會)를 2년마다 여는 것도 이런 까닭이다.

"수좌는 깨닫는 게 제일 근본이니 화두를 옳게 들어서 깨달아야 해. 참선은 인생문제가 다 해결되는 인간의 참모습이야. 그러니 참선을 통해 도달하는 그 자리에서 인류를 구제할 수밖에 없는 게 역사적 현실이라. 그러니까 중생을 제도해야 한다는 원력을 세워야 해. 예로부터 부처님과 조사들이 그랬듯이, 자기만 공부하는 게 아니라 중생 제도까지의 큰 원을 세워야 올바로 돼. 그래야 자기가 없어지거든. 자기 공부에만 집착해서는 안돼. 죄다 투탈(透脫)해서 자유자재하고 자비심으로 살아야지."

그래서 노장은 수좌들한테 "조사선을 살리는 게 우리 책임"이라고 거듭 강조한다. 참선을 통해 이르게 되는 그 자리를 살리고 거기서 인류가 평화롭게 살 수 있는 역사를 창조해야 한다는 것이다. 다시 말해 욕망 때문에 타락하고 멸망하게 될 것을 참사람의 입장에서 평화와 자비심으로 구제해야 한다는 얘기다.

평생을 선객으로 살아온 서옹 스님에게 아쉽거나 후회되는 일은 없는지 물어봤다.

"참선하고 불법을 살리고 중생을 위해 사는 것보다 만족스런 게 없어. 행복해. 내가 원래 몸이 약해서 60세까지도 못 산다고 그랬는데 아흔이나 됐고 또 우리 도반들은 다 가버렸어. 그러니 부처님 덕을 많이 본 셈이지. 기쁜 마음으로 감사한 생각으로 사니까 건강한가봐."

노장은 사람답게 살려면 인간의 참모습을 깨닫고 그렇게 살아야 한다고 당부한다. 그러면 우리 민족이 인류를 구제하는 민족이 된다는 것이다. 이런 취지 하에 노장은 백양사에 참사람운동 본부를 만들었고 서울에도 만들 예정이다. 참선을 근본으로, 서로 자비심을 가지고 자유자재하게, 사리사욕 없이 참사람으로 살자는 취지다. 대선을 앞둔 정치권에 대해서도 "조그만 일로 싸우지 말고 마음을 크게, 올바로 먹고 서로 위하는 마음, 평화로운 역사를 창조하려는 마음을 가져야 한다"고 했다.

한담이 끝날 즈음 노장은 "내가 지금 아흔인데 할 일이 많아. 참사람운동도 해야 하고 법통도 살려야 하고……"라고 했다. 노장의 방에 걸린 만암 스님의 글씨가 노장을 늘 지켜보는 듯하다. '천화불염(天花不染) 사자빈신(獅子嚬呻)'. '하늘꽃도 물들지 않고 사자가 찡그리고 편다'는 것으로, 어디에도 집착하지 않고 물들지 않으며 자유자재하고 활발발(活潑潑)하게 활동하는 것이 불법이라는 뜻이다.

만암 스님은 노장에게 다음과 같은 전법게를 써주며 임제의 정법을 전했다.

白岩山上一猛虎(백암산상일맹호 · 백암산 위의 사나운 범 한 마리가)
深夜橫行咬殺人(심야횡행교살인 · 한밤중에 돌아다니며 사람을 다 물어 죽인다)
颯颯淸風飛哮吼(삽삽청풍비효후 · 쏴쏴 맑은 바람 일으키며 날아 울부짖으니)
秋天皎月冷霜輪(추천교월냉상륜 · 가을하늘에 밝은 달빛은 서릿발처럼 차갑도다)

사진을 찍기 위해 산책 겸 마당에 내려선 노장이 대웅전 뒤편에 솟아 있는 백학봉(白鶴峯)을 가리키며 "저 바위는 참 좋아"라고 했다. 무차선회에서 대중들과 법거량(法擧揚)하며 백암산이 쩌렁쩌렁 울리도록 할(喝)을 뿜어대던 노장의 기상과 바위가 닮아 보였다.

서옹 스님이 주창하는 참사람 서원

첫째, 무한히 투탈(透脫)하고 무한히 창조하는 참나를 깨달아 자유자재한 자비생활을 합시다.

둘째, 어디에도 걸림 없이 투탈(透脫) 자유자재하여 세계인류가 평등하고 평화스럽게 사는 역사를 창조합시다.

셋째, 자기와 인류와 생물과 우주가 영원의 유일생명체(唯一生命體)이면서 각각 별개이므로, 서로 존중하고 서로 도와서, 집착 없이 진실하게 알고 바로 행하며, 아름다움을 사랑하는 세계를 건설합시다.

서옹 스님

- 1912년 충남 논산 출생 • 1932년 양정고보 졸업, 백양사에서 만암 스님을 은사로 출가
- 1941년 일본 경도 임제대 졸업 • 1962년 동국대 대학선원장 • 1964년 도봉산 무문관, 동화사, 백양사, 봉암사 조실 • 1974~79년 조계종 5대 종정, 스리랑카 국립 푸리베니아대학 명예철학박사 • 1996년 고불총림 백양사 방장 • 저서 〈서옹대종사 법어집〉, 〈절대현재의 참사람〉, 〈임제록 연의〉, 〈선과 현대문명〉 등

범행 스님
··· 몸은 먼지 덩어리, 마음은 바람 같은 것

"나는 간화선(看話禪·화두를 방편으로 하는 참선)을 좋아하지 않아. 간화선을 해서 깨쳤다고 해봐야 불법의 전통을 전해주고 받을 뿐 일반 사람들은 알지도 못하는데 무슨 소용이 있겠어. 모르는 사람에겐 선문답이 동문서답(東問西答)일 뿐 아무 소용없어."

첫마디부터 심상치 않다. 선불교를 표방하며 한국불교의 주류를 이루는 간화선을 일언지하에 부정하다니……. 중국의 임제 선사로부터 시작해 경허, 만공, 한암, 성철 등 한국의 대선사들이 한 점 의심 없이 취했던 수행방편이 아니었던가.

수원 화성의 남쪽문인 팔달문 인근 팔달사(八達寺) 경내에서 만난 범행(梵行·81) 스님은 이렇게 간화선에 대한 비판으로 이야기를 시작했다. 1948년 금산 태고사에서 포산 스님을 은사로 출가해 당대의 선지식이었던 금오(1896~1968) 스님과 혜암(1879~1944) 스님의 지도를 받았던 노장이라 더욱 뜻밖이다.

"불교는 보는 관점이 여러 가지인데, 선(禪)으로 가면 아무 말도 필요 없고 임제종의 할(喝) 같은 소리를 꽥꽥 지를 필요도 없어. 문수보살과 대화하던 유마거사가 대답 대신 '양구(良久)'를 한 적이 있는데 그게 참 기막힌 법문이었지. 간화선을 한다고 '무(無), 무' 그러는데 대단한 거 아니야. 선사들이 깨쳤다며 내놓는 게송이나 문답을 일반 사람들이 알지도 못하는데 들으나 마나 아닌가? 자기는 깨쳤으니 부처다 하지만 세상에 부처 아닌 것이 어디 있어?"

'양구'란 '양구부대(良久不對)'의 줄임말로 한참 동안 대답을 하지 않는다는 뜻이다. 말없음으로 대답을 대신한다는 것이다. 범행 스님은 "선문답이 원래는 기막히게 좋은 얘기지만 보통 사람은 몇 십 년을 노력해도 그걸 모른다"며 "일반 대중에게 무슨 도움이 되겠느냐"고 반문했다.

"'조사서래의(祖師西來意·조사가 서쪽에서 온 뜻은 무엇입니까)'하고 물으니 '정전백수자(庭前柏樹子·뜰 앞의 잣나무니라)'라고 했단 말이지. 불법(佛法)은 그냥 꽉 찬 거야. 그러니까 거래가 없어. 과거 현재 미래도 없이 똑같은 거야. 그러나 부처님이 이야기한 존재의 실상을 간화선으로는 무슨 소리인지 알아들을 수 없다고 하거든. 부처님이 정각을 한 뒤 보통사람들에게 깨달음의 내용을 전하니 알아듣지를 못하는 거야. 대학교수가 유치원 아이들 가르치기 힘든 것과 같은 이치지. 그래서 화엄경을 일반대중이 아니라 보살들 앞에서 설한 거야."

노장은 그래서 석가모니부처가 수행했던 여래선, 묵조선을 방편으로 존재의 실상을 찾는다고 했다. 화두로써 의심을 풀어 가는 간화선과 달리 묵조선은 화두를 갖지 않고 묵묵히 앉아서 모든 생각을 끊고 좌선하는 것이다. 여래선은 부처의 수행법으로, 달마 대사가 전한 최상의 선을 이른다. 그러나 간화선이나 조사선을 옹호하는 측에선 여래선은 여래의 교설(敎說)에 의거해 깨닫는 선이며, 문자의 알음알이에 떨어져 달마가 전한 진짜 선미(禪味)에 이르지 못한다고 비판해 왔다.

"나는 법문 할 때 (참선에 들기 전에) 화엄경까지는 보라고 해. 사교입선(捨敎入禪·교를 버리고 선에 듦)이라지만 버릴 교(敎)가 있어야 버릴 것 아니야. 교(敎), 즉 부처님의 말씀은 드에 이르는 길, 노정기(路程記)야. 길을 모르고서 어떻게 목적지에 도달하겠어. 그러니 화엄경까지는 보고 배워야 참선을 해도 신심이 나지."

그렇다면 조사선으로는 안 된다는 것일까? 범행 스님은 "자성(自性)은 번뇌가 끊어지면 그대로 나타나는 것"이라며 "참으로 깨친 사람이라면 누구를 만나도 이야기가 통한다"고 강조했다. 부처와 보살이 갖는 여섯 가지 신통력인 육신통(六神通)의 마지막 단계인 누진통(漏盡通·번뇌를 끊는 지혜를 체득한 신통력)까지 갖춰야 진짜 성불했다고 할 수 있다는 뜻이다.

육신통은 신족통(神足通·어디든 자유자재로 갈 수 있는 능력), 천안통(天眼通·천계와 지옥, 사후세계를 꿰뚫어보는 것. 미래를 보는 능력), 천이통(天耳通·세상의 모든 소리를 놓치지 않고 듣는 것), 타심통(他心通·남의 마음상태를 아는 것), 숙명통(宿命通·과거세상, 전생의 모습을 아는 지혜·宿命智通), 누진통(漏盡通·번뇌를 제거하는 능력·漏盡智通)을 가리키는 말이다. 이 중 누진통은 번뇌를 끊는 지혜를 체득한 육통으로, 5통까지는 누구나 얻지만 누진통은 성인만이 얻을 수 있다고 한다.

"육신통 중에 낮은 단계인 타심통(他心通)이라는 게 있어. 남의 마음상태를 아는 능력이지. 아주 깨친 분이라면 당장 누구를 만나도 이야기가 돼. 자기들(깨친 사람들)끼리만 이야기하는 게 아니라 누가 뭐 하러 자기를 찾아왔는지 이 타심통으로 안단 말이야. 부처님은 물어보지 않고도 누가 왜 찾아왔는지 다 알고 처방했거든. 그런데 낮은 단계인 타심통도 못하면서 깨쳤다고 할 수 있겠어?"

노장은 그래서 부처님 말씀에 따라 공부하면 된다고 주장한다. 이런 방편이 최고다, 저런 방편이 옳다 하는 것 자체가 분별이요 번뇌의 불씨라는 뜻일까?

"자성은 번뇌가 끊어지면 그대로 나타나. 그게 불성이고 광명이야. 아미타경의 무량광(無量光), 무량수(無量壽)는 한량없는 광명과 한량없는 생명을 뜻하는 거야. 무량광은 곧 비로자나 법신이며 무량수의 수는 부처님이 깨치신 연기야. 이루 한량없는 겁을 각 생명이 살아왔는데 그게 무량수야. 누진통을 하게 되면 이 한량없는 과거와 미래를 다 알게 되지. 그러나 간화선으로 깨쳐봐야 부처님 같은 불안(佛眼)은 가질 수 없어."

참 신랄한 비판이다. 일제 때 경기도 화성의 부잣집 막내아들로 태어난 노장은 젊은 시절을 화려하게 보냈다. 양조장, 정미소, 양복점, 화학공장 등 여러 가지 사업도 해봤고 인물도 훤해서 한국 여자는 물론 일본 여자들까지도 시집오려고 줄을 섰다. 그러나 노장은 여색이나 술 담배에는 전혀 흥미를 느끼지 못했다. 대신 보통학교밖에 나오지 않았어도 책은 부지런히 읽었다고 했다.

"28세 때 화학공장 폭발사고로 폐를 상해서 요양차 태고사에 갔다가 포산 스님이 가르쳐준 '관세음보살모다라니주(呪)'를 열

심히 외워서 병이 씻은 듯이 나았어. 그 길로 출가를 했고 나중에 금오·혜암 스님한테 갔지. 두 분이 조사선을 하라고 그렇게 권했지만 난 안 했어. 그래도 불법은 절대 의심하지 않아. 조사선보다는 주력으로 삼매와 정(定)에 들곤 했지."

그래도 혜암 스님은 당시 범행 수좌한테 끊임없이 참선을 권했고, '금강경에서 부처 불(佛) 자보다 더한 것이 하나 있으니 일러라'는 문답 끝에 '효일(曉日)'이라는 법호와 함께 전법게를 내렸다. 조사선과 여래선도 결국은 이렇게 만나는 것 아닐까? 그때 혜암 스님이 '示梵行曉日禪者(시범행효일선자)'라는 제목으로 내린 전법게가 범행 스님의 방에 걸려 있다.

晈日昇空無毅點(교일승공무의점 · 밝은 해가 공중에 한 점 티끌도 없이 솟으니)
峯巒透出揷靑天(봉만투출삽청천 · 봉우리 위로 솟아 허공에 꽂혔도다)
浮雲薄霧何能至(부운박무하능지 · 뜬구름 엷은 안개가 어찌 거기에 이르리요)
百億須彌列面前(백억수미열면전 · 백 억의 수미산이 면전에 내려다보인다)
(불기2522년 최혜암)

"이 세상에 부처가 아닌 것은 없어. 천지여아동근(天地與我同根 · 천지가 나와 더불어 한 뿌리요)이요, 만물여아동체(萬物與我同體 · 만물이 나와 더불어 한 몸이라)니 조그만 모기나 파리에도 불성(佛性)이 있지. 누가 가르쳐 주지 않아도 이 조그만 곤충들이 알 낳고 새끼 낳고 후손을 퍼뜨리는 걸 보면 알 수 있어. 식물도 그래. 꽃이 예쁘고 향을 내고 하는 것이 다 불성이야. 나비하고 벌에게 오라고 하는 것이지. 화려함과 향기가 꽃한테 필요한 건 아니지만 열매를 맺으려면 서로 인연(도움)이 필요하거든.

또 식물도 낫이나 도끼를 들고 가면 벌벌 떨어. 눈에는 안 보이지만 전파현미경 같은 것으로 보면 보여. 좋은 음악을 들려주면 열매도 더 잘 열리고 좋아하지. 그게 바로 불성이 있다는 증거야. 부처님 말씀을 가만히 생각해 보면 기가 막혀."

노장은 "몸 안의 벌레가 사자를 죽이듯 이 세상에 절대 강자란 없다"면서 "미국이 자기 입장만 내세우며 전쟁하는 건 옳지 않다"고 비판했다. 약육강식이든 적자생존이든 누가 떠러죽이지 않아도 죽게 되어 있고 그러면 누군가 뜯어먹게 된다는 것이다. 만사가 윤회의 굴레를 벗어날 수 없다는 얘기다. 팔십 노구에도 믿음을 굽히지 않고 진지하게 설명하는 노장의 의지가 참 꼿꼿하다. 마땅치 않은 일은 법상(法床)에서조차 용납하지 않는 그다.

"지구 밖에 별이 2천1백억 개나 되는데 그 중 1천억 개에는 아무것도 없지만 나머지 1천1백억 개에는 우리가 모를 뿐 사람이 살고 있다는 거야. 우리 사는 곳이 욕계육천(欲界六天)의 제일 낮은 곳인 사천왕세계인데 아직 욕계도 다 못 가고 있으니까. 부처님은 도솔천, 마야부인은 도리천에 계시지.

예전엔 서양 과학자들이 불교의 우주관을 허황한 것으로 여겼지만 지금은 믿지 않을 수가 없어. 아인슈타인도 불교를 알았고 소련에서 위성을 쏘아 올릴 때에도 불교에 대해 보통 연구한 게 아냐. 톨스토이도 불교신자였어. 이제야 과학자들이 이 사바세계 밖에 삼천대천(三千大千) 세계가 있다는 것, 이 세상 밖에 또 다른 세계가 있다는 정도를 알게 된 거야."

노장은 "가진 것이 없어도 잘살려면 자족(自足)이 최고"라며 소욕지족(少慾知足)을 강조한다. 많이 가지려면 다투거나 남의 것을 빼앗아야 하니 적은 것으로도 만족할 줄 아는 마음이 중요하다는 말이다. 그래서 노장은 누가 돈을 갖다줘도 좋아하지 않는다. 감투도 반기지 않는다.

"출가자가 수행하다 장가도 들고 도둑질도 하는 건 신심이 없기 때문이야. 지금 도둑질하면 내가 교도소에 가든지 지옥에 가든지 다음 생에 소가 돼서 두들겨 맞고 살점이 다 찢기기를 몇 겁에 걸쳐 반복해야만 갚을 수 있어. 이런 사실을 알고 믿는다면 도둑질 하겠나? 부처님 말씀대로 하면 도둑질 안 해. 중 되면 먹을 것 다 있고 입을 것 다 있는데 뭐 하러 싸우고 도둑질 해. 닭 벼슬만도 못한 감투가 뭐 필요해서……."

승가의 흐트러진 수행풍토에 대한 경책이 송곳 같다. 노장은 "금오 스님이 총무원장을 하신다길래 속이 상해서, '총무원장 하려면 식초 한 병 먹고도 눈 한 번 안 찌푸릴 정도의 도둑놈이라야 합니다'라고 했더니 '그래, 그만둬야겠다' 하고는 그만두셨어"라며 껄껄 웃었다. 감투를 놓고 다투는 요즘 분위기와는 격세지감을 느끼게 하는 대목이다. 정치와 관련해서도 "경전을 보면 그 사람의 출생신분이나 말로써 귀천(貴賤)을 가르는 것이 아니라 하는 일이 그 사람의 귀천을 결정한다고 가르치고 있다"며 "말보다는 정치인들의 삶을 잘 살펴보라"고 했다.

목욕탕에 가야겠다며 일어서던 노장이 툭 한 마디를 더 보탰다. "신여취말(身如聚末) 심여풍(心如風)". '몸은 먼지를 뭉쳐 놓은 것과 같고 마음은 바람과 같으니 집착하지 말라'는 뜻이다. 일주문 바깥으로 나서는 노장의 발걸음이 가벼워 보였다.

범행 스님

•1921년 경기 화성 출생 •1948년 금산 태고사에서 포산 스님을 은사로 출가 •1952년 선학원 팔달선원 원장 •1963년 선학원 원장 •1970~75년 대한불교신문 사장 •1973~91년 선학원 이사장 •조계사, 동화사, 불국사, 수덕사, 봉은사 주지 역임 •현재 법주사 조실, 수원 팔달선원 주석

호명 스님

••• 겉모습을 보지 말고 마음의 달(心月)을 보라

산문(山門)을 들어서니 맑은 시냇물 소리가 먼저 반긴다. 계곡 오른편, 일주문으로 향하는 길에는 '양산팔경'으 하나로 꼽히는 무풍한송(舞風寒松)이 서있다. 무풍한송이 뱉어내는 솔바람이 폐부 깊은 곳까지 씻어주는 듯하다. 경남 양산의 영축총림 통도사 시탑전(侍塔殿). 신라 때 자장율사가 중국에서 모셔온 석가모니 진신사리 2과를 봉안한 통도사 5층 석탑이 모셔진 전각이다.

이 곳에서 통도사 한주 호명(皓溟·88) 스님의 방을 찾는 것은 어렵지 않다. 검은 고무신이 놓인 곳만 찾으면 되기 때문이다. 방에 들어서자 노장은 오래된 지인(知人)을 맞는 것처럼 반가운 표정이다. 아흔을 바라보는 나이에도 신자들에게 경전을 가르친다기에 힘들지 않으냐고 물었다.

"아직은 괜찮습니다. 한 몇 년은 더 해야지요. 그러다가 마무리는 글로 써서 책을 낼 예정입니다. 책을 쓴다고 한 지 오래 됐는데도 가르치다 보면 자꾸 살이 붙어서 몇 년째 그냥 넘어갑니다. 책이 나오면 심성 쓰는 법을 예리하게 밝힐 겁니다. 체험에서 우러나온 것이니까요. 그리고 난 원래 공밥 먹는 걸 싫어해요. 사람이 까닭이 있게 살아야지요."

경심회(경전공부반)에서는 요즘 3조 승찬 스님의 '신심명(信心銘)'을 가르치고 있다고 한다. 처음에는 어려워하던 사람들도 몇 달 들으면 재미있어 하고 심지어 부산, 울산, 경주 등에서 통도사까지 공부하러 오는 사람들도 있다고 한다.

어린 시절 서울에서 인력거를 타고 유치원을 다녔을 정도로 부유한 환경에서 자랐던 호명 스님은 1939년 화엄사에서 포응 스님을 은사로 출가했다. 당시로선 늦깎이였다. 아버님이 사업에 실패한 뒤 자신이 집안을 일으켜야 한다는 부담감 때문에 병을 얻어, 금강산 장안사 토굴에서 요양하다 출가를 결심했다고 한다.

"해인사, 통도사 강원을 졸업한 뒤 상원사, 정혜사, 봉암사 등에서 참선했지만 선방생활로만 일관하진 않았어요. 참선만으로는 종교와 철학과 과학이 삼위일체가 되지 않아요. 종교적 신앙과 철학적 이론, 과학적 실천이 삼위일체가 돼야 수행이 되고 선이 되지요."

노장은 그래서 51세 때부터 22년간 천성산 조계암에서 1천여 평의 밭을 일구며 선농일치(禪農一致)의 수행을 했고, 참선에 앞서 경전을 공부하라고 강조해 왔다. 스스로도 다른 스님의 법문이나 강연을 듣기 위해 먼 길도 마다하지 않을 정도로 수행의 끈을 놓지 않는다. 최근에는 숭산 스님의 제자인 미국인 현각 스님의 강연을 들으러 울산에 다녀오기도 했다. 노장은 "나는 돈오(頓悟)했다고는 말하지 않는다"고 했다. 깨달음에 관한 스스로의 체험이 있고 일가견을 가졌을 뿐……. 누가 와서 뭘 물어보든지 든든한 것은 이런 '재산'이 있기 때문이란다.

"밭 가는 것도 공부예요. 우리 몸에 선이 꽉 차 있거든요. 그러나 조계암에서 한 20여 년 밭 갈고, 상추며 배추며 거둬서 나눠 먹다보니 내가 이걸로만 만족하고 살아서는 부처님한테 빚지겠다는 생각이 나데요. 이 정도로 남을 도와서는 이자도 못 갚겠다 싶었어요. 그래서 불시에 조계암을 나와 버렸지요."

조계암에서 나온 노장은 범어사, 통도사를 거쳐 봉암사로 갔다. 그때가 불기 2537년이니 팔순의 나이에 선방을 다시 찾은 것이다. 선방에서도 처음에는 자리를 내주지 않았지만, 그래도 우기고 또 우겨서 아침, 저녁으로 수좌들과 함께 참선정진했다. 그 후 부산 내원정사에 잠시 머물다 통도사로 와서 신도들을 가르치게 됐다. 매주 목요일 오전에는 보살(여신도)반, 토요일 저녁에는 직장인반을 가르치고 있다.

"신도들을 가르치다 보니 중을 길러야겠다는 욕심이 나요. 왜냐하면 제대로 믿고 알고 실천할 선봉장과 견인차가 있어야 하는데, 그렇게 자신 있는 사람이 안 나와요. 선방도 지금 같은 교육으로는 안돼요. 종교·철학·과학이 삼위일체가 돼야지요. 종교적으로 신앙을 가져야 하고, 철학적으로 이론이 서야 되며, 그것들이 행동으로 먹어 들어가야 된다는 거예요. 그냥 참선한다고 앉아 있는 게 아니라 이것들이 삼위일체가 됐을 때 수행이 되고 선이 되는 겁니다."

노장은 이를 체(體)·상(相)·용(用)의 삼위일체라고 한다.

체는 근본 마음자리, 상은 모습, 용은 행동이며 이를 조화롭게 터득하는 것을 삼위일체 일원화 교육이라고 이름 붙였다. 그리고 선방의 조실이나 견처(見處)가 있는 사람들도 대중을 이끄는 데 몸을 아끼지 말아야 한다고 주장한다. 원로라고 뒷방에 물러나 있을 게 아니라 누구라도 찾아오면 자기 생각을 전해줄 준비가 돼 있어야 한다는 것이다. 제대로 공부한 사람이라면 마음에 때가 끼지 않아 뭔가 훤출해야 하므로, 노장은 밤에도 열심히 공부한다. 머리맡에는 '구상의 정리'라는 제목을 단 메모장이 있어 언제라도 좋은 발상이 나오면 기록해 둔다고 한다.

"깨우침이란 무주공처(無住空處)에서 잡아내는 거라서 자기 노력과 인생의 아픔을 겪은 사람만이 참으로 깊은 체험을 할 수 있어요. 주먹을 내밀면 왜 내미나, 어디 한번 일러봐라 하면 답할 정도로 힘이 되는 것 같아요. 여간 노력해서는 안 되지요. 그런데도 그냥 피상적으로 배우고 말하는 사람이 많아요. 얘기해 보면 어린 애거든. 참 아픈 현실이지요. 자연의 법칙이 이 순간에 요구하는 것에 맞춰 살기만 하면 불교는 가장 알기 쉽고 들어가기도 쉬운데……."

노장은 사람들이 자기 욕심 때문에 자연의 법칙, 즉 필연에 순응하지 않고 억지로 살기 때문에 불행해지는 것이라고 경책한다. 욕심 때문에 자연을 정복해도 또 욕심으로 해결할 일이 나오기 때문에 불행할 수밖에 없다는 설명이다.

"딴 종교는 그냥 믿으라고 하니 믿는 것이지 아는 게 아닙니다. 그러나 불교는 알고 느껴야 하며 또 거기에 걸리지 않아야 해요. 지금 이 순간 서 선생님하고 나 사이에 자연이 요구하는 필연이

있는데 거기에만 맞춰서 살면 멋있게, 만족하며 살 수 있어요. 욕심 때문에 그걸 거역해서 불행해지는 거예요. 욕심을 채우려 하면 항상 불안과 고민 가운데서 살게 돼요. 좋은 게 있으면 반드시 나쁜 것도 있어요. 입이 있으면 항문이 있어야 우리가 살 수 있는 것과 같은 이치지요. 어느 하나만으로는 살 수 없어요. 세상은 서로가 봉사하는 것임을 알아야 합니다. 입이 저 좋으라고 밥을 먹나요? 몸 전체를 위해 봉사하는 것이지요."

노장은 봉사하는 삶에서 행복이 나온다고 강조한다. 사업도 봉사를 잘하는 사람이 성공한다. 식당을 처음 시작하는 사람은 돈 남는 것만 생각할 게 아니라 어떻게 하면 손님이 이 음식을 맛있게, 즐겁게 먹을 수 있을까 생각해야 성공할 수 있다는 말이다. 돈만 생각하는 집은 아무리 기술이 좋고 음식이 맛있어도 따뜻한 기운이 없으니, 음식도 사람도 마음씀씀이도 모두 감칠맛이 나야 한다고 노장은 충고한다.

자연을 정복의 대상으로 보는 서구적 자연관을 모순이라고 보는 것도 이런 까닭이다. 자연을 타자로 보고 거역해서는 욕심의 굴레를 벗어날 수 없다는 것이다. 노장은 이런 이치를 변증법과 용수보살의 중론(中論)을 들어가며 설명한다. 입이 있으면 항문이 있고 오른손이 있으면 왼손이 있는 것처럼, 모든 것은 대립으로 돼 있으므로 어느 한쪽에만 치우치는 건 모순이며 불행의 시작이다. 따라서 대립적으로 보이는 현상의 양면을 다 인정해야지 어느 한쪽만 고집해서는 안 된다는 것이다. 이 세상은 서로의 관계성(연기법)으로 존재할 뿐 홀로 독립적인 것은 없다는 얘기다.

"사람의 몸을 보세요. 우주의 축소판, 소우주예요. 여기에 화엄경도, 법화경도, 변증법의 논리도 다 들어 있어요. 오른손도 내 손이요, 왼손도 내 손입니다. 미국도 영국도 이슬람도 우주적 관점에서는 다 내 손이요 내 발입니다. 모든 것이 하나란 말이지요. 이렇게 봤을 때 자비심이 나오는 겁니다. 미국 무역센터가 왜 날아갔을까요? 이런 이치를 모르고 다른 민족, 다른 종교를 무시했기 때문이지요. 모두가 한 몸인데 신체 일부를 긁어 놓으니 아플 수밖에요. 먹는 것은 좋아하면서 싸는 것은 더럽다고 안 하려면 되겠어요? 욕심과 아집 때문에 한쪽에 치우치는 겁니다. 색즉시공 공즉시색이 변증법입니다. 이것이 있으면 저것이 있고……. 나를 죽이고 그대로 봐야 해요."

화엄경에 '일모공중함시방(一毛孔中含十方)'이라는 말이 있다. 터럭 가운데에 우주가 있다는 소리다. 터럭 한 가닥을 잡아당기면 몸 전체가 '아야' 하고 꿈틀하니 터럭 하나가 곧 몸이라는 뜻이다. 그러니 자기만 잘살려고 해서도 안 되고 잘살아지지도 않는다는 것이다.

노장이 백지에 '禪(선)'이라는 한자를 써 보인다. 선이란 홑 단(單)에 보일 시(示), 즉 하나를 보인다는 뜻이니 내 몸이 곧 우주요, 우주가 한 몸임을 깨닫는 것이 선이라는 것이다. 내가 있음으로써 이 우주가 있으니 모든 것을 나한테 돌릴 줄 알아야 거기서 깨치고 만족을 얻을 수 있다고 한다. 그러면 내 마음을 써도 그냥 마음이 아니고 우주의 마음, 전체의 마음이 된다.

"이렇게 말하면 스님이 불경 이야기는 안 하고 맨 날 몸 이야기만 한다고 그러는데, 사실은 이게 진짜배기 불고예요. 못 알아듣는 문자 써봐야 소용없어요. 어려운 한문을 써놓고 결제법문 하는데, 나중에 어떠냐고 물어보면 '거룩한 법문인데 어떻게 압니까' 그래요. 사람이 그렇게 까닭 없는 짓을 하면 안돼요 화엄경에 보면 우리 몸을 소우주로 비유하는데, 딱 들어맞는 진리의 말씀입니다. 중들이 까닭 없이 집(절)을 크게 짓고 방을 크게 쓰는 것도 옳지 않아요. 불교를 알면 까닭을 알게 되고 그러면 빚을 지는 일이 없습니다. 하는 일 하나 하나가 법이 되고 선(禪)이 되지요."

노장은 "겉모습을 보지 말고 마음의 달(心月)을 보라"고 강조한다. 마음의 달, 달의 마음으로 돌아가라는 것이다. 손가락을 보지 말고 달을 봐야만 현상에 속지 않는다는 말이다. "흐릿한 명태 눈 말고 확대경, 투시경, 업경대를 하나씩 갖고 있어야 한다"고 노장은 덧붙인다. 어떻게 공부해야 그런 눈을 가질 수 있을까? 공부하고 실천하라는 것이 노장의 답이다.

"깨달음은 형상이 없어 말로 할 수 없지만, 그 관문까지 안내는 해줄 수 있어요. 관문을 넘어서는 것은 자기노력과 의지에 달렸지요. 아무리 좋은 말이라도 실천을 통해 자기 것으로 만들지 않으면 쓸모 없어요. 여태까지 갖고 있던 아집을 버리고 나와 세계가 어떻게 연결되고 있는지 알아야 한 걸음 한 걸음 나아갈 수 있지요."

노장은 "내 상좌 해야겠다. 한 1년만 공부하면 명기자가 될 텐데"라며 상대의 그릇을 재 본다. 몇 천 년 쌓아온 고집과 욕심이 있어서 일조일석(一朝一夕)에 무명(無明)을 걷어내긴 어려워도, 꾸준히 공부하고 익히면 맑고 투명한 본래의 마음자리를 볼 수 있다는 얘기다.

" '나다' 하는 아상(我相)을 갖지 않으려 해도 마음대로 안 되는 게 이 세상이지요. 아무리 좋은 차를 타고 가도 손을 까딱 한 번 잘못 놓으면 아주 가지 않습니까? 여차하면 '왕' 하고 잡아먹기 위해 아가리를 쩍 벌리고 있는 게 차예요. 그러니 마음대로 안 되는 걸 전제로 하고 살아야 해요. 대신 사업을 하건 직장을 다니건 나를 열심히 지켜 나가면 됩니다. 마음공부는 꼭 앉아서만 익히는 게 아닙니다. 생활하면서 종교·철학·과학적으로 삼위일체가 돼야지요. 믿는 마음에서 가라앉고, 철학적으로는 공(空) 사상에서 가라앉고 실천으로 무르익으면, 멋진 삶이 되는 겁니다."

병 때문에 절에 갔다가 출가했다는 노장의 건강·장수 비결을 물었더니 냉온욕, 단식과 함께 육조단경의 말씀을 들려준다.

'마음도 착하고 명(命)도 좋으면 평생 부귀를 누리고, 명은 좋은데 마음이 악하면 복이 화근으로 바뀐다. 마음은 착한데 명이 나쁘면 화가 복이 되고, 마음과 명이 모두 나쁘면 재앙을 당하고 곤궁하며 단명한다.'

명은 마음에 의해 만들어지는 것이니 건강의 첫째 비결은 마음의 평정이라고 노장은 설명한다. "어린애한테도 배울 게 있으니 끊임없이 정진하라"고 당부하는 호명 스님. 벽에 걸린 그림 하나가 그런 노장의 자화상이다. 가부좌를 한 채 고개를 약간 숙이고 있는 수행자의 모습 옆에 이런 글씨가 쓰여 있다. '언제나 머리 숙이고 정진하는 숭고한 천진불(天眞佛)'. 천진불이 있어서 통도사 계곡의 물소리와 솔바람이 더욱 맑은가 보다.

호명 스님

• 1914년 서울 출생 • 1939년 화엄사에서 포응 스님을 은사로 출가 • 해인사, 통도사 강원 졸업 • 금강산 마하연, 상원사 등 제방선원 및 토굴에서 수행 • 1965~87년 천성산 조계암 주석 • 현재 통도사 시탑전 주석

광우 스님

● ● ● 천지가 나와 한 뿌리요 만물이 나와 한 몸이니

"깨달음이요? 동진출가(어린 나이에 출가함)했지만 그 동안 수행했다고 말하기조차 부끄럽지요. 살아온 날은 많고 앞으로 갈 길은 너무 짧은데, 이 나이에 회장 맡아 돌아다녀서 되겠나 싶은 생각도 들어요."

서울 삼선동 1가 주택가 언덕 위의 정각사(正覺寺). 이 절 주지이자 전국 비구니회 회장인 광우(光雨·76) 스님은 평생 수행의 경지에 대해 "아직은 은산철벽(銀山鐵壁) 앞"이라며 파안대소했다. 스스로 돌이켜 언제나 부족하고 미흡하다고 여기는 자세는 초발심(初發心) 그대로다. 광우 스님은 비구니계의 원로다. 15세 때 상주 남장사로 출가한 이래 법랍(출가 후 햇수)만 환갑 진갑을 넘었다. 드러나지 않는 곳에서의 자기수행은 물론 포교에 앞장서 왔고, 근년에는 서울 수서 지역에 비구니회관을 짓느라 동분서주했다.

"비구니회관은 6천~7천 명에 이르는 비구니들의 근본도

량입니다. 건평 2560평에 지하 2층, 지상 3층 규모인데 올해 안에 공사를 마무리할 예정입니다. 내년 봄에는 문을 열어야 하니까요."
(광우 스님은 2001년 12월에 만났으며 비구니회관은 2002년 5월 봉불식을 가졌다.)

숫자는 비구보다 많은데도 본사급 사찰 하나 없는 것이 비구니계의 현실이다. '100세 비구니라도 새로 비구계를 받은 비구를 보면 일어서서 맞이하고 절해야 한다'는 등의 비구니 팔경법(八敬法)이 비구·비구니간의 뿌리깊은 불평등(?)을 초래했다. 그러나 광우 스님은 자칫 선의(善意)가 왜곡될까 조심스러운 태도를 보인다. 그리고 "앞으로는 여성 특유의 부드러움과 자비행이 필요한 시대"라며 "비구와 비구니가 수레의 두 바퀴처럼 같이 굴러가야 한다"고 강조한다. 비구든 비구니든 출가자로서의 수행과 전법이 중요하기 때문이다. 비구니회관을 별도의 재단법인으로 하지 않고 조계종 산하로 등록한 것도 비구·비구니간의 관계가 대립적으로 비춰지는 것을 경계해서다.

"거슬러 올라가면 부처님 당시에 비구 승단이 먼저 생기고, 부처님의 이모인 최초의 비구니 대애도(大愛道·마하파자파티)가 출가하려 하자 부처님이 허락하지 않았어요. 그러다가 아난존자가 간곡히 청을 해 허락했고, 그때 비구니 팔경법이 생겼지요. 그러나 팔경법은 비구가 높고 비구니가 열등해서가 아니라 교단에 장애가 없도록 하기 위해 말씀하신 것으로 생각돼요. 비구 승단이 먼저 생긴 뒤 비구니 승단이 생기면서, 비구와 비구니가 같이 수행하고 가까이 있을 경우 생길 수 있는 이런저런 문제를 생각해서 엄격하게 법을 만들었을 겁니다. 만일 비구니 승단이 먼저 생겼으면 부처님께서는 비구에게 팔경법을 제시했을 겁니다."

팔경법은 시대적 필요에 의해 생겼을 뿐 남녀를 차별하기 위한 것은 아니라는 견해다. 실제로 부처님은 비구·비구니간에 차별을 두지 않았다고 광우 스님은 설명한다.

장로니경(長老尼經)에는 신통제일 목련존자처럼 신통력을 갖춘 비구니의 이야기가 나온다. 또 법화경 제3권 지품(勸持品)에는 부처님이 비구니에게 수기(授記·미래에 깨달음을 얻어 성불할 것이라고 예언, 약속하는 것)를 준 사실이 나와 있다. 더애도 비구니는 대법사, 다른 6천 명의 비구니는 법사가 될 것이며, 점점 보살의 도를 갖춰 마땅히 부처를 이룰 것이라고 수기했던 것이다. 비구와 비구니의 수행이나 법력에 차이가 없었다는 얘기다. 우리나라에서도 비구니에 관한 기록이 없을 뿐 무섭게 수행한 사람들이 많다고 광우 스님은 덧붙인다.

"부처님이 비구니한테 수기할 때 '대법사가 되어 많은 중생을 교화하고 난 뒤에 성불하리니'라고 하신 것은 포교하는 데 비구니가 유리하다고 생각하신 게 아닌가 싶어요. 서속의 교육에도 여자가 더 낫다고 하지 않습니까? 비구와 비구니가 수레의 두 바퀴처럼 같이 굴러가야 하지 않을까 하는 생각입니다. 그리고 팔경법에 따른 인습이 남아 있긴 하지만 지금은 거의 같이합니다. 스님끼리는 나이가 많거나 적거나 합장인사를 하는데, 방에서 큰절을 해도 아주 큰스님은 앉아서 절을 받지만 그렇지 않으면 일어서서 같이 절을 하지요. 옛날하고는 많이 달라졌어요."

그래도 비구니가 운영하는 본사급 사찰이 하나도 없다는 사실에 대해서는 못내 아쉬운 표정이다. 비구니회관도 애초부터 생각했던 게 아니라 운영이 어려운 절을 비구니회에서 하나 맡아서 노인·어린이 복지사업 등 현대에 맞는 포교와 수행의 도량으로 삼으려 했던 것이다. 광우 스님은 이미 30여 년 전부터 우담바라회라는 비구니모임을 만들어 이런 사업을 구상했으나 장소가 마땅치 않아 뜻을 이루지 못했다. 대신 그때 모은 돈으로 성남에 비구니승가대학을 만들었고, 이것이 나중에 비구승가대와 합쳐져 현재의 중앙승가대가 됐다. 전국비구니회는 20여 년 전 결성되어, '땅 한 평 사기 운동'을 벌이며 기금을 모아 회관 터를 마련했다.

이야기를 나누는 사이에 시자 현산 스님이 다과를 내왔다. 자그만 다과상에 보이차와 곶감, 송화다식이 예쁘게 놓였다. 그런데 비구니회관에서는 무슨 일을 하려는 걸까?

"비구니들의 중앙 집결소가 필요합니다. 지금은 비구니가 소유한 절도 많고 각 승가대에서 공부하는 비구니도 비구승보다 훨씬 많지만 배운 걸 적절히 활용할 기회가 적어요. 승가대나 강원을 나와서 더 공부하는 사람도 있는 반면 나머지는 공부한 걸 제대로 쓰질 못해요. 비구니회관이 그런 활동공간이 될 겁니다. 또 비구니를 위한 재교육 도량도 될 거구요. 비구니의 특징에 맞는 포교와 보살행을 실천할 수 있는 교육장소로도 활용할 계획입니다."

젊은 스님들이 어거지로 맡겨서 비구니회 회장이 됐다지만, 일을 맡은 바에는 대강 대강 넘어가지 못하는 광우 스님이다. 어떻게 하면 보다 현실적 요구에 맞게 비구니회관을 운영할 것인가를 놓고 머릿속에 온갖 아이디어가 떠오르고 있는 것 같다.

광우 스님이 출가한 것은 열네 살 때 스님들이 참선하는 것을 보고 나서다. 외가인 경북 군위에서 보통학교(초등학교)를 졸업하

고 대구사범학교 진학에 실패하자 남장사에서 전갈이 왔다. 당시 남장사 조실이던 아버지 혜봉(慧峰) 스님이 "절에 와서 공부하라"며 불렀던 것이다. 당시 남장사에는 대학공부까지 한 수좌들도 있어서 공부를 가르칠 만한 선생도 있다고 했다. 절에 가보니 첫눈에 보이는 게 선방이었는데, 여름이라 선방 문을 활짝 열어 놓고 스님들이 벽을 향해 돌아앉아 있는 모습이 신기했다. 그래서 선방 앞에까지 살살 다가가 훔쳐보니까, 큰스님(혜봉 스님)이 엄한 눈길로 주의를 줘 겁을 먹고 물러났다.

"나중에 방선(放禪·참선을 하다 쉬는 시간) 때 큰스님이 오셔서 나무라시는데 꾸중은 귀에 안 들리고 도대체 스님들이 왜 그렇게 앉아 있는지가 궁금했어요. 그래서 '왜 그렇게 벽을 향해 돌아앉아 있습니까' 하고 물었더니 큰스님이 '광우야' 하고 이름을 불러요. 그래서 '예' 하고 대답했더니 '대답하는 그 놈이 무엇이냐' 하고 다시 물으셨어요. 대답하는 이것이 무엇일까 아무리 궁리해도 답이 나오지 않아 모르겠다고 답을 했지요. 그러자 큰스님은 '바로 그걸 찾고 있는 거야' 라고 하셨어요. 바로 쳐주신 것이지요."

그때의 신선한 충격이 어린 학생을 출가의 길로 이끌었다. 무엇인지는 몰라도 '그것'을 찾고 싶었던 것이다. 그래서 공부를 뒷전으로 미루고 "그걸 찾고 싶으니 참선할 자리 하나 내주십시오"라고 당돌하게 나섰고, 큰스님은 치마저고리를 입고 삭발도 하지 않은 소녀를 하판(선방의 아랫자리) 구석에 앉혔다. 지금은 여자 신도들도 참선을 하지만 당시로선 파격적인 일이었다고 한다. 더구나 입승 스님의 수수께끼 같은 질문에 곧잘 대답하는 것을 보고 다들 "광우('광우'는 속명이기도 하다)는 참선할 사람"이라고 했다.

"절에 저보다 한 살 많은 행자가 들어왔는데 그가 외는 천수경을 귀동냥으로 듣고 이틀만에 다 외워버렸어요. 그랬더니 큰스님이 아미타경을 가르쳐 주셨지요. 아미타경의 장엄한 극락세계가 얼마나 좋았던지 이런 세계에 어떻게 하면 갈 수 있느냐고 큰스님께 물으니 스님이 돼서 부처님 가르침대로 열심히 수행하면 그 곳에 간다고 했어요. 그래서 스님이 될 생각을 했지요."

광우 스님은 사상 첫 비구니 대학생이기도 했다. 교화를 하려면 교화 대상자들이 알고 있는 현대학문을 어느 정도 알아야겠다고 판단했던 것이다. 혜봉 스님은 "광우는 참선할 근기(根機)"라며 반대했지만, 혜봉 스님의 법제자이며 한국불교학의 태두인 뇌허 김동화(1902~80) 박사의 적극적인 설득과 지원으로 늦은 나이에 대학을 다녔다. 삭발승이 학교에 다니면 거북해하던 시절이라 머리를 기르고 남자 옷을 입은 채였다.

1956년에 대학을 졸업한 뒤에는 대전 복전암, 서울 보문사 서별당, 대전 세등선원, 직지사 서전, 남장사 등에서 '이뭣고'를 화두로 정진을 거듭했다. 1958년에는 서울에 정각사를 세워 도심포교에 나섰다. 광우 스님은 평생 참선수행의 끈을 놓지 않으면서도 "참선만이 제일"이라고 고집하지는 않는다. 경전이든 염불이든 다 성불에 이르는 통로라는 얘기다.

"선객들이 아만이 많아요. 선이 제일이라는 거지요. 그러나 부처님 되는 길은 선만이 아니거든요. 부처님 가르침이 다 성불로 인도하는 통로이니까요. 경전 중에도 법화경은 전부 선이요, 불성을 발견해 보살도를 실천하게 하는 가르침이에요. 법화경 보문품 중송에 '어떤 어려움을 만나더라도 관세음보살의 힘을 생각하면 모든 난을 다 면한다'고 했어요. 이때 관세음보살의 힘이란 바로 자비입니다. 어떤 어려움이 있어도, 원수가 칼을 들고 와도 관세음보살의 힘을 생각하면 다 물러가요. 독사가 와도 저절로 돌아가지요. 나를 해치고 모함하고 욕하는 사람이 있다고 해도 관세음 보살의 힘,

즉 자비심으로 대하면 그 마음이 다 눈 녹듯 없어진다는 겁니다."

왜 그럴까? 관세음보살의 자비행을 듣고 이름을 외우고 그 자비를 생각하면, 관세음의 자비와 나의 자비가 둘이 아닌 경계에 이르렀을 때 그 사람에게는 재난이 있을 수도 없거니와 재난을 부를 일을 하지도 않게 된다는 설명이다. 또 광우 스님은 이런 경계를 항상 지속하면 성불의 경계에 들어가는 것이며 문칭지(聞稱知), 즉 듣고 이름을 일컫고 관세음과 하나가 된 경계를 지속하는 것이 관세음보살의 대자비력을 성취하는 길이며, 부처님이 되는 길이라고 말한다. 그래서 광우 스님은 "때로 미운 사람이 있더라도 스스로 관음을 닮으려고 노력해야 한다"고 강조한다. 자신도 탐진치(貪瞋癡·탐하고 성내고 어리석음)를 없애고 보살행을 잘하고 있는지 수시로 반조한다.

"관세음보살을 부르는 공덕이 헛되지는 않지만 뭘 바래서 하는 기복신앙은 안 됩니다. 어디까지나 관음을 닮아야지요. 관음의 자비와 힘을 생각하면서 자기도 관음과 같은 자비를 준비하고 실천해야지요. 기복신앙에서 벗어나 자비를 실천하는 것이 중요합니다. 한번은 손을 씻다가 거울을 보니 내 얼굴이 너무나 무서워서 놀랐어요. 수행자답게 맑은 기운은 감돌지 않고 무서운 얼굴만 있는 겁니다. 진심(瞋心·성냄)을 내는 것은 일기진심수사신(一起瞋心受巳身·한 번 성을 내면 뱀의 몸을 받게 된다)이라는 말이 있을 정도로 수행에 장애가 돼요. 진심이 심하면 건강도 좋지 않고 행동과 얼굴에 나타나거든요."

광우 스님은 "마음을 비우고 자기를 들여다보면 허물 투성이"라며 "천지(天地)는 여아동근(與我同根)이요, 만물(萬物)은 여아동체(與我同體)"라고 했다. 천지가 나와 한 뿌리요, 만물이 나와 한 몸이니 분노가 어디 있고 욕심이 어디 있으랴.

　　갑자기 뚝 떨어진 기온에 겨울 바람이 매서운데도 대웅전 앞마당까지 내려와 객을 배웅하는 노스님의 인정이 마냥 따뜻하기만 하다.

광우 스님

• 1926년 경북 선산 출생 • 1938년 직지사에서 성문 스님을 은사로 출가 • 1956년 동국대 불교학과 졸업 • 1958년 정각사 창건(현 주지) • 1977년 운문사 강원 원장 • 1989년 목동 청소년회관 관장 • 1955년~현재 전국비구니회 회장

보각 스님
••• 마음을 잘 알고 잘 써야

"종교가 높은 하늘에서 나온 건 아니에요. 5대 고등종교는 다 땅에서 나온 거지요. 5색 인종이 남이 아니라 같은 형제입니다. 그런 걸 모르고 서로 적인 줄 알고 있어요."

백수(白壽)를 코앞에 둔 나이라고 믿기 어려울 만큼 노스님의 목소리가 우렁차다. 팔당댐이 한 눈에 내려다보이는 경기도 하남시 검단산 자락의 통일정사(統一精舍). 비구니 보각(寶覺·98) 스님이 30년 넘게 수행해 온 곳이다. 보각 스님은 파란만장한 현대사를 한 몸으로 고스란히 다 겪은 '역사의 증인'이다.

1904년 충남 청양에서 태어나 유관순 열사와 함께 이화학당을 다녔고 3·1만세운동도 함께 했다. 이화여대를 나와 동경제대(중퇴)에 유학한 신여성이요 엘리트였으며, 일본인이 통치하는 하늘 아래에서는 살 수 없다며 중국에서 망명생활을 하기도 한 당찬 여성이다. 해방 후에는 대처승을 몰아내는 '불교정화운동'에 앞장섰고, 정화운동이 마무리되자 1958년 머리를 깎고 입산했다. 하계륜 스님(비구니)이 은사였고, 청정비구 종단을 회복하려는 정화운동의 주역이었던 하동산 스님이 계사(戒師)였다.

질문을 종이에 써 보여줘야 할 정도로 귀가 어둡지만, 유관순 열사와 함께 생활했던 이야기를 꺼내자 보각 스님은 "관순이?" 라며 반색한다.

"한 방에서 5년을 같이 있었지. 관순이는 나보다 나이는 한 살 위고 학년은 하나 아래였어요. 관순이는 성격이 나하고 똑같았는데 우리 별명이 '벼락대신'이여. 내 혈액형이 O형이고 관순이도 아마 O형이었던가봐. 만세운동을 앞두고 종이와 물감을 사다가 밤새 태극기를 함께 그렸지요."

보각 스님의 이야기를 듣노라면 마치 역사산책을 하는 것 같다. 김좌진 장군은 보각 스님의 속가 아버지와 의형제였고, 그래서 '장군의 아들' 김두한 전 의원은 보각 스님을 친누나처럼 따랐다. 이승만 정권 때 이기붕 총리의 부인 박 마리아는 보각 스님의 이화학당 동기생이고, 여성운동가 김활란은 의형제 형님이다. 김활란은 이때 '항상 기뻐하라, 쉬지 말고 기도하라, 범사에 감사하라'는 말을 강조했다고 한다. 세 살 때부터 교회를 다녔던 보각 스님이 불교와 인연을 맺은 것은 무엇 때문일까?

"내가 스물네 살 때 결혼했는데, 당시 보성고보 교무주임이던 남편(장석철·1935년 작고)이 독실한 불교신자였어요. 하느님을 배반해서 벌받지 않을까 걱정하고 있는데 남편이 두 종교를 비교해가며 차근차근 불교의 교리를 설명해 줬지요. 불교의 가르침이 이토록 심오한 줄은 예전에 미처 몰랐기 때문에 참 놀랐어요. 특히 팔다리가 아픈 것도 잊을 정도로 지극 정성 불보살님에게 기도를 하고 마음이 환히 열리는 것을 체험하고는 신심이 절로 증장 됐어요."

그러나 불교 입문 후에도 스님이 되기까지는 숱한 곡절과 파란을 겪어야 했다. 남편의 갑작스런 죽음과 중국에서의 군 자원 입대, 한국전쟁을 전후한 세 아들의 죽음, 모진 린치까지 당하며 앞장섰던 불교정화운동……. 그 중에서도 1954~55년의 불교정화운동은 보각 스님의 삶에서 빼놓을 수 없는 사건이다.

"난리(한국전쟁)가 끝난 뒤 이 박사(이승만 대통령)가 외국의 귀한 손님에게 우리 문화를 보여준다며 정릉의 경도사로 데려갔어요. 그랬더니 대처승이 늦잠을 자고 일어나 세수도 안 한 채 고기에 생선을 놓고 술을 마시고 있는 거라. 빨랫줄에는 애기 기저귀가 죽 걸렸고. 이 박사가 우리 문화를 자랑하려다 망신을 당하고는 차도 한 잔 못 마시고 나와버렸지요. 그리고는 '향내가 나고 꽃이 만발하던 절에서 어째 중이 고기와 술을 먹고 아이를 기르느냐'며 대처승은 절을 떠나라는 불교정화유시를 내렸지요."

보각 스님은 불교계에서 법명보다 '이정수'라는 속명으로 더 유명하다. 출가 전인 정화운동 때의 활약상 때문이다. 당시 비구와 대처승이 첨예하게 대립할 때 보각 스님은 비구승의 편에 섰다. 당시 비구·대처승간의 회의장에서 대처승 측은 "우리보고 파계승이라고 하는데 부처님도 처자식이 있지 않았냐"며 정당함을 주장했다. 딴은 그럴 법한 논리다. 그래서 비구승들이 아무 말도 못하고 있자, 이정수 보살이 "부처님이 결혼도 하고 아들도 있었지만 이를 다 버리고 수도한 다음 독신으로 지내지 않았느냐. 아들과 아내를 다 데리고 부처님 된 것은 아니지 않느냐"고 반박, 회의 분위기를 싹 바꿔놓았다고 했다. 김두한도 이때 부하들을 동원해 힘을 보탰다. 출가의 계기도 이때 마련되었다.

"조계종을 만나고 나서 늦게서야 중이 됐어요. 3년 반에 걸친 정화가 어느 정도 마무리됐을 때 방보문 스님이 '세상 그만 살라'며 출가를 권유해 머리를 깎았지요. 그게 쉰세 살 때던가, 쉰다섯 살 때던가. 그런데 중 된 지 3개월밖에 안 됐는데 불국사에서 오라고 해서 갔습니다. 남들은 머리 깎고 10년 만에 받는 구족계(비구니계)를 석 달만에 받았지요."

쉰이 넘어서 출가한, 늦깎이 중에서도 늦깎이지만 그 후로도 50년 가까운 세월이 흘렀다. 그러나 보각 스님은 지금도 스승인 동산 스님을 잊지 못한다. 방에 '堪忍待(감인대·참고 견디며 기다려라)'라는 동산 스님의 글씨를 담은 액자와 함께 동산 스님의 사진을 걸어 놓은 것도 그래서다. 스님은 "우리 스님(동산 스님)은 덕망 있고 따뜻한 분이었다"며 "조계사 입구에 들어설 때 훈기가 있으면 동산 스님이 계셨고, 찬바람이 나면 범어사로 가시고 없었다"고 했다.

"사람들이 마음을 몰라요. 마음을 알면 마음으로 살 수 있어요. 지금 백인하고 흑인이 갈등하지만 지구상의 5색 인종이 한 몸뚱이인 걸 알아야 돼요."

보각 스님은 "마음을 잘 써야 하며 남을 미워해선 안 된다"고 강조한다. 미워하는 마음은 결국 자신에게도 해를 끼친다는 것이다. 스님도 신도들 가운데 3명이 서로 다투는 걸 보고 속이 상해서 그들을 미워하다 죽을 고비를 넘길 정도로 크게 앓았으며, 그 뒤로 귀가 어두워졌다고 했다.

"천당과 지옥이 먼 데 있는 게 아니고 이 땅에 있어요. 알고

보면 우리 모두가 한 몸뚱이며 남이 아니란 말입니다. 마음을 잘 알고 써야 하는 데 그걸 몰라요. 세상에는 똑같은 거 하나도 없어요. 호박꽃도 장미꽃도 다 나름의 특징과 가치를 지니고 있어요. 그러니 남이 나와 같아지기를 바라지 말고 있는 그대로 존중하며 살아야지요. 나라는 상(相)을 버려야 합니다."

'통일정사'라는 절 이름에도 남북통일은 물론 세계평화와 이 세상의 통일을 염원하는 큰 뜻이 담겨 있다. '홍익인간의 정신은 곧 불교의 자비사상'이라며 단군을 선양하는 일에 앞장서는 것도 같은 맥락이다. 통일정사 입구에는 단군상이 모셔져 있기도 하다.

"단군 할아버지는 우리 민족의 얼이요, 뿌리입니다. 얼은 식물로 말하자면 씨앗의 배아지요. 배아가 튼튼해야 싹이 잘 나듯이 민족의 얼이 튼튼하지 못하면 쇠약해지고 필경 역사에서 소멸되지요. 그러니 얼을 똑바로 갖춰야 해요. 또 남북분단으로 인해 상실된 민족동질감을 회복하는 길도 민족의 뿌리인 단군 할아버지를 통해 찾을 수 있어요."

한국 근현대사의 파란만장한 현장을 온 몸으로 겪어온 보각 스님. 기독교와 불교를 두루 겪어본 노스님은 "사람마다 생김새가 다르듯 그릇이 다르기 마련"이라며 "부처님이 금강경에서 말씀하셨듯이 이름이나 껍데기가 중요한 것은 아니다"라고 했다. 기독교를 믿는 사람이 예수의 사랑을 평생 실천한다면 부처님은 그를 보살이라고 칭송할 것이라는 이야기다.

"마음을 잘 써야 한다"고 거듭 강조하는 노스님의 자세가 꼿꼿하다. 3시간 가량 옛날 이야기를 들려주는 동안 한 번도 자세를 흐트러트리지 않았을 정도다. 손상좌인 주지 은정 스님이 "지금도 노스님은 새벽 예불과 좌선, 공양을 규칙적으로 하고 간단한 빨래는 손수 할 정도로 부지런하다"고 귀띔해 준다. 심지어 작년 9·11 미국테러 후에는 평등과 평화의 세상이 돼야 한다며 지장기도를 드리고 있고, 틈날 때마다 옛날 일들을 기억해 기록으로 남기고 있다고 한다.

해가 진 산사를 나서는데 노장이 차마 문을 닫지 못한 채 또 당부한다.

"마음을 잘 알고 잘 써야 해요."

보각 스님

• 1904년 충남 청양 출생 • 1914년 이화학당 입학 • 1924년 일본 동경제국대학 2년 중퇴 • 대한부인회, 애국부인회, 국방부인회장, 불교부인회장 역임 • 1958년 하계륜 스님을 은사로 출가

청소 스님

• • • 진인(眞人), 도인(道人)이란 바르게 사는 사람

등산화를 준비하기를 잘했다. 발목까지 빠지는 눈 때문이다. 정읍에서 타고 온 택시는 산 아래 작은 절인 연화정사 앞에서 돌아갔다. 인적 없는 백색(白色) 천지의 눈길을 30여 분 올랐을까. 목덜미에 땀이 밸 무렵 기와지붕이 눈에 들어온다.

정읍시 칠보면의 칠보산 사자봉 석탄사(石灘寺). 신라 때 의상대사가 창건한 사찰이지만 세간에는 별로 알려져 있지 않은 천년 고찰이다. 깎아지른 산비탈에 선 모습이 백척간두(百尺竿頭)에서 한 걸음 더 나아가려는 구도자 같다.

10여 년 전부터 이 곳을 수행도량으로 삼고 있는 이 절의 조실 청소(晴韶·81) 스님을 만났다. 병으로 입원중인 주지 스님을 문병하러 전주의 전북대병원을 막 다녀왔다는 노장은 인사를 건네자 법문으로 단도직입(單刀直入)이다.

"불법(佛法)은 문자나 말을 좇아가면 거리가 천 리, 만 리

여. 거기에 걸리면 소경이지. 법은 그냥 살아 있지, 표현할 수가 없어. 조주 스님이 '마음은 부처가 아니다(心不是佛). 지혜는 도가 아니다(智不是道)' 라는 말이 맞느냐고 묻자 남전 스님은 '맞지 않는다'고 했어. '그러면 네가 일러봐라' 고 하자 남전 스님도 그 말밖에 못 했어. 어찌 그러냐, 불법이란 말로 뱉으면 틀린단 말이야. 개구즉착(開口卽錯)이거든. 그러나 말로 내놓지 않으면 보여줄 수 없으니 할 수 없이 말로 하는 것이지."

노장은 "불법이란 하늘이나 자연이나 진리나 다 같은 소리"라고 했다. 몸은 우주요 마음은 일월(日月)인데, 우주가 어디 변함이 있으며 일월이 어디 변함이 있느냐는 것이다. 일월과 우주가 변함 없는 것처럼 불법도 언제나 여여(如如)하다. 그래서 노장은 "일월(日月)이 모든 중생을 비춰 주고 따뜻하게 키워 주면서도 아무 상(相)이나 걸림, 분별이 없는 것처럼 내 마음도 그렇게 중생에 도움을 주고자 하는 것"이라고 했다.

어떻게 해야 불법을 알 수 있을까? 노장은 "남에게 의지하지 말고 내가 나를 발견하면 그게 진리이고 자연"이라고 설명한다. 스스로 공부해서 자성(自性)을 보라는 이야기다.

"공부란 누구에게 기대는 게 아니라 누구나 갖고 있는 진리를 스스로 발견하는 거야. 공부의 공(工)은 사람이 땅을 밟고 하늘을 등에 지고 있는 것이고, 부(夫)는 하늘(天)을 뚫는 것이지. 스스로 노력해서 진리가 하늘을 뚫는 게 공부라는 거야. 하늘 천(天) 자만 봐도 한 일(一)에 큰 대(大), 즉 일대사(一大事)를 해결하라는 거지. 그것은 곧 중생들이 깜깜할 정도로 모르고 있는 우주자연의 진리를 찾으라는 거야."

노장은 석가모니불이 태어나서 '천상천하유아독존(天上天下唯我獨尊)'이라고 한 것도 스스로 '독존(獨尊)'이라는 뜻이 아니라 누구든지 갖고 있는 진리, 청정법신 비로자나불을 발견하면 독존이 된다는 의미라고 설명한다. 각자가 높고 존귀하고 하늘이라는 뜻이다. 또 예수가 '나를 따르라'고 한 말도 각자 자기의 진리, 곧 '나'의 실체를 찾으라는 말로 해석한다. 큰 신(神)을 믿든 작은 신을 믿든 거기에 의지하면 무당이요, 내가 나를 발견하면 진리고 자연이라는 것이다.

노장은 공부를 하려면 계율부터 잘 지켜야 한다며 오계(五戒)를 하나하나 일러준다. 계를 지켜야 마음이 정해지고 그래야 지혜가 나와 해탈할 수 있기 때문이다. 노장은 우선 내 목숨이 아까우면 남의 목숨도 아까운 줄 알고 살생하지 말라고 한다. 특히 "육식을 하면 자비 종자, 착한 종자가 사라진다"고 경계한다.

"사람이 만물의 어른이면 미약한 자를 도와줘야지 약하다고 잡아먹으면 되나. 그러면 미약한 놈들은 다 죽을 것 아닌가. 미물이라도 자연에 태어난 건 사람이나 똑같은 거야. 그런데도 도와주기는커녕 잡아서 입에 넣어버리니 기가 막힌 노릇이지. 누가 내 살이 맛있다고 먹으면 어쩔 거야? 그 인과(因果)를 어떻게 갚으려고 그러는지. 천당과 지옥이 그래서 생긴 거야."

오계의 두 번째인 '불투도(不偸盜·도둑질하지 말라)'를 설명하려던 노장이 갑자기 낮에 병원 다녀온 이야기를 꺼낸다. 병원 화장실에 갔더니 휴지를 필요한 만큼만 쓰지 않고 마구 풀어서 그냥 버리더라는 것이다. "제 것이 아니라고 그러는 모양인데, 이 우주에 내 것 아닌 게 어디 있어. 내 물건 남의 물건 차별해서는 안 되는 거야'라며 나무란다. '불사음(不邪淫·음행을 하지 말라)'이라는 세 번째 계율과 관련해서는 "불자라면서 미인을 보면 속으로 탐내는 사람이 많다"면서 "바르게 사는 게 도(道)"라고 지적한다. 노장은 또 거짓말을 하면 불행해진다고 경고하고(不妄語), 술과 함께 담배도 '불음주계(不飮酒戒)'의 적용대상에 들어간다고 말한다. 담배를 피우면 선신(善神)들이 도와주려 해도 악취 때문에 가까이 올 수가 없다는 것이다.

"또 하나 당부하고 싶은 것은 내 몸을 받아준 부모의 은혜를 귀중히 생각하라는 거야. 제 부모는 대접하지 않고 자식만 귀여워하니 나중에 그 자식들도 제 부모를 모시지 않으려 하는 거야. 양로원에 보내거나 제주도에 갖다 버리지. 생일이 되면 부모가 날 낳으시느라 얼마나 고생하셨나 슬퍼하고 눈물 흘리지는 못할 망정 술과 고기에 노래나 부르니……. 제 부모한테 불효한 놈이 어찌 공부인, 진리인이 되겠나?"

이야기가 무르익을 즈음 저녁 공양(식사)이 들어온다. 오후 5시, 산사의 저녁은 무척 이르다. 식구가 조촐해 한 방에 모두 모여 앉아 공양을 든다. 밥과 찬을 보통 밥그릇에 담았지만, 노장의 식사법은 발우공양이나 다름없다. 식사 후에 밥그릇, 국그릇, 찌개 냄비까지 물로 말끔히 씻어서 마신다.

"바르게 사는 게 불법이고 도(道)야. 진인(眞人), 도인(道人)이란 바르게 사는 사람을 말하는 거지. 남의 물건 욕심 안 내고, 남욕하지 않고, 술·고기 안 먹으면 걸릴 것도 없고 시비 당할 일도 없어. 그렇지 않으니 걸리게 되고, 어떻게 하면 안 걸리나 점쟁이나 찾아다니지. 바르게 살지 않으면 어떻게 공부가 되겠나? 목이 끊어

지는 일이 있어도 바르게 살아야 해."

　　바르게 살아야 성불할 수 있다는 얘기다. 느장은 공부하는 방편으로 참선보다는 '아미타불'을 염불하라고 권한다. 평생 참선으로 살아온 수행자가 뜻밖이다. 그러나 설명을 듣고 보니 근기가 달리는 중생들을 위한 배려의 말씀이다.

"참선이나 염불이나 간경이나 다 해탈하는 길이지만, 참선은 혼자서 나무를 베고 배를 만들어 타고 가는 것이고, 염불은 남이 만들어 놓은 배를 빌려 타고 가는 거라 더 쉽지. 비유하자면 참선은 자력수행이라 좁쌀만한 돌을 놓아도 바로 물에 가라앉지만, 염불은 섬만한 돌이라도 배 위에 얹혀 있으니 가라앉지 않는 것과 마찬가지야. 게다가 참선이 좋기는 하지만 자력으로는 극복하기 어렵고 자칫하면 잘못 들어갈 가능성이 많아. 그래서 나는 지금껏 참선으로 산 사람이지만 초심자들에게는 참선을 권하고 싶지 않아."

참선을 해도 길을 일러줄 선지식이 없다고 노장은 걱정한다. 화두를 일러주는 사람은 많아도 공부의 길을 잡아줄 사람은 없다는 것이다. 불법은 아는 법(지식)이 아니라 보는 법이어서, 직접 그 경지에 가보지 않고서는 대답할 수 없기 때문이라는 설명이다.

"참선해서 길을 일러주는 사람이 있거든 나한테 좀 와보라고 해. 참선을 일러줄 만한 사람이면 확 트여야 해. '마음은 부처가 아니다', 그게 의심이 가면 참선할 자격이 없는 사람이야. 그게 장한 이치요, 그걸 대답하면 또 다른 이치를 묻게 되지. 그러니 자기가 보지 않은 사람은 대답 못해. 앞 못 보는 사람이 서울 얘기를 아무리 자세히 들었어도 말하려면 막히는 게 많아. 직접 보지 않았으니까. 세상 글을 다 알아도 그건 지식이지 힘이 아니야. 그래서 팔만대장경을 다 외워도 일자무식꾼한테 대답 한 마디 못하는 거야."

충남 청양이 고향인 노장은 어려서부터 불가와 인연이 깊었다. 공주에서 어린 시절을 보냈는데, 열네 살 때부터 틈만 나면 수덕사에 가서 지냈다. 그때마다 부모님 손에 이끌려서 다시 집으로 돌아가기를 수 차례. 스님들에 대한 동경과 수행자의 삶에 대한 강한 호기심으로 젊은 시절 내내 절 주변을 떠나지 못했던 그는 한국전쟁이 일어난 다음해 결국 집을 나섰다. 수덕사 지선 스님을 은사로 출가한 것이다.

"은사 스님은 내게 조주 스님이 '개에게도 불성이 있습니까'라는 제자의 질문에 '무(無)'라고 답했다는 '구자무불성(狗子無佛性)'과 '무엇이 조사가 온 뜻입니까(祖師西來意·조사서래의)'라는 질문에 '판치생모(板齒生毛)'라고 답했던 이야기를 들려주셨지. 이 두 가지 화두가 아주 뚜렷하고 크게 보여주는 소식인데, 불법은 말머리에 떨어져선 안 된다고 하셨어. 그래서 '판치생모'를 내 화두로 삼았지. 널빤지 이빨에 어떻게 털이 날 수 있겠나? 다만 말머리에 떨어지지 말고 철저히 의심하는 거야."

참선의 원리에 대한 설명이 이어진다. 화두를 들면, 예컨대 무(無) 자 화두를 든다면 '어째서 조주는 개에게 불성이 없다고 했는가'만 의심하고 나머지 생각은 모두 끊어버린다. 더욱더 철저히 의심해서 그 의심을 뭉치고 또 뭉치면 말머리(화두)를 생각만 해도 하나의 홑(單), 즉 의단(疑團·의심덩어리)이 형성된다. 의심이 크고 견고해서 일체의 잡념이나 욕망이 일지 않는다는 것이다. 여기서 더 노력하면 조(照·비춤)의 경지, 즉 오매일여(寤寐一如)가 되고 자기 성품을 보는[見] 것으로 나아가게 된다고 노장은 설명한다.

"곡식이 익으면 고개를 숙이듯 공부가 제대로 익으면 자비한 생각이 나고 겸손해야 할 텐데 상(相)이 남아. 공부가 제대로 안 되니 아만(我慢)만 생기고 자꾸 상이 남게 되지. 참선을 하다가도 '이러다 견성도 못하고 늙으면 어떻게 살까' 걱정하는 사람이 있는

데 그러면 못써. 나중 일 걱정하면 공부 못해. 하다 안 되면 논두렁 베고 죽을 각오로 공부해야 돼. 그러면 논두렁 베고 죽을 일이 없게 되는데, 괜히 편히 살아보려고 거짓말이나 하고 탐내면 오히려 고생하게 돼지. 공부인이 돈이나 여자를 탐내면 말로가 비참해져."

그렇다면 염불로도 견성(見性)할 수 있을까? "염불을 하면 극락세계로 가기 전에 내 자성도 알게 된다"고 노장은 설명한다. 나무아미타불이란 잡념이 꽉 찬 마음자리를 고르는 것이기 때문이다. 나미아무타불을 일념으로 염(念)하게 되면 힘이 생기고 조(照)가 돼서, 견성(見性)하게 된다고 노장은 덧붙인다. 염불이든 참선이든 마음을 뭉쳐서 일념이 되어야 진리가 통한다는 것이다. 견성하면 사람이 어떻게 달라지느냐고 물었다.

"밥 먹고 똥 싸는 건 똑같지 뭐. '일념즉시무량겁(一念卽是無量劫) 무량겁시즉일념(無量劫是卽一念)'이야. 한 생각이 무량겁이요, 무량겁이 곧 한 생각이지. 그게 바로 마음자리야. '색불이공 공불이색(色不異空 空不異色) 색즉시공 공즉시색(色卽是空 空卽是色)', 그게 다 그 뜻이야. 팔만대장경이 다 마음 한 자리 돌리는 거야. 불교는 전부 그거야."

노장은 욕망의 유혹을 참고 또 참으며, 계를 실천하고, 극기를 통한 자기확신을 가져야 한다고 강조한다. 절을 할 때 3000배를 목표로 잡고 시작하면 2500배쯤에 고비가 오지만, 1000배를 목표로 삼으면 700배쯤 고비가 온다. 목표가 3000이었을 때 1000배 하기는 수월하지만 처음부터 1000배를 목표로 하면 힘이 더 든다. 이처럼 마음은 다잡기 나름이다. 그러므로 극기심으로 스스로를 다스리면 용기와 자신감이 생긴다고 노장은 설명한다.

노장은 새해를 어떻게 맞을까?

"평생 공부해서 부처님은 못 돼도 조사(祖師)는 돼야 하는데, 나는 초등학교 2, 3학년밖에 안돼. 그래도 불법에 대해 말을 하는 건 초등학교도 가지 못한 사람들한테 길을 일러줘야 하기 때문이야. 해는 가고 몸은 늙어지는데 공부는 뜻대로 되지 않으니 얼마나 원통한지 몰라. 땅을 치고 울 노릇이지."

노장의 구도열이 놀랍다. 밤새 산사를 뒤흔들어대던 눈보라도 아랑곳 않을 태세다. 하산하는 길, 발자국 없는 눈길을 걷는 발걸음이 상쾌하다.

청소 스님

• 1921년 충남 청양 출생 • 1951년 예산 수덕사에서 지선 스님을 은사로 득도 • 문경 대승사, 선산 도리사, 승주 송광사 등에서 참선 수행 • 1991년 정읍 석탄사 주지 • 현재 석탄사 조실

혜산 스님
◦ ◦ ◦ 내생은 먼 훗날의 일이 아니고 바로 내일

전북 부안의 능가산 내소사는 변산반도에서 빼놓을 수 없는 명소다. 일주문을 들어서자 천왕문까지 600여 미터에 이르는 전나무 숲길이 맑은 향기를 내뿜는다. 오랜 세월과 함께 단청이 다 벗겨진 대웅전에는 나뭇결이 세월을 넘어 살아 숨쉰다. 고색창연하면서도 정갈하고 단아한 곳, 그래서 평일에도 관람객들의 발길이 끊이지 않는다. 종무소에서 기별을 넣고 무설당(無說堂)에서 잠시 기다리자 회주 우암 혜산(愚岩 慧山·69) 스님이 맑은 얼굴로 객을 마중 나왔다.

"훌륭한 말씀을 들으러 왔다면 잘못 찾아오셨습니다. 시골에 사는 중이 뭐 아는 게 있어야지요."

찾아뵙겠다고 전화를 했을 때부터 "해드릴 말씀이 없는데……"라며 여러 차례 난색을 표했던 혜산 스님. 그래서 "차라도 한 잔 마시고 싶다"며 떼를 써 만든 자리다.

우선 은사인 해안(1901~74) 스님에 관한 이야기부터 물었다. 해안 스님은 백양사 조실이던 학명 스님 문하에서 1주일만에 도를 깨친 선사로 "누구나 성불할 수 있다"며 일찍이 참선의 대중화에 앞장섰던 분이다. 다른 고승들에 비해 일반인에게는 별로 알려지지 않은 호남선맥의 큰 줄기다. 은사에 대한 혜산 스님의 칭송이 대단하다.

"원래 도인은 숨어 있는 것 아닙니까. 해안 스님은 선지(禪志)가 훌륭한 데다 후학을 가르치려는 간절한 마음이 남달랐어요. 저도 제방선원을 다니며 큰스님들을 뵙고 가르침을 받았지만, 해안 스님처럼 간절하게 후학들을 가르치는 열의를 가진 분은 드물었어요. 게다가 여러 면에서 도인의 풍모를 갖췄던 분이지요. 일흔네 살에 가셨는데도 주름살 하나 없이 맑고 깨끗한데다 모든 사람이 알아듣기 쉽도록 참 간절하게 설법을 하셨어요. 문장 또한 도도했고 글씨도 잘 쓰셨으니 신언서판을 두루 갖춘 셈이지요."

그런 해안 스님이 세간에는 왜 별로 알려져 있지 않을까? 혜산 스님은 "도가 높으면 명망이 자자하고 사람이 구름떼처럼 따라다닐 것 같지만, 시절 인연이 아니면 그렇게 되지 않는다"고 설명한다. 옛날 벽계정심 선사가 김천 직지사가 있는 황악산 중턱에 오두막을 짓고 살 때 벽송지엄 선사가 거기에 도인이 산다는 말을 듣고 찾아갔다. 오두막에 당도해 보니 웬 노인이 산에서 나무를 해 내려오고 있었고 부엌에는 할머니가 밥을 짓고 있었다. 지엄 선사가 "여기 정심 선사라고 계시오?" 하고 물으니 노인이 "예"라고 대답했다. "어디에 계시오?" 하고 다시 물으니 바로 그 나무꾼 노인이 정심 선사였다. 이후 3년간 지엄 선사는 정심 선사를 따라다니며 나무만 하다가 도저히 안 되겠다 싶어서 하산을 결심했다. 산모퉁이를 돌아가는데 뒤에서 "지엄아, 지엄아" 하고 부르는 소리에 돌아보니 정심 선사가 "야 이놈아, 이왕에 왔으니 도 받아라" 하며 주먹을 내밀었다. 그 순간 지엄 선사가 깨쳤다는 이야기가 전해온다.

"해안 스님은 불법이 스님네들의 전유물이 아니라 사부대중(남녀 승려와 신도)이 다같이 불법을 공부해서 견성성불(見性成佛)해야 한다고 강조하셨어요. 결제(선방에서 안거에 드는 것) 동안 선방에서 공부하는 것만으로는 직책이 있는 스님이나 일반인이 참여할 수 없으니 안 된다는 것이지요. 그래서 이미 30여 년 전에 요즘의 사찰수련회 같은 1~3주의 '특별정진법회'를 마련, 대중들을 깨침의 길로 이끌었던 것입니다.

그러면 얼마나 공부해야 견성할 수 있느냐, 1주일이면 된다고 하셨어요. 아주 뛰어난 사람은 말하기 전에 알고(言前開悟·언전개오), 중간쯤 트인 사람은 말 떨어지자 알며(言下開悟·언하개오), 제일 못난 사람도 1주일만 정진하면 깨친다고 스님은 주장하셨지요."

1주일간의 정진득도는 해안 스님이 직접 체험했다고 한다. 그래서 다른 사람들에게도 1주일간의 법문을 통해 이 좋은 공부를 꼭 해야겠다는 마음을 갖도록 하고, 또 1주일간의 기도를 통해 다생(多生)에 지은 업장(業障)을 소멸토록 한 다음, 나머지 1주일간의 정진을 통해 견성에 이르도록 한다는 것이다. 1967년 '불교전등회'를 결성, 서울 성북동 전등사에 시민선방을 열었던 것도 이를 위해서였다.

"아무리 조실이라도 다른 사람한테 법을 넣어줄 수는 없지요. 대신 기필코 견성성불하겠다는 생각을 가슴에 심어주고 수시로 대중을 살펴줍니다. 공부하다 딴 생각을 하면 때론 서릿발 같은 호령으로 마음을 가다듬게도 하고요. 사람들이 깨치는 길로 가고 있는지 날마다 살펴주셨지요."

혜산 스님은 "우리 몸뚱이의 주인이 여섯이나 되는데 사람들은 모두 그 종노릇을 하고 있다"고 했다. 눈, 귀, 코, 혀, 몸뚱이, 뜻 등의 주인들한테 시시각각 끌려 다니며 살다보니 마음이 잠시도 조용하지 않고 시끄럽다는 것이다. 노장은 "우리가 사람이면 주인 노릇을 하고 살아야 할 것 아니냐"며 "주인노릇을 하려면 주인의 얼굴, 주인의 정체를 알아야 한다"고 강조한다. 참선공부가 주인의 정체를 찾는 방법이다.

"내 마음의 주인을 알고 나면 원래 없는 무엇이 하늘에서 떨어지는 것도 아닌데 뭐가 좋을까요? 주인의 정체를 알고 나면 그놈을 마음대로 부릴 수 있어서 좋은 겁니다. 지금은 정체를 모르기 때문에 종이 돼서 웃고 싶어도 울어야 되고 가기 싫어도 가야 돼요. 그러나 정체를 알고 나면 주인이 되니까 슬픈 경우가 닥쳐도 '주인공아, 울지 마라' 하면 그 놈이 '예' 할 것 아닙니까. 그 이상 부자와 그 이상 행복이 없어요."

그렇다고 도를 통하면 신통력이 생긴다는 것은 아니다. 무리하게 억지를 써서 일을 마음대로 할 수 있다고 생각해서도 안 된다. 누가 나를 괴롭힌다면 그럴 수밖에 없는 원인을 알고 수긍하는 것이 진리이지, 이를 피하는 게 진리는 아니라는 말씀이다.

"깨친다는 것은 정당한 법도와 진리의 당체(當體)를 정확히 이해하는 겁니다. 진리에 부합하며 정정당당히 살고 추호도 무리수를 두지 않지요. 도를 통하면 요상한 재주나 사술이 있을 줄 알지만

그렇지 않아요. 도인도 배가 고프고 슬퍼지기도 합니다. 다만 그 경계를 따라가되 어거지로 역류하지 않는 것이지요.

  부처님도 신변신통(神變神通·모습이나 몸을 마음대로 변화시키는 능력), 기설신통(記設神通·앞날을 예언하는 능력), 교계신통(教誡神通·가르침을 실천해서 갖는 능력) 가운데 교계신통이 으뜸이라 했어요. 신변신통이나 기설신통은 허망한 것이지만 교계신통은 마침내 성불에 이르는 것이기 때문이지요. 그래서 순리대로 살라는 겁니다. 그러니 사바세계에서는 도인들의 말이 유치하게 들릴 수도 있어요. 있는 그대로를 말할 뿐 별스럽고 요상하게 하는 게 없으니까요. 그래서 깨친 분들은 천진한가봐요. 색칠해 버리면 도가 아니니까요."

혜산 스님은 "세상사람들이 요상한 걸 좋아하는데, 이는 힘 안 들이고 많은 소득을 얻으려 하기 때문"이라며 "노력 없이 갖게 되는 것은 모두 빚으로 남는다"고 강조했다. 힘을 하나 들였으면 하나 만큼 얻는 것이 마땅한데 100개를 얻었다면 나머지 99개는 남의 것을 가져온 것이므로 부채가 된다는 것이다.

"깨친 뒤에도 오랜 습관을 하루아침에 고치기는 어려워요. 사량분별(思量分別·생각하고 따지는 것)로는 아무리 바르게 살겠다고 생각해도 실제 상황에서는 습(習)이 앞서거든요. 오죽하면 3조인 승찬 스님조차 신심명(信心銘)에서 '도를 얻는 것은 어렵지 않으나 시비분별을 싫어한다(至道無難 唯嫌揀擇·지도무난 유혐간택)'고 했겠습니까?"

사무치게 깨닫고 체득해야 한결같은 행동으로 이어진다는 설명이다. 그래서 혜산 스님은 "죽으나 사나 깨쳐야 하고 버르장머리를 고치는 데 최선을 다해야 한다"고 목청을 높인다. 깨치지 않고 착하게 살면 어떨까? 그런 삶 자체는 좋지만 정작 자기의 길을 모르니 언제 어디서 수렁에 빠질지 모른다고 한다. 착하게 봉사하며 사는 것은 복을 짓는 일이라 거기에다 지혜를 더하면 얼마나 좋겠느냐는 것이다.

"이렇게 하면 확실히 깨칠 수 있구나 하는 확신을 갖는 것이 중요해요. 지금 전국의 선방에서 공부하는 수좌가 1500~1700명 정도 되는데, 이 중에 기필코 이번 결제에는 한 소식을 해야겠다는 굳은 각오로 정진하는 사람이 몇 퍼센트나 되는가가 문제입니다. 개중에는 굳은 각오로 정진하는 사람도 있지만 그렇지 않은 사람도 있어요. 기필코 해야겠다는 생각을 갖도록 선배들이 분위기를 만들어야 합니다."

서울대 농대를 나와 직장생활을 하기도 했던 혜산 스님은 어릴 때부터 진리와 참된 삶에 대한 고민이 깊었다. '무엇이 바른 삶, 참된 삶인가' 같은 문제의식을 항상 갖고 있어서 친구들 사이에 '진실맨', '양심의 벗'으로 통했다. 그러다 해안 스님이 쓴 〈금강반야바라밀다경〉이라는 책을 읽고 3년간이나 해안 스님과 편지를 주고받은 끝에 1963년 내소사 지장암으로 출가했다. 이후 해안 스님이 열반할 때까지 옆에서 시봉했고, 그 뒤에는 제방선원으로 다니며 정진했다. 도중에 조계사 주지, 총무원 국장·부장도 지냈고 내소사 주지를 맡아 퇴락했던 당우들을 중창하기도 했다. 그러나 혜산 스님은 2001년 겨울에도 내소사 선방에서 수좌들과 동안거를 함께 했을 정도로 정진 일념이다.

"한 순간도 내가 수좌라는 생각을 버린 적이 없어요. 하지만 아직도 확철대오(廓徹大悟)를 못했어요. 그 동안 법문도 많이 다녔는데 생각해 보면 가소로운 일이지요. 우리 스님(해안 스님) 살아 계실 때 확철대오했어야 하는데……. 어서 확철대오해서 중생들에게 법을 전해줘야 할텐데……. 시간이 참 바빠요, 혀허."

혜산 스님은 법문할 때 늘 "공부해서 견성하라"는 말을 빼놓지 않는다. 공부를 하지 않고 그래서 견성하지 못하면 끝없는 윤회에서 벗어날 수 없기 때문이다. 인과법도 강조한다. 스님은 "인과법은 과학"이라며 "성불할 원인을 심어놓으면 반드시 성불하게 된다"고 설명한다.

"불법을 알면 미래가 희망적이고 낙관적입니다. 왜냐, 인과의 법칙을 알면 나쁜 행동을 할 수가 없고 모든 행동과 생각을 좋은 방향으로 이끌 수밖에 없기 때문이지요. 선업을 쌓으니 미래가 희망적일 수밖에요."

정말 인과법을 알면 나쁜 짓을 할 수 없을 것 같다. 노장은 "우리가 7, 80만 살고 죽으면 다행이지만 이 몸뚱이를 끌고 다니는 주인공은 본래 죽는 것도 아니요, 나는 것도 아닌 불생불멸(不生不滅)"이라며 "그러니 어찌 나쁜 짓을 할 수 있겠느냐"고 했다.

"흔히 사람들은 한 세상 살고 마는 걸로 생각하고 내생을 막연하게 남의 일처럼 여깁니다. 그러나 지금 이렇게 사는 것이 내생입니다. 내생은 먼 훗날의 일이 아니고 바로 내일이에요. 자고 일어나면 내세인 겁니다. 이것만 알면 세계 평화도 금방 오겠지요."

가장 잘사는 길이 무엇이냐고 물었더니 노장은 금강경에 나오는 '무유정법명아뇩다라삼먁삼보리'라는 구절을 들려준다. 정한 법 없는 것을 이름해서 가장 잘사는 법이라 한다는 뜻이다. '아뇩다라삼먁삼보리'는 '무상정변정지(無上正遍正知 · 위 없는 깨달음)'인데 '가장 잘사는 법'으로 해석한다. 가장 잘사는 법이 무엇이라고 일정하게 정해진 것이 없다는 뜻이다. 정해졌으면 부자유스러울 텐데 정해지지 않았으니 자유자재하게, 필요에 따라 길고 짧고 모나고 둥글게 쓸 수 있다고 노장은 설명한다.

혜산 스님은 스스로 조실이라 하지 않고 회주라고 한다. 확철대오도 못했는데 어떻게 조실을 하느냐면서 "젊은 사람들이 나를 벌써 노장 취급하려는데 갈 길은 멀고 큰 일"이라며 허허, 웃는다. 스님의 호탕한 웃음소리가 산사에 길게 퍼진다.

산문 밖으로 나서려니 일주문으로 향하는 전나무 숲길이 더욱 짙은 향기로 다가온다.

혜산 스님

• 1933년 전북 정주 출생 • 1958년 서울대 농대 졸업 • 1963년 내소사에서 해안 스님을 은사로 출가 • 1974년 해인사 해인총림 선원장 • 1975~76년 조계종 총무원 교무국장, 종정 수석사서, 조계사 주지 • 1977년 전등선림 선원장 • 1983~93년 내소사 주지 • 현재 내소사 회주

법흥 스님

••• 걸림 없이 살 줄 알라

조계산 자락에 새 둥지처럼 자리잡은 송광사의 겨울 풍경이 아늑하다. 일주문을 지나 오른쪽 윗길로 조금 오르자 화엄전이다. 관광객의 출입을 막기 위해 걸어놓은 빗장을 풀고 들어섰다. 화엄전의 왼편 구석에 '放牛山房(방우산방)'이라 쓴 현판이 걸린 방 앞에 털신과 고무신이 한 켤레씩 놓였다.

인기척을 내자 "서울에서 왔소?"라며 노승이 문을 열어준다. 송광사 회주 법흥(法興·72) 스님이다. 노장은 마침 글씨를 쓰던 참이다. 2002년 송광사 달력 뒤 표지에 있는 '걸림 없이 살 줄 알라'는 글을 옮겨 적다 객을 맞았다.

'유리하다고 교만하지 말고, 불리하다고 비굴하지 말라 …… 눈처럼 냉정하고 불처럼 뜨거워라. 태산 같은 자부심을 갖고 누운 풀처럼 자기를 낮추어라…….'

잡보장경(雜寶藏經)의 내용인데 한 마디 한 마디가 금과옥

조다. 기다란 한지에 가는 붓으로 글을 옮겨 쓰자니 여간 신경 쓰이지 않을 듯싶다.

"내용도 좋고 신도와 스님들이 써달라고 해서 써봤더니 한 줄이 빠졌어요. 그래서 다시 썼더니 이번엔 두 줄이 빠졌네요. 거참……."

노장이 멋쩍게 웃는다. 법흥 스님은 고려대 국문학과(54학번으로 홍일식 전 고대총장이 한 해 후배라고 한다)를 졸업한 이듬해인 1959년, 효봉 스님을 은사로 대구 동화사에서 머리를 깎았다. 어린 시절 부친이 몸이 약해 요양차 문경 김용사와 대승사에 가 계셔서 반야심경 같은 경전독송이 귀에 익었고 대학시절에는 개운사에 다니면서 불심을 키웠다.

출가 동기가 참 기이하다. 출가하던 해 2월 보름 경(음력), '산신이 인도해서 왔다'는 어떤 노파가 집에 와서는 '집에 있으면 결혼도, 취직도 안 되니 쌀 서 되 서 홉을 가지고 3월 초닷새에 중 되러 떠나라'고 했다는 것이다. 노파가 말한 그 날에 형수가 해주는 밥을 먹고 새벽 1시에 집을 나섰는데, 아버님이 돌아가신 뒤로 부모님처럼 의지하며 지냈던 형님이 밤길에 십 리를 배웅했다고 한다. 그렇게 찾아간 곳이 문경 김용사다. 그러나 상좌를 받지 않는다고 해서 대승사 묘적암에서 일타(日陀·1929~99) 스님과 한 철을 보낸 뒤, 소개장을 받아 동화사로 갔다. 혜암(慧菴·1920~2001) 전 종정이 당시 동화사 원주였는데, 탁발한 쌀 두 말로 먹고 있었다고 한다.

"조실이던 효봉(曉峰·1888~1966) 스님한테 갔더니 '얼굴이 중 상(相)인데 어째 이제까지 속가에 있었느냐'며 사주를 짚어보세요. 그러고는 '옳다, 됐다. 사주에 불도(佛道)가 들었다'며 좋아하셨어요. 그래서 백중 때 가서 10월 보름에 계를 받고 중이 됐지요."

노장이 스물아홉 살 때였다. 그로부터 43년. 효봉 스님 상좌로는 이제 법정 스님과 법흥 스님 둘만 남았다. 노장은 "효봉 스님은 성품이 아주 너그럽고 원만해서 남들이 다투고 시비하는 걸 보면 '중생계는 항상 그래. 까짓 것 싸워 이겨서 뭘 해'라며 웃어버리곤 하셨다"고 전한다. 그러나 정진의 용맹심만큼은 지독했던 효봉 스님이다. 제자들이 그런 가풍을 이은 것은 당연하다. 법흥 스님도 '무(無)자 화두'를 들고 오대산 상원사, 도봉산 당월사, 문경 김용사 금선대, 묘관음사, 통도사·해인사·송광사 선원 등을 두루 거쳤다. 지금도 틈만 나면 방에서 좌복을 깔고 홀로 참선에 든다.

"준동함령(蠢動含靈·꿈틀거리고 움직이는 모든 것)에 다 불성(佛性)이 있다고 했는데 왜 조주 스님은 개에게 불성이 없다고 했을까, 여기에 의심이 걸려야지요. 여기서 없다는 건 유무(有無)의 무가 아닙니다. 참선은 논리적으로 분석하고 따지는 게 맞지 않아요. 논리는 분석인 반면 선은 정신집중이고 공안(화두)에 대한 의심입니다. 그래서 선과 논리는 적이에요. 덮어놓고 의심해야 합니다."

노장은 "번뇌를 끊는 제일 빠른 방법이 화두에 대한 정신집중"이라며 참선으로 깨달음에 이르는 길을 중국 곽암선사의 십우도(十牛圖)로 설명한다. 처음 소를 찾으러 나서는 심우(尋牛)로부터 깨달음의 열매를 중생들에게 나눠주기 위해 저잣거리에 나서는 입전수수(入廛垂手)에 이르기까지 10단계로 설명하는 선(禪)의 심법(心法)이다.

"깨치고 보면 유록화홍(柳綠花紅)이라, 버들은 푸르고 꽃은 붉으니 우주자연의 본래 면목이 그대로 보이지요. 성철 스님의 '산은 산, 물은 물'도 그런 경지입니다. 그리고 깨달음의 마지막 단계는 성불해서 중생을 구제하는 겁니다."

법흥 스님은 육신은 나고 죽음이 있지만 청정한 마음자리, 즉 육신을 끌고 다니는 주인공은 생멸(生滅)이 없다고 말한다. 참선을 통해 마음을 깨닫고 나면 우주와 내가 둘이 아닌 이치를 발견하게 되고 생사가 해탈되어, 가고 옴을 마음대로 하게 된다는 설명이다. 그러나 정작 노장 자신은 제방선원을 다녔지만 몸이 약해서 깊이 들어가지 못했다고 안타까워한다. 그래도 틈만 나면 참선을 하는 것은 '때가 되면 지은 만큼 받게 된다'는 믿음에서다.

"법구경에 '선의 열매가 익기 전에는 착한 사람도 고통을 받고, 악의 열매가 익기 전에는 나쁜 사람도 즐거움을 받는다. 그러나 선악의 열매가 다 익으면 착한 사람은 즐거움을 받고 나쁜 사람은 벌을 받는다'는 말이 있어요. 선업의 종자를 쌓아도 바로 응답이 오지 않을 때 답답해하고 실망하기도 하지만, 지은 만큼 받게 되는 것이 인과법입니다."

법흥 스님의 이 말은 법구경 '악행품(惡行品)'에 나오는 '요얼견복 기악미숙 자수죄학(妖孽見福 其惡未熟 至其惡熟 自受罪虐) 정상견화 기선미숙 지기선숙 필수기복(禎祥見禍 其善未熟 至其善熟 必受其福)'이라는 구절이다. '재앙을 받아야 할 사람이 복을 받는 것은 그 악행의 열매가 무르익지 않았기 때문이다. 악행의 열매가 무르익으면 스스로 가혹한 형벌을 받으리라. 복을 받아야 할 사람이 불행에 빠지는 것은 그 선행의 열매가 무르익지 않았기 때문이니 선의 열매가 무르익으면 반드시 그 복을 받으리라'는 말이다.

"고통과 번뇌를 끊어서 내 마음이 즐거우면 바로 극락이요,

내 마음이 괴로워서 살 수 없으면 지옥입니다. 돈이 많거나 절에 시주를 많이 해서 극락에 가는 게 아니라 자신의 노력으로 번뇌를 끊어야 갈 수 있어요. 지옥과 천당은 마음 쓰기에 달린 것이니 자작자수(自作自受·스스로 지어 스스로 받음)지요."

어떻게 살아야 극락에 갈 수 있을까? 노장은 세 가지 마음을 가져야 한다고 일러준다. 깨끗한 마음(청정심)과 감사하는 마음 그리고 무섭도록 정진하는 용맹심이다.

"중국의 임제 스님은 청정심이 곧 부처(淸淨心是佛)라고 했습니다. 일월(日月) 같고 청풍명월같이 광명정대한 마음을 가져야 돼요. 그래야 부귀와 재물, 권력과 무력에도 내 마음이 흔들리지 않지요. 또 부처님과 나라, 부모님과 스승 그리고 뭇 중생의 은혜에 감사할 줄 알아야 합니다."

용맹심의 사례로는 효봉 스님을 든다. 서른여덟 살에 늦깎이로 출가한 효봉 스님은 장좌불와(長坐不臥)할 때 엉덩이에 진물이 나 방석이 달라붙을 정도로 정진했다고 한다. 그야말로 '위법망구(爲法忘軀)'의 자세다. '절구통 수좌'라는 별명도 그래서 얻었다.

"우리가 불교를 믿는 목적은 인간고를 해탈해 피안인 극락에 이르기 위해서입니다. 부정모혈(父精母血)로 생겨난 이 몸은 언젠가는 죽어야 할 몸, 인연 따라 잠깐 왔다가는 존재에 불과합니다. 그래서 법화경에서도 '제법종연생(諸法從緣生) 제법종연멸(諸法從緣滅)'이라, 모든 법이 인연을 좇아 생겨났다가 인연이 다하면 없어진다고 했습니다. 그러나 육신을 끌고 다니는 청정한 마음자리, 본래면목은 생멸이 없어요. 반야심경에서 마음자리를 '불생불멸(不生不滅) 부증불감(不增不減) 불구부정(不垢不淨)'이라고 한 것이나, 함허

(涵虛·1376~1433) 스님이 '역천겁이불고(歷千劫而不古·천겁이 지나도 옛것이 아니요) 긍만세이장금(亘萬歲而長今·만세를 뻗어도 오늘 그 자리)'이라고 한 것도 마찬가지 의미입니다."

인생이란 부단히 살아가면서도 부단히 죽음으로 향하는 길이다. 생사해탈을 하지 않고서는 삶이 허망할 수밖에 없다. 그러니 청정한 자성을 보고 상주불변의 진리를 깨쳐야 한다는 것이다.

"상주불변의 진리를 인격화시킨 것이 부처님인데, 노장철학에선 천지자연의 도라 하고 공자는 천도(天道), 플라톤은 이데아라고 했지요. 춘하추동의 변화나 아침에 해가 뜨고 저녁에 해가 지는 것, 보름달이 찼다가 기우는 것이 다 천지자연의 도요, 법성의 당체(當體)입니다. 그래서 천지자연의 도, 즉 자성을 보게 되면 가고 오는 걸 내 마음대로 할 수 있다고 하고, 그 때문에 중노릇하는 겁니다."

그러나 지혜가 없이는 해탈을 이룰 수 없다. 효봉 스님은 '정혜쌍수가 되지 않으면 생사해탈이 되지 않는다'고 했고, 서산대사도 선가귀감(禪家龜鑑)에서 '총명함이 업의 힘을 능히 막을 수 없고(聰明不能敵業·총명불능적업), 정혜쌍수가 되지 않은 마른 지혜로는 윤회의 고통을 면할 수 없다(人多乾慧 未免苦輪·인다건혜 미면고륜)'고 했다. 학문으로 배운 사람은 깨달은 것처럼 말을 하지만 경계에 부딪히면 어리석음을 드러내고 마니, 말과 행동이 다르다는 것이다. 경허 스님도 '문자만 깨달아서는 생사해탈이 되지 않는다(頓覺文字 未免解脫)'고 했으니 지혜없이 어찌 해탈을 이루겠느냐는 설명이다.

"효봉 스님은 '중 됐으면 참선밖에 더 있느냐'면서 '공부하다 죽었는데 지옥 가겠느냐는 생각으로 애써 참선하라'고 하셨어요. 돈 많은 사람이 시주 많이 한다고 해서 극락 가는 것 아닙니다. 자기의 노력으로 번뇌를 끊어야 갈 수 있어요."

2시간 넘게 대화를 나누는 동안 노장은 법화경, 법구경, 아함경, 금강경 등 여러 경전의 말씀과 조사들의 선어록 등을 두루 인용하며 중생을 깨우치려 애썼다. 특히 옛날 이야기를 들려줄 때에는 비상한 기억력에 혀를 내두를 정도였다. 예컨대 "조지훈 선생이 41년도에 중앙불교전문학교를 졸업했는데 월정사에 가서 외전 강사로 있었다", "구산 스님이 동화사 주지를 하실 때 내가 거기서 62년 9월 5일부터 66년 5월까지 교무·총무를 했다", "괴산군 출신 국회의원 안동준이 54년에 3대 국방위원장 할 때 일인데……" 하는 식이다. 어쩌면 저렇게 꼬치꼬치 다 기억할까? '컴퓨터 스님'이라는 별명이 허언이 아닌 성싶다.

"74년에 송광사에 와서 29년째 살고 있다"는 노장의 법문에 푹 빠졌다가 창 밖을 보니 해가 뉘엿뉘엿 넘어가고 있었다. 자리를 털고 일어서려는데 "글씨 하나 드릴까"라며 금강경 사구게(四句偈)를 내놓는다.

凡所有相 皆是虛妄(범소유상 개시허망·무릇 상이 있는 것은 다 허망하니)
若見諸相非相 卽見如來(약견제상비상 즉견여래·만일 모든 상이 상이 아님을 본다면 곧 깨달음을 보리라)

노장은 찾아오는 사람에게 이렇게 일일이 글씨며 책을 나뉘준다고 한다. 그리고 누군가 찾아와서 용돈을 주거나 법문 하러 갔다가 거마비라도 받으면 몽땅 책을 사서 나눠준다는 것이다. 객을 배웅하러 마당에 내려선 노장의 모습이 현판에 쓰인 '放牛(방우·자유로운 소라는 뜻)'처럼 걸림 없이 자유로워 보였다.

법흥 스님

• 1931년 충북 괴산 출생 • 1958년 고려대 국문과 졸업 • 1959년 동화사에서 효봉 스님을 은사로 출가 • 1974~77년 송광사 주지 • 통도사, 해인사, 송광사, 상원사, 망월사, 김룡사 등 제방선원서 안거 • 현재 송광사 회주 • 저서 《禪의 세계》, 《戒律綱要》 등

법공 스님
●●●● 사람 노릇을 해야 참사람

　　　　서울 끝자락, 수락산이 온통 눈 천지다. 밤새 내린 눈 때문에 길이 제법 미끄럽다. 절에서 보내준 트럭이 아니었으면 고생 깨나 했을 성싶다. 하지만 절 앞의 가파른 산길에서는 트럭도 더 이상 가지 못하고 멈춰 섰다. 트럭에서 내려 조심조심 계단을 밟아 오르려니 저만치 입간판이 하나 보인다. '산불조심' 안내판이겠거니 했는데, 가까이서 보니 마음을 가다듬게 하는 청담조사의 어록이다.
　　　　'마음이란 이 우주를 지배하는 무한한 힘이요, 자연의 길이다. 이것처럼 참되고 묘한 것도 없다 …… 참으로 미묘하고도 엄숙한 이 움직임, 사람은 이 '마음'을 찬탄한다. 그런 까닭에 사람은 가장 고귀하고 소중하다.'
　　　　설백(雪白)의 천지에서 마음을 돌아보는 기분이 새삼스럽다. 다시 오르막길을 오르니 또 속세의 흐트러지고 삿된 마음을 경책하는 간판이 발걸음을 멈춰 세운다.

'삼도(지옥·아귀·축생)의 괴로움을 가져오는 데는 탐심이 첫째이고, 육도(보시·지계·인욕·정진·선정·지혜)의 문 가운데에는 보시가 으뜸이 되느니라 …… 사흘 닦은 착한 마음은 천 년의 보배가 되고 백 년 동안 탐내어 쌓은 물건은 하루아침에 티끌이 되느니라."

야운 스님이 지은 자경문(自警文)의 첫 구절 '삼일수심천재보(三日修心千載寶) 백년탐물일조진(百年貪物一朝塵)'이다.

계곡 물을 가로지른 아담한 연화교를 건너 계단을 다 오르자 도안사다. 설유(雪乳·1858~1903), 한영(漢永·1870~1948), 운허(耘虛·1892~1980)로 이어지는 불교의 강맥(講脈·강원 강사로서의 맥)을 계승한 이 절 조실 법공 재학(法空 在學·84) 스님의 수행처다. 법공 스님은 운허 스님의 강맥을 이은 월운(봉선사 조실)·지관(가산불교연구원장)·묘엄(봉녕사 승가대학장) 스님 가운데서도 가장 위다.

대웅전 옆 건물의 방문을 열고 들어서니 노장이 어떻게 왔느냐고 묻는다. 갑작스런 감기로 며칠째 고생해 말도 제대로 할 수 없을 정도라 하더니 좀 괜찮아진 듯한 목소리다. 눈 덮인 바깥 풍경이 절경이라고 감탄하자, 노장도 흔쾌히 맞장구를 친다.

"수락산에서도 이 절이 가장 좋아. 이 너머 흥국사가 제일 크긴 하지만 풍경이나 절 맛은 여기가 낫지. 근방에 민가도 없고……."

그러면서 노장은 1995년부터 머물고 있는 도안사를 지금처럼 가꿔놓은 조카 상좌 혜자(도선사 주지) 스님을 침이 마르도록 칭찬했다. 청담 스님의 막내 상좌로서 노장이 열반할 때까지 지극히 모신 효상좌인데다 적을 만들지 않고 일 또한 잘하는 사람이라고 한다.

강맥에 대해 묻자 노장은 '강원총람'에 실린 강맥도를 보여주며 소상히 설명해 준다.

"내가 법주사, 불국사, 백양사, 화엄사 등 4곳의 강원에서 한 20년 강사를 했어. 옛날에는 각 절에서 강맥을 상당히 따졌지. (조계종에서 발행한 〈강원총람〉에 실린 옛날 사진을 보여주며) 이게 내가 우리 법사 박한영 스님하고 백양사에서 처음 학인들을 졸업시키고 찍은 사진이야. 박한영 스님은 개운사 대원암에서 40년 정도 경을 가르쳤는데, 서경보 스님 같은 분도 와서 공부했을 정도로 유명했던 분이지."

법공 스님은 '삼수갑산'의 본고장인 함경도 삼수에서 태어나 스무 살 때 봉선사에서 운경 스님을 은사로 출가했다. 절에 가면 공부할 수 있다는 말을 듣고 '공부를 좀 해보기 위해서'였다. 그래서일까, 서울 개운사 대원암과 봉선사에서 당대의 더강백이던 박한영 스님과 운허 스님한테 경전을 배우는 복을 누렸다. 학병징집을 피하기 위해 동국대의 전신인 혜화전문학교에 시험을 봐서 합격했으나 곧바로 해방이 되면서 다니지는 못했고, 한참 뒤에야 동국대 문리대를 졸업했다.

참선이 아니라 경전공부를 통해서도 깨달음을 얻을 수 있을까? 노장은 교(敎)와 선(禪)을 모두 강조한다.

"경도 글자에 끄달리지 말고 진짜로 바로 보면 왜 못 깨달아? 옛날엔 강사 스님들이 경으로 깨달아 얼마나 많이 큰스님이 됐는데……. 선암사의 경산 스님, 경운 스님도 그랬고 우리 노장님(박한영 스님)도 사리가 많이 나온 걸 보고 '아하 이 양반이 정말 공부했구나' 싶었지. 간경자 혜안통투(看經者 慧眼通透)라 하잖아. 그러나 경학을 한다고 참선에 반대하면 못 써. 참선은 바로 가는 것이고 경은 부처님 말씀에 의지해 따라가는 것인데, 근기에 따라서 해야지. 나는 경을 하지만 항상 참선을 해. 참선이 제일이야. 참선을 해야 경도 나오고 성불도 나오지. 우리 노장님도 그랬어. 요새 경학하는 사람 중에 참선하는 사람 보고 '그까짓 것 가만히 눈만 감고 앉아 있으면 뭘 해' 하는 이가 있는데 큰 죄 짓는 거야."

선방에서 안거는 하지 않았지만, 승적에는 24안거를 이룬 것으로 기록되어 있는 노장이다. 강원생활도 안거로 치기 때문이다. 강원에서 두문불출 공부하는 게 어디 쉬운 일인가. 선방에서 수좌들이 참선하는 것만큼이나 절제와 자기단속, 인내가 필요한 일일 것이다.

법공 스님은 수많은 경전 가운데 화엄경을 최고로 친다. 팔만대장경이 화엄경에 다 집결돼 있다는 얘기다.

"부처님이 팔만사천 법문을 벌여놨지만 결국은 마음 하나로 만법귀일(萬法歸一)이야. 아무리 법이 많아도 마음 외에 딴 건 없어. 일체유심조(一切唯心造)라, 모든 것은 마음으로 짓는 거야. 마음을 깨달으면 그게 끝이지. '80화엄경'의 '보살설게품'에 '약인욕료지(若人欲了知) 삼세일체불(三世一切佛) 응관법계성(應觀法界性) 일체유심조(一切唯心造)'라는 4구게가 있어.

만일 삼세의 모든 부처를 알고자 한다면 마땅히 법계의 본성(本性)을 관(觀)해서 일체의 모든 것은 오직 마음이 지었음을 알아야 한다는 뜻인데, 과거·현재·미래의 붓다를 알고자 하는 사람은 마땅히 우리 마음이 일체를 만든다는 사실을 알고 관(觀)해야 한다

는 거야."

붓다, 중생 그리고 존재하는 모든 것이 마음 작용에 의해서 생겨난 것임을 안다면 그 사람은 곧 참붓다[眞佛]나 다름없다. 노장은 "만법이 다 마음에서 나오는 것이고 나쁜 법도 마음이요 좋은 법도 마음인데, 좋은 마음을 쓰지 않고 나쁜 마음을 쓰니 큰일"이라며 세상에 횡행하는 싸움과 갈등을 개탄한다.

"나의 행동이 열 사람을 살릴 수도, 죽일 수도 있을 때 사람들은 열 사람을 죽이더라도 내게 이익이 되면 그렇게 하려고 들지.

그러나 그건 복을 버리는 거야. 내가 좀 손해를 보더라도 열 사람 살리는 쪽으로 가야지. 그러면 그게 나중에 복이 돼서 돌아와."

어떻게 하면 마음을 깨달을 수 있을까? 노장은 "마음을 보도록 노력해야지 공짜는 없다"며 실천을 강조한다. 목 마른 사람은 물을 마셔야 되고 배 고픈 사람은 밥을 먹어야 해결되지, 말로만 밥, 밥 한다고 배가 불러지느냐는 얘기다. 부처님도 말보다 행을 앞세웠던 분이라며 노장은 "부처님 법은 실천행이 최고"라고 거듭 설명한다. 이렇게 실천행을 강조하는 것은 인과법 때문이다.

"불교는 콩 심은 데 콩 나고 팥 심은 데 팥 나는 이치야. 복이 괜히 오는 게 아니야. 복을 받을 수 있도록 내가 행동해야 오는 것이지 억지로 복이 되는 게 아니지. 전생에 내가 누구를 죽였으면 금생에는 그 사람한테 죽게 되어 있고, 금생에 불효하는 자식들은 전생의 원수가 아들이나 손자로 들어와서 그런 거야. 그러니 인과를 무섭게 알아야 돼.

젊은이도 앞으로 나쁜 원인은 짓지 마. 좋은 원인만 짓고 살겠다고 오늘이라도 결심을 해. 지혜롭게 살려면 욕심을 부리지 말고. 욕심이라는 게 허망한 거야. 내 몫 이외에 남의 것을 침범하면 오래 못 가. 먹고사는 데 욕심 없이 어떻게 사냐고 하겠지만, 굶어 죽으라는 게 아니라 허욕을 버리라는 거야. 식구를 먹여 살리는 것 외에 다른 사람을 해치면서까지 욕심을 채우는 게 허욕이야. 그러나 마음의 복을 지으면 끝이 없지. 그런데도 요샌 남의 밥그릇도 빼앗아 먹으려고 한단 말이야."

노장은 '인욕선인(忍辱仙人)'으로 불렸던 청담 스님 이야기를 들려주면서 참고 견디라고 당부한다. 청담 스님은 누가 욕을 해도 '너는 욕해라. 나는 들으마' 하는 태도로 가만히 듣고 있었다고 한다.

방 주위엔 온통 글씨들이다. 화엄경 서문을 쓴 병풍과 금강경을 쓴 액자, 常放大光明(상방대광명·마음이 항상 대광명을 방출한다는 뜻)이라고 쓴 글씨……. 한영 스님 옆에서 먹을 갈다가 어깨 너머로 배운 솜씨라고 한다. 그 중에서도 사람 인(人) 자 4개를 세로로 쓴 글씨가 눈에 띈다. 노장의 뜻풀이가 재미있다.

"사람이면 다 사람이냐, 사람 노릇을 해야 참사람이지."

노장은 요즘 절에서도 비구다운 비구는 드물어서 비구니들이 깔보는 형편이라며 안타까워한다. 비구와 비구니의 차별이 왜 생겼느냐고 묻자 노장은 "여자는 전생에 지은 죄가 많기 때문"이라고 했다. 경전에 그렇게 나와 있다고 한다. 그러나 남자도 여자를 통해서 나온 것이 아닌가? 노장의 설명이 이어진다.

"원래 부처님 말씀이, '남자는 어머니하고 전생에 인연이 있어서 내외가 있던 사람이 아들로 태어난다'는 거야. 그래서 여자가 아들을 수태하면 배를 안고 있어. 그러나 딸은 전생에 아버지와 인연이 있어서 아버지 쪽으로 배를 두고 있어. 참 기가 막혀. 우리 부처님은 생리학자요, 의학박사야. 마음을 깨달았는데 별 얘기를 다 하시는구나 싶지. 모든 게 마음이야. 온갖 박사 다 해봐야 마음 하나야. 마음이 의사인데 무슨 얘기를 더 하겠어. 아인슈타인이 부처님법을 보고 놀랐다잖아. 상대성 원리를 2500년 전에 벌써 깨달았거든."

백설천지의 산중에서 산 아래 속세를 보면 어떤 생각이 들까? 노장은 "속세야 보지 않아도 뻔하지 뭐, 사바세계야. 오늘은 또 얼마나 싸우고 죽고 부서지고 할는지……. 여기 있으면 마음이 편해. 그런 것 안 보니까 참 좋아"라고 했다.

혹시 스님이 안 됐으면 뭐 하셨을 것 같으냐고 뜬금 없는 질문을 던졌더니 노장은 이렇게 응수한다.

"지금 생각해 보면 중 되길 잘했어. 부처님이 끌어 댕겼나 봐. 그렇지 않았으면 깡패가 됐거나 못된 길로 갔을 거야. 젊었을 땐 남한테 안 지려고 했거든."

하루 일과가 어떻게 되냐고 물었더니 "아침에 일어나서 참선하다 예불하고, 책과 신문도 보고, 잠 오면 스르르 잔다"고 했다. 세월이 오고 감에도 마음 쓰지 않는다. 오는 대로, 주는 대로, 지은 대로 받을 뿐. 그래도 요즘 절집 풍토에 대해선 걱정이 앞선다.

"발우공양이 거의 사라졌어. 발우공양을 해야 같이 앉아서 누가 잘하고 잘못했는지 지적하고 대중공사도 하는데, 요샌 그게 없어. 옛날엔 조실 스님, 주지 스님에서부터 막내 스님까지 큰방에 앉아서 공양하며 살았거든. 그때가 그리워. 이제는 절에 발우를 같이 펼 만한 식구도 없어."

자리를 파할 즈음, 노장이 글씨 뭉치를 한참 뒤적이더니 "이게 우리 은사(운경) 스님 열반송인데 마침 있네"라며 건네주고 한문까지 풀어 설명해 준다.

幻海九十年(환해구십년 · 사바세계에서 구십 년을)
回頭事堪笑(회두사감소 · 되돌아보니 우습구나)
今朝撒手盡(금조철수진 · 오늘 아침에 손을 거두고 가니)
大千光爍爍(대천광삭삭 · 대천세계에 빛이 환하구나)

문 밖에 까치소리가 요란하다. 노장은 "까치 네 마리가 찾아와 까마귀 집을 빼앗느라 싸운다"며 "저 놈들이 다 나의 도반(道伴)들"이라고 했다. 눈꽃 속의 산사가 더없이 평화롭다.

법공 스님

• 1918년 서울 출생 • 1935년 봉선사에서 운경 스님을 은사로 출가 • 1940년 개운사 대원암에서 박한영 스님을 계사로 비구계 받음 • 법주사, 백양사, 불도사, 화엄사 청암사 강원 등에서 20년간 강의 • 1949년 동국대 문리대 졸업, 조계종 중앙종회 의원 • 현재 도안사 조실

종성 스님
· · · 푸른 산은 예와 같이 진실한 모습이니

서울 관악구청 맞은편의 봉천 7동 주택가 들목길 모퉁이에 있는 2층집. 살림집 같은 철제 대문에 '임제선원'이라는 큰 글씨와 정기법회 안내문이 붙어 있다. 보살법회, 일요법회, 공무원법회, 교수·교원법회, 법조인법회……. 교수, 공무원, 법조인들은 이 곳 조실 종성(宗成·72) 스님의 지도를 받으러 오는 재가(在家) 수행자들이다.

2층으로 올라가 보니 종성 스님은 자리보전을 하고 누워 있다. 12년째 살아온 이 집이 너무 비좁아 인근의 좀더 넓은 장소로 선원을 옮기려고 짐을 꾸리다 허리를 삐끗했다고 한다. "좀 어떠십니까" 하고 물으면서도 '헛걸음을 했구나' 싶은 생각이 앞섰다. 그러나 노장은 곧 불편한 몸을 추스렸다. 선(禪)에 대해 한 마디라도 더 일러주고 싶어서다.

먼저 선의 본질에 대해 물었더니 노장은 불교의 본질과 각

종파의 형성, 화두선의 등장 이유 등을 소상히 가르쳐 준다.

"불교의 본질은 한 마디로 마음 심(心) 자를 연구해서 아는 겁니다. 화엄경에 삼계유일심(三界唯一心) 심외무별법(心外無別法), 즉 삼계는 오직 한 마음이니 마음밖에 별 도리가 없다는 말이 나와요. 이 마음을 밝혀서 진여자성(眞如自性)을 보는 것이 불교의 근본이지요. 일체유심조(一切唯心造)라 하지 않았습니까. 마음 심 자를 밝히는 데 있어 불교의 여러 종파 가운데 조계종은 참선을 주로 하는 선종입니다. 그렇다고 참선만 하는 것은 아니고 참선이론과 경전, 조사어록도 가르치지요."

노장의 설명을 옮기면 이렇다. 한국의 선종은 중국에서 들어왔는데 이는 인도불교에서는 없었던 것을 발전시킨 것으로 화두선이요, 조사선이다. 초조(初祖)인 달마로부터 단일 법맥으로 이어지다 육조 혜능 이후에 임제종, 조동종, 운문종, 위앙종, 법안종 등의 5개 파로 갈라졌다. 그 중 두드러진 것이 임제종과 조동종인데, 한국에서는 그렇지 않지만 일본에서는 두 종파간의 차이가 현저하다.

임제종은 '오역문뢰(五逆聞雷·오역죄를 지은 사람이 천둥소리를 듣는다)'를 종지로 삼고, 조동종은 '지서부도가(持書不到家·가지고 가는 편지가 아직 도착하지 않았다)'를 종지로 삼는다. 임제종은 가풍이 활발발(活潑潑)해서 싱싱하게 살아 있고, 조동종은 살아 있긴 하나 좀 느린 편이다. 참선방법도 조동종은 지관타좌(只管打坐·오로지 앉아 있을 뿐)로 묵묵히 관조하는 묵조선이지만, 임제종은 화두선으로 한국의 조계종은 임제종과 같은 화두선을 중시한다.

"파벌에 치우친 사람들은 서로 비방도 하지만 근본은 둘이 아니에요. 묵조선이나 간화선(화두선)이나 똑같아요. 묵조선은 선혜

후정(先慧後定·慧를 먼저 하고 定을 나중에 한다)을, 간화선은 선정후혜(先定後慧)를 지향하므로 참선방법이나 가풍이 여러 모로 다르지만 내용은 같다는 말입니다."

　　참선은 자성을 보고 성불하는 지름길이고, 이를 위한 방편이 곧 화두다. 진각국사(眞覺國師·1178~1234)가 역대 조사들이 남긴 공안을 채집해 보니 1700여 개나 되는데, 이것들이 모두 말만 다를 뿐 알고 보면 내용은 다 똑같다는 게 노장의 설명이다.

　　그런데 석가모니불 당시에는 없었던 화두가 왜 등장했을까? 부처님 당시에는 정법(正法)시대라 화두가 없어도 설법을 들으면 바로 깨칠 수 있었다. 그러나 상법(像法)시대와 말법(末法)시대로 오면서 불법이 쇠해져서 부처님 말씀만 듣고는 깨쳐서 해탈할 수 없으므로 새로운 공부법이 필요하게 된 것이다. 그래서 나온 게 화두선이다.

　　"화두란 본래 샛별같이 초롱초롱하면서도 고요하고 고요한(惺惺寂寂·성성적적) 마음 안의 소식을 알려주는 암호입니다. 화두가 '뜰 앞의 잣나무(庭前栢樹子)'이든 '무(無) 자'이든 내용은 한결같이 성성적적입니다. 기자님도 샛별같이 초롱초롱하면서도 고요하고 고요한 그걸 한번 그려봐요. 늘 성성적적한 걸 염두에 두면 흐트러졌던 마음이 하나로 뭉쳐져서 한 덩어리가 되고(打成一片), 이를 오래 오래 유지하면 어느 순간에 마음이 툭 터지면서 희열의 기운이 단전에서 머리끝까지 올라와요. 그게 바로 견성(見性)입니다."

　　노장은 "세상에서 견성의 희열보다 더 좋은 재미는 없다"면서 "이런 재미가 있으니 머리 깎고 중노릇하지, 그렇잖으면 누가 중노릇하겠느냐"고 했다. 그러나 이런 재미는 견성의 첫 단계인 초견성일 뿐이다. 아무리 대오(大悟)하여 지견(知見)이 열렸다 해도 움직이거나 가만히 있거나(動靜一如), 꿈속에서나(夢中一如), 깊은 잠에 들었을 때나(熟眠一如) 화두가 한결같아야 견성정각(見性正覺)할 수 있다고 한다. 다시 말해 털끝 하나 용납지 않고 오매일여(寤寐一如)의 관문을 투과해야 확철대오에 이른다는 것이다. 또 눈 밝은 큰스님을 찾아가 깨침의 내용을 점검 받고 다듬지 않으면 안 된다. 몽산 스님도 선문촬요에서 '깨달은 후에 명안종사를 찾아뵙지 않으면 말후대사를 마치지 못한다(悟後若不見人 未免不了後事)'고 했다.

"화두선은 어렵다면 어렵고 쉽다면 쉽습니다. 어렵기로는 쌀포대를 짊어지고 하늘로 올라가는 것 같고, 쉽기로는 평상에 앉아 다리를 내리는 것과 같아요. 대의심(大疑心) 대분심(大憤心) 대신심(大信心)을 갖춘 상근기라면 길게 잡아 구순(석달), 짧게는 7일이면 대사를 마칠 수 있습니다. 그러나 쉽다고 자만하지 말고, 어렵다고 퇴전하지 말아야 해요. 직접 해보지 않고서는 알 수가 없지요."

전북 부안에서 태어난 종성 스님은 출가 전에 초견성을 한 것으로 유명하다. 초등학교 5학년 때 이광수의 소설 〈사랑〉을 읽고 종교에 눈을 떴고, 보수적 유학자였던 할아버지의 영향으로 서당에도 다녔다. 한학자인 백파 김구락(白坡 金龜洛 · 1897~1975) 선생에게 배우면서 한학, 성리학, 불교, 시문 등에 대해서도 많은 토론을 했다.

20대의 학창시절에는 인생의 의미와 영원하고 안락한 삶에 대해 고민하며 유교, 기독교, 유물론 등을 접해 봤지만 근원을 꿰뚫는 답을 얻지 못한 채 방황했다. 그러다 석가모니불이 설한 '우주와 인생의 근본이 마음이니 이 마음만 깨달으면 인생 자체의 절

대 모순을 근본적으로 초월한, 참으로 영원한 생명이 있다'는 유심도리(唯心道理)를 알게 되었고, 그 순간 마치 어두운 밤길에 밝은 등불을 만난 듯했다고 한다.

"그래서 출가도 하기 전에 책만 보고서 성성적적을 늘 생각하며 공부했습니다. 그런데 부처와 조사의 마음은 항상 성성적적한데, 왜 내 마음은 그렇지 않은가 크게 의심이 들었지요. 그렇게 침식을 잊을 정도로 일주일을 공부하다 보니 기가 위로 올라와 머리가 터지는 것 같은 고통이 느껴지는 거예요. 상기병(上氣病)이지요. 그러다 일본의 선사 야마다 레이닝(山田靈林)이 쓴 〈선학독본〉을 보앉고, 그 책에 상기가 되면 단전으로 기운을 내려서 지관타좌(只管打坐)하라고 되어 있었어요. 그래서 단전에다 의심하는 기운을 내려서 숨을 한 번 들이쉬는 찰나, 의심하던 마음이 밝게 툭 터져 버리는 겁니다. 그때 비로소 내 몸과 우주가 한량없는 광명과 희열로 충만해서 소소영영(昭昭靈靈)한 마음의 주체가 언제나 한결같음을 알게 되었지요."

25세의 나이에, 그것도 출가도 하지 않은 채 초견성에 이른 것이다. 그래서 호남도인으로 존경받던 변산 내소사의 서래선림(西來禪林)으로 해안 선사를 찾아가 견처(見處)를 보였다. 그러자 해안 선사는 "임제 스님이 황벽 스님으로부터 30방을 맞고 깨친 소식이 무엇인가" 하고 물었고, 종성 스님이 일언지하에 답을 하자 "옳거니"하면서 바로 인가했다. 그리고 해안 선사는 상좌들을 불러놓고 "이 분은 집에서 공부했어도 이렇게 잘하는데, 너희들은 집 나온 지가 얼마인데 아직도 이 모양이냐. 밥값 내놓아라"고 꾸지람했다. 또 종성 스님에게는 출가 전인데도 전법게를 주며 기뻐했다고 한다.

傳來一物付圓潭(전래일물부원담 · 전해 오는 한 물건을 원담[출가 전 법명]에게 부촉하노니)
淸白家風與誰談(청백가풍여수담 · 청정하고 밝은 가풍을 누구와 더불어 말할 수 있겠는가)
依舊靑山眞面目(의구청산진면목 · 푸른 산은 예와 같이 진실한 모습이니)
空空色色夢中淡(공공색색몽중담 · 공이면 공, 색이면 색 모두 꿈속에서 맑도다)

그 후 여러 해 동안 내소사에서 안거하며 정진했으나, 어쩐지 그 곳에서 중노릇할 생각이 나지 않았다고 한다. 그러나 노장은 자신을 가까이에 두고 각별히 아껴주었던 해안 스님의 은혜는 지금도 잊을 수 없다고 말한다.

"그 다음에 서옹 스님이 일본유학에서 돌아와 백양사에 머문다길래 찾아가서 견처를 말씀드렸더니, '공부를 많이 하기는 했는데 좀더 해봐라'고 하셨어요. 그 길로 선사의 문하에 출가했지요. 7월 보름에 오라고 해서 갔더니 무조건 계를 주시더군요. 행자생활을 하지 않고 바로 계를 받은 이는 저하고 성철 스님뿐이랍니다. 그때 내가 서옹 스님 말을 안 들었으면 공부가 되지 않았을 겁니다."

이때가 1968년. 38세의 늦깎이로 출가한 노장은 이후 파자소암(婆子燒庵)을 화두로 더욱 정진했다. 파자소암이란 선문염송(禪門拈頌)에 나오는 말로, 노파가 암자를 불태워 버렸다는 뜻이다. 어떤 스님을 일생 동안 시봉하던 노파가 하루는 딸에게 음식을 들려 보내며 스님을 꽉 껴안아 보고 스님이 어떤 반응을 보이는지 알아 오라고 했다. 딸이 어머니가 시키는 대로 했더니 스님은 '고목의한암(枯木倚寒岩·고목이 찬 바위에 기대니) 삼동무난기(三冬無暖氣·삼동에 따뜻한 기운이 없더라)'라고 했다. 이 말을 전해들은 노파는 노발대발, "내가 스님인 줄 알고 시봉했더니 마구니 새끼를 키웠구나"라며 스님을 내쫓고 암자를 불태워 버렸다는 이야기다. 이 파자소암의 화두를 타파해 확철대오한 노장은 서옹 스님에게 법을 인가 받았다. 노장의 표현을 빌자면, 서너 차례 '맞장뜨기'를 한 결과다. 그리고 1992년 서옹 스님으로부터 전법게를 받았다.

臨濟喝兮德山棒(임제할혜덕산방 · 임제의 할과 덕산의 방망이는)
石火不及電罡通(석화불급전망통 · 돌불도 미치지 못하고 번갯불도 통하지 못하도다)
四海逆流淸風起(사해역류청풍기 · 사해가 거꾸로 흘러 맑은 바람 이니)
倒騎須彌出重城(도기수미출중성 · 수미산을 거꾸로 타고 겹겹의 성을 벗어나도다)
佛祖命脈繼承隆昌(불조명맥계승융창 · 불조의 명맥을 계승하고 융창시켜)
與天無窮廣度衆生(여천무궁광도중생 · 하늘과 더불어 다함이 없고 널리 중생을 제도하여)
以報聖恩懇切願耳(이보성은간절원이 · 성스러운 은혜를 갚도록 간절히 바라노라)

"확철대오의 세계는 초견성 때와는 다릅니다. 걸림 없고 자유로운 경지지요. 입전수수(入廛垂手 · 손을 내리고 시장 터에 들어섬, 목우도의 마지막 단계)라, 중이 도살장에 가든 장바닥에 가든 노래를 부르든 자유자재하거든요."

노장에게 초견성이 있고 확철대오가 있으면 돈오점수(頓悟漸修 · 단박에 깨친 후에 더 닦음)가 아니냐고 물었더니 펄쩍 뛴다. 초견성도 돈오돈수(頓悟頓修 · 단박에 깨치고 닦음)요, 확철대오도 돈오돈수라는 것이다.

"처음 깨쳐서 나중에 구경각(究竟覺 · 확철대오)에 이르는 과정은 깨침의 깊이를 더하는 것이지 망기가 있어서 닦아내는 것이 아닙니다. 돈오돈수 문중의 공부는 처음 화두를 들 때부터 알음알이(知解)가 붙어선 안돼요. 알음알이와 망령이 붙으면 사구(死句)요,

붙지 않으면 활구(活句)지요. 처음부터 돈오돈수이기 때문에 여러 단계를 거쳐도 돈오점수로 보지 않습니다."

노장은 "지난 72년 서옹 스님이 종정이 되면서 서울 상도동 백운암으로 왔는데, 벌써 20년이 다 되어 '서울 중'이 돼버렸다"며 껄껄 웃는다. 서옹 스님이 백양사로 내려간 뒤에도 노장은 여기에 남아 참선법을 전하며 하화중생(下化衆生)에 매진해 왔다. "선사의 이타행(利他行)은 마음구원이 제일"이라며 "내가 깨친 것을 남에게 전해주고 알려야 한다"고 말하는 종성 스님.

"조계종은 선종인데, 선과 교(敎)를 아우르는 통불교론을 주장하는 것은 불법을 흔드는 행위요, 조계종의 근본생명을 죽이는 일입니다. 구산선문(九山禪門)이 고려 때 의천대각국사의 교선일치(敎禪一致) 주장 이후 죽어 버렸고, 보조국사가 선교일치를 주장하면서 알음알이가 따라붙었잖아요. 교(敎)는 방편일 뿐인데 통불교나 교선일치를 주장하면 견성인가를 받지 않고도 조실을 할 수 있게 됩니다. 선을 논하려면 수행을 해서 마음이 열린 사람이라야 하는데, 견성인가를 받지 않고 그저 책만 보고 귀동냥으로 조실, 방장해서는 안 되지요. 성철 스님이 계셨으면 몽둥이 천 개는 맞아야 했을 겁니다."

방안을 둘러보니 '불립문자(不立文字)'를 표방하는 선사의 방 같지 않게 3만 권이 넘는 방대한 분량의 책이 빼곡하게 꽂혀 있다. 책이 재산의 전부라고 할 정도다. 책이 많은 이유를 묻자 노장은 "이 시대 각계각층의 사람들에게 살아 있는 언어로 선을 전하기 위해서"라고 말했다. 사바세계에서 중생을 건지겠다는 노장의 열의가 놀랍다. 가까스로 몸을 추스렸던 노장이 자리에 눕기 전에 다시 한번 참선수행을 강조한다.

"고경미마시여하(古鏡未磨時如何 · 옛 거울을 닦지 못했을 때는 어떠한고) 마후여하(磨後如何 · 닦은 뒤에는 어떠한고). 이를 알면 눈 뜬 사람이고 이를 모르면 눈 먼 사람이니라."

종성 스님이 일러주는 화두선의 기본법

오른 발을 왼쪽 허벅지에 올려놓고 왼발은 오른쪽 허벅지에 올려놓는다. 발을 '짜는' 결가부좌다. 나이가 들어 뼈가 굳은 사람은 왼발이나 오른발을 반대편 허벅지에 올려놓는 반가부좌를 해도 된다.

그 다음은 조신(調身 · 몸을 바로 잡는 것), 조식(調息 · 숨을 바로 잡는 것), 조심(調心 · 마음을 바로 잡는 것)의 세 가지 요건을 갖춰야 한다. 조신은 마음을 정심단좌(正心端坐)해서 척추를 반듯이 세워 양 어깨, 양 귀가 일치하도록 하고 코가 배꼽과 가지런하게 한다. 숨은 들숨이 날숨보다 약간 길게, 들숨이 10칸이라면 날숨은 8칸쯤으로 쉰다.

이렇게 조신과 조식을 하고 나서야 조심, 즉 마음을 바로 잡는 단계에 들어선다. 화두를 들고 일체유심조의 도리를 체득하는 단계다. 이때 화두를 머리로만 생각하면 기운이 머리로 올라오는 상기병을 일으킬 수 있으므로, 기운을 아래로 살짝 내려서 자연스럽게 해야 한다. 상기병으로 머리가 아프거나 고단할 때에는 잠시 쉬고 하는 것이 좋다.

이런 상태에서 마음속으로 샛별같이 초롱초롱하면서도 고요하고도 고요한 성성적적(惺惺寂寂)을 그려 나간다. 그러면 흐트러졌던 마음이 탁 쳐서 한 덩어리로 되는 타성일편(打成一片)의 상태가 된다. 이 상태를 오래 오래 지속하면 나중에 마음이 툭 터지는데, 이것이 견성(見性)이다. 그러나 이것은 견성의 첫 단계, 즉 초견성에 불과하므로 선지식을 찾아 공부를 점검 받고 다듬어야 한다.

종성 스님

• 1930년 전북 부안 출생 • 전주고 졸업, 원광대 불교학과 졸업 • 1968년 백양사에서 서옹 스님을 은사로 출가 • 1992년 서옹 스님으로부터 전법게 받음 • 현재 서울 봉천동 임제선원 조실 • 저서 〈돈오돈수와 돈오점수의 辨〉 외 다수

진제 스님
··· 흐르는 물처럼 화두가 끊이지 않아야

　　　　해운대 앞 바다가 훤히 내려다보이는 부산 장수산 기슭의 해운정사(海雲精舍). 일주문 위로 가파른 언덕길을 오르자 목재를 자르는 전기톱 소리가 요란하다. 1년 내내 수좌와 신도들이 쉼 없이 정진하는 곳이라 적묵의 세계일 줄 알았는데 뜻밖의 소음이 당황스럽다.

　　　　종무소에서 기별을 넣고 잠시 기다리자 해운정사 조실 진제(眞際·68) 스님이 종무소 옆 큰방에 좌정했다. 바깥의 소음은 2002년 10월 이 곳에서 열릴 '국제 무차선 대법회'에 참석할 손님들을 맞기 위한 불사 때문이라고 한다. 범종각을 새로 짓고 요사채도 늘리는 모양이다.

　　　　'무차회(無遮會)'란 성인과 속인, 상하귀천에 관계없이 모두가 평등하게 불법을 논하는 자리다. 당대의 선지식(善知識)을 모시고 깨달음의 경지를 논하는 법거량의 기회다. 우리나라에서는

1912년 방한암 스님이 금강산 건봉사에서 무차선회를 연 데 이어, 1998년과 2000년 고불총림 방장 서옹 스님이 장성 백양사에서 두 차례의 무차선회를 열어 활발발(活潑潑)한 선의 경지를 펼쳐 주목받았다.

"서옹 대종사께서 '이번에는 진제가 한번 해보지'라고 하시더군요. 백양사에 비해 해운정사는 교통이 편리해서 국내 어디서든 오기가 편하고 중국과 일본에서도 쉽게 올 수 있지요. 그래서 서옹 대종사와 중국 조주원 방장 정혜 선사, 일본 임제종이나 조동종의 관장을 모시고 무차선회를 열 계획입니다."

동양 3국의 대선사들이 한 자리에 모여 무차선 대법회를 갖기는 선불교 역사상 처음이 아닐까 싶다. 언설(言說)로는 표현할 수 없다는 깨달음의 경지를 어떻게 묻고 또 통역할지 궁금해졌다. 진제 스님은 "각 국에서 유학한 실력자들이 통역을 맡게 될 것"이라며 기대에 부푼 표정이다. 노장이 무차선회를 여는 까닭은 무엇일까?

"참된 선지식이란 학인(學人)을 지도할 때, 만 사람을 죽이기도 하고 살리기도 하는 살활(殺活)의 검(劍)을 자재하게 쓸 줄 알아야 합니다. 그러자면 학인들이 묻는 말에 척척 답을 해 줘야지요. 만일 삿된 소견으로 잘못 지도해 만인의 눈을 멀게 한다면 그 허물만으로도 능히 지옥에 갈 수 있습니다."

노장은 수행하는 사람들 역시 마땅히 선지식을 찾아 견처(見處)를 점검 받아야 한다고 강조한다. 석가모니불도 '스승 없이 깨달은 자는 천마외도(無師自悟 天魔外道)'라고 했다고 한다. 견처를 시험받으러 오는 사람이면 스님이건, 신도건 마다 않고 선문(禪門)을 활짝 열어두는 것은 이런 이유에서다.

"수많은 사람들이 찾아와서 괴롭히지요. 자기 딴에는 소견이 났다고 우기고, 고집도 부리고……. 하지만 아직 법을 전할 만큼 눈 밝은 납자를 만나지는 못했어요."

불법 그 자체는 한량없이 자비롭지만 불법을 논함에는 인정사정 없다. 그래서 노장은 수행자들에게 엄격한 잣대를 들이댄다. '남녀 색(色)에 무심하라, 돈에 무심하라, 먹는 것에 무심하라, 허망한 몸뚱이에 초연하라.'

"누가 장검을 목에 들이대고 화두를 내놓던가 목을 내놓으라고 한다면 흔연히 목을 내밀 수 있는 신심과 용단이 있어야 합니다. 암탉은 병아리를 까기 위해 21일 동안 먹고 싶은 것, 하고 싶은 것을 참아가며 알을 품습니다. 그렇지 않고 수시로 들락거리면 1년 내내 품고 있어도 병아리를 깔 수 없는 법이지요. 화두일념을 이루는 것도 마찬가지입니다."

그래서 노장은 생활 속의 선을 강조한다. 흐르는 물처럼 화두가 끊이지 않아야 한다는 것이다. 바른 법문을 듣고 바른 지도를 받아 화두를 놓지 않는다면 부엌이든 안방이든 사무실이든 만원 버스든 모두 다 선방이라는 이야기다.

노장에게 참선이 뭐냐고 허튼 질문을 던져봤다.

"참선이란 마음의 고향에 이르는 수행법이지요. 마음은 모든 부처님이나 중생이나 조금도 차별이 없어요. 다만 부처님은 마음 광명이 뚜렷이 밝아 있는 분이요, 중생은 마음이 번뇌의 구름에 가려져 어둡고 미(迷)한 자입니다. 만 중생이 이 마음 광명을 갖고 일상생활에 쓰고 있지만, 그 광명을 밝히지 못해서 천 갈래 만 갈래 번뇌가 생기는 것입니다. 그래서 아만심, 교만심, 시기심, 질투심,

탐심, 애정, 공포, 불안 등의 잡된 생각이 마음 가운데에서 쉴 날이 없는 것이지요. 그러나 누구든지 선 수행을 통해 마음의 고향에 돌아가면 진리의 체성(體性)을 바로 보게 되고, 나고 죽는 윤회의 고통으로부터 벗어나게 됩니다. 일반인들도 참선을 하면 식견이 밝아져서 삶의 지혜를 갖게 되지요."

맑은 가을하늘을 보면 한 점 티끌이 없는 것처럼 진리의 체성을 본 이는 세상에 물 드는 법이 없다고 노장은 설명한다. 어느 곳에 처해도 물 드는 바 없고 홀로 당당하다는 것이다. 노장은 "마음을 비운다고 하는 사람이 많은데, 마음은 결코 생각이나 말로 비운다고 해서 비워지는 것이 아니다"라고 못을 박는다. 오로지 정진만을 통해서 마음을 비우고 다생(多生)의 습기(習氣)를 제거할 수 있다는 말이다.

"화두일념이 되면 안팎의 경계를 다 잊어버리는 사심(死心) 경계의 상태에서 오랜 시간이 흘러야 됩니다. 그러면 죽은 송장과도 같고 돌사람과도 같은 사심의 경계가 돼서 좋은 경계를 대하든 나쁜 경계를 대하든 무심하게 되지요. 이는 무한한 수행 끝에 얻어지는 결과이지 그저 생각이나 말로 되는 게 아닙니다."

노장은 "화두일념이 되지 않고 혼침이나 망상이 오는 것은 화두를 참구하는 생각이 간절하지 않기 때문"이라고 지적한다. '홀연히 비명에 간 삼대 독자를 생각하는 부모의 심정'과도 같은 간절한 마음으로 화두를 챙겨야 한다는 얘기다. 참선한다고 앉아서 아들, 딸 생각하고 살림살이 생각하면 시간만 축낼 뿐이지 참선이 아니다. 수행자가 먹는 것, 입는 것, 편한 것에 조금이라도 마음을 두면 결코 일념이 지속될 수 없다. 앉아 있으나 길을 걸으나 청소를

하거나 채소를 가꾸거나, 몸은 자기 일을 하면서도 마음은 항상 화두와 씨름해야 한다고 노장은 강조한다.

"수좌들에게 생기는 위장병은 대체로 잔뜩 먹고 조는 데서 옵니다. 적당히 자기 양의 70~80%만 먹고 자세를 반듯하게 하면 졸음이 와도 구부정한 자세가 되지는 않아요. 고개를 숙이고 허리가 굽어지면 오장육부에 부담을 줘서 병을 만들게 되는 것이지요. 몸뚱이에 살이 찌고 기름이 붙어놓으면 혼침(昏沈)만 더하지, 도 닦는데 이로울 게 하나도 없습니다. 그러니 절제할 줄 알아야지요."

노장은 경남 남해에서 태어나 스물한 살 때 출가했다. 친척을 따라 동네에서 십 리쯤 떨어진 해관암(海觀庵)이라는 작은 암자에 갔다가 조계종 초대 종정을 지낸 설석우(薛石友·1875~1958) 선사를 만난 것이 계기였다. 이때 석우 스님은 "세상의 생활도 좋지만 그보다 더 값진 생활이 있으니 한 번 해보지 않겠느냐. 범부가 위대한 부처가 되는 법이 있네. 이 세상에 한 번 태어나지 않은 셈치고 수행의 길을 가보는 것이 어떻겠느냐"며 출가를 권했다.

은사인 석우 스님이 진제 스님에게 준 화두는 '부모미생전 본래면목(父母未生前 本來面目)'이다. '부모가 태어나기 전의 본래 모습은 무엇인가'라는 뜻이다. 진제 스님은 태백산 동암을 거쳐 선산 도리사에서 각고정진한 끝에 조그만 지견(知見)을 얻은 듯했다. 그래서 마침 석우 선사가 열반해 다비를 치른 뒤 경남 월내의 묘관음사에 머물고 있던 향곡(香谷·1912~78) 선사를 찾아갔다.

"향곡 선사는 대뜸 '일러도 삼십 방이요, 이르지 못해도 삼십 방이니 어떻게 하려느냐'고 물으시더군요. 대답을 못하고 우물쭈물하자 다시 '남전(南泉) 선사의 참묘법문에 조주 선사께서 신발을 머리에 이고 나간 것에 대해 한 마디 일러 보라'고 했으나 역시 답을 못했어요. 조그만 지견을 갖고 알았다며 자신만만하던 자신이 여지없이 깨지는 순간이었지요."

그 후 진제 스님은 향곡 스님으로부터 '향엄상수화(香嚴上樹話)'라는 새 화두를 받아 처음부터 다시 시작하는 자세로 정진에 정진을 거듭했다. '향엄상수화'는 '어떤 사람이 아주 높은 나무 위에서 손이나 발로 가지를 잡거나 밟지 않은 채 나뭇가지를 입으로 물고 있을 때, 다른 사람이 달마가 서쪽에서 온 까닭(祖師西來意)을 묻는다면 어찌 하겠는가'라는 뜻이다. 대답하지 않으면 묻는 이의 뜻에 어긋나고 입을 열면 나무 아래로 떨어져 죽을 상황이기 때문이다.

"화두일념으로 2년여를 정진한 끝에 드디어 관문이 뚫렸어요. 결제·해제 구분도 없이, 산문출입도 하지 않은 채 오로지 화두에만 매달린 결과지요. 종래 동문서답(東問西答)하던 답답함을 걷어내고 비로소 진리의 문이 열렸을 때, 오도송을 지어 향곡 선사께 올렸지요."

這箇柱杖幾人會(저개주장기인회·이 주장자 이 진리를 몇 사람이나 알꼬)
三世諸佛總不識(삼세제불총불식·삼세의 모든 부처님도 다 알지 못하누나)
一條柱杖化金龍(일조주장화금룡·한 막대기 주장자가 문득 금룡으로 화해서)
應化無邊任自在(응화무변임자재·한량없는 조화를 자유자재 하는구나)

그러자 향곡 선사는 "용이 홀연히 금시조(金翅鳥·용을 잡아먹는 괴수)를 만난다면 어떻게 하겠느냐"고 물었고 진제 스님은 "당흉(當胸)하여 몸을 굽히고 세 걸음 물러가겠습니다"라고 답했다. 이에 향곡선사는 "옳고 옳다"며 기뻐했다고 한다. 그러나 여기서 공부가 끝난 것은 아니었다. '일면불(日面佛) 월면불(月面佛)'이라는 공안에 막혔기 때문이다. 그래서 다시 5년여 동안 전력을 다해 정진해 일체의 걸림 없는 경지에 이른 뒤 이렇게 노래했다.

一棒打倒毘盧頂(일봉타도비로정·한 몽둥이 휘두르니 비로정상 무너지고)
一喝抹却千萬則(일할말각천만칙·벽력 같은 일할에 천만갈등 흔적 없네)

二間茅庵伸胭臥(이간모암신각와 · 두 칸 토굴에 다리 펴고 누웠으니)
海上淸風萬古新(해상청풍만고신 · 바다 위 맑은 바람 만 년토록 새롭도다)

그 후 노장은 34세 때인 1967년, 하안거 해제법회 때 향곡 선사와의 법거량 끝에 전법게를 받고 경허(鏡虛) · 혜월(慧月) · 운봉(雲峰) · 향곡(香谷) 스님으로 내려오는 임제정맥의 법등(法燈)을 이었다.

佛祖大活句(불조대활구 · 부처님과 조사의 산 진리는)
無傳亦無受(무전역무수 · 전할 수도 받을 수도 없는 것이라)
今付活句時(금부활구시 · 지금 그대에게 활구법을 부촉하노니)
收放任自在(수방임자재 · 거두거나 놓거나 그대 뜻에 맡기노라)

1971년 해운정사를 창건해 선법을 펼쳐온 노장은 해운정사 및 대구 동화사 금당선원 조실로 추대된 것 외에 2001년, 조계종에서도 선풍이 엄하기로 유명한 문경 봉암사 조실로 추대돼 절집 안팎의 기대를 모았었다. 그러나 한 철이 지나지 않아 다시 해운정사로 되돌아와 버렸다. 저간의 사정이 궁금했다.

"종단에서 가장 많은 납자들이 모인 곳이고 종립 특별선원이고 하니, 제대로 공부를 하도록 만들고 싶었어요. 그래서 내 경험상 3개월 결제하는 것으로는 화두가 잡힐 만하면 해제라 득력하기 어렵다며 9개월 결제를 하자고 했지요. 처음에는 다들 찬성하더니 막상 공문을 만들어 돌리려니까 구참(선방에서 오래 묵은 수좌)들이 못하겠다고 들고 일어서는 거예요. 그래서 인연이 아닌가보다 하고 돌아와 버렸지요."

그러면서 노장은 호탕하게 웃어젖혔다. 웃음소리가 일순 바깥의 전기톱 소리를 눌러 버릴 정도였다. 언하(言下)에 흑백을 가리기로 유명했던 향곡 선사의 전법제자답게 노장은 즉문즉답(卽問卽答), 일체의 걸림이 없었다. 수좌계에서 '북(北)송담, 남(南)진제'라고 하는 이유를 알 만했다.

원통보전 앞 너른 마당에서 바다 쪽을 바라보니 해운대에서 불어오는 바닷바람이 더욱 상쾌하다.

진제 스님 ✿

• 1934년 경남 남해 출생 • 1954년 설석우 선사를 은사로 출가 • 1967년 향곡 선사로부터 견성 인가, 법맥 계승 • 1971년 해운정사 창건 • 1994년~현재 동화사 금당선원 조실 • 1996년~현재 조계종 기초선원 조실 • 현재 부산 해운정사 조실

정무 스님

· · · 은혜를 알고 은혜를 갚는 사람이 돼라

경기도 안성에서 진천 방향으로 15분 가량 달리면 닿는 서운산 석남사(石南寺). 산사의 아침공기가 청량하다. 석남사는 신라 문무왕 20년(680년)에 석선사(奭善師)가 창건한 천 년 고찰이다. 높다란 계단 위의 대웅전과 그 아래 영산전, 절 입구 쪽 좌우의 요사채 둘. 가람구성이 참 단출하다. 왼쪽 요사채의 외벽 기둥에 걸린 한글 주련이 눈길을 끈다.

'우주는 한 집안, 중생은 한 몸, 서로 원망 말고, 은혜만 갚아라.'

주지 정무(正無·71) 스님은 마침 행자 세 명을 가르치던 참이다. 행자들의 표정이 딱딱하게 굳었다. 은사의 가르침이 얼마나 엄한지 짐작할 만하다. 1958년 전강 스님을 은사로 출가한 정무 스님은 '一日不作 一日不食(일일부작 일일불식)'의 청규(清規)를 실천해 온 수행자로 알려져 있다. 2000년, 이천 영월암에서 이 곳 석남사로 온 뒤에도 상좌들과 함께 1천여 평의 논밭을 직접 일군다. 가람 구성이 왜 이렇게 단출한지 궁금했다.

"주지로 와 보니 절이 너무 어지럽혀져 있었어요. 제대로 된 건물은 4채 뿐이고 가건물이 9개 동이나 됐지요. 슬레이트와 블록, 패널로 그때그때 필요에 따라 지었던가봐요. 그래서 그 중 슬레이트집 한 채만 남기고 다 부숴 버렸어요. 요즘은 산골짜기 절도 국제적으로 다 열려 있어서 잘 정리하고 가꿔야 해요."

그렇다고 당장 큰 불사(佛事)를 하는 것 같지도 않다. 가건물이 있던 자리는 공터로 정리만 해놓은 상태다. 사찰운영에 대한 스님의 소신 때문이라고 한다.

"주지란 안주도량(安住道場) 호지불법(護持佛法), 즉 도량을 편히 안정하고 불법을 지키는 사람입니다. 부처님 가르침대로 해야지요. 그러니 불사를 한다고 목표를 정해놓고 시주금을 거두는 일은 바람직하지 않아요. 그냥 돈이 생기는 대로 점진적으로 해야지요. 돈을 내라고도 안 해요. 다른 절에서는 필요에 따라 얼마를 가져오라고 한다는데, 여기에서는 있으면 있는 대로, 없으면 없는 대로 해도 잘 살아갑니다."

스님의 이런 생각은 '부처님 오신날' 연등을 다는 풍경까지 바꿔 놓았다. 석남사의 연등은 크기가 똑같다. 시주금도 표시하지 않는다. "세금을 내는 것도 아닌데 등 값을 매긴다는 것은 있을 수 없는 일"이라고 정무 스님은 딱 자른다. 자기 마음에 정한 대로, 형편대로 분수껏 하면 된다는 것이다. 때문에 석남사에서는 시주금에 관계없이 똑같이 연등을 나눠준다. 정무 스님은 스님이 된 초창기에도 이런 생각을 했다고 한다.

"돈이 많은 절에서 욕심을 더 내요. 불교가 그렇게 하면 단명해요. 부처님 가르침대로 해야지요. 어떤 사람이 선운사 도솔암에 갔더니 스님이 일념으로 기도를 하고 있더래요. 그게 그렇게 환희스러울 수가 없어서 시주금을 뭉텅 내고 싶은 마음이 저절로 생기더랍니다."

정무 스님이 "은혜를 알고 은혜를 갚는 사람이 돼라"고 강조하는 것도 이런 까닭이다. 내가 지금 이렇게 건재하고 있는 것은 부모와 국가, 이웃, 스승, 자연이라는 다섯 가지 인연에 의한 것임을 알고 그 은혜를 갚는 생활을 해야 한다는 얘기다.

"이 다섯 가지가 똘똘 뭉쳐서 우리가 존재합니다. 만일 그 가운데 하나라도 없다면 지금 내가 건재할 수 있을까요? 부모님이 없다면, 유구한 역사와 문화 속에 형성된 국가가 없다면, 내 이웃과 자연이 없다면……. 이것이 바로 연기법인데, 사람들은 자기가 어떻게 건재하고 있는지를 몰라요. 자기가 되고 싶어 되어지고, 있고 싶어 있어지는 게 아니라 인연에 얽혀 오가는 것을 알아야지요. 이 은혜를 알고 갚는 사람이 바로 선인(善人)이요, 보살입니다."

노장은 "은혜를 아는 사람의 행동은 하나를 보면 열을 안다"고 했다. 은혜를 알고 소중히 여기는 사람은 그 무엇도 함부로 대하지 않는다는 것이다. 항상 조심하고 이웃을 배려하며 낭비하지 않고 근검절약한다는 말이다. 그러나 은혜를 모르면 사치하고 과욕을 부리며 게으른 악인이 된다고 덧붙인다.

그래서 정무 스님의 생활은 하나부터 열까지 근검절약의 실천이다. 차담(茶談)을 나누는 방부터 그랬다. 널찍한 방바닥을 전부 카펫으로 덮어 놓았길래 푹신하라고 그런 줄 알았더니, 보온을 위해서란다. 난방비를 줄이기 위해 요사채 하나는 겨울에 쓰지 않고, 한 방에 모여 생활한다고 한다. 그나마 심야전기로 물을 데우고 낮에는 일체 보일러를 가동하지 않기 때문에 카펫으로 덮어두지 않으면 방이 금세 식어버린다는 것이다. 영월암에 있을 땐 주지 방에 딸린 화장실도 없애 버렸다. 수세식 화장실이 쓸 때에는 깨끗하지만 결국은 환경을 버린다는 생각에서다.

"대중목욕탕에 가보면 물을 틀어놓고 가버리는 사람이 한 둘이 아니고, 사과 하나를 깎아도 과육을 아무렇게나 베어 버리는 일이 허다하지요. 아무리 많이 벌어도 잘 관리하지 못하면 허사입니다."

정무 스님은 다섯 가지 은혜 중에서도 부모님의 은혜를 특히 강조한다. 부모님의 자녀사랑은 본능이라서 배우지 않아도 알지만, 자식이 부모의 은혜를 알고 사랑하는 것은 철저히 가르쳐야 한다는 설명이다. 1980년 수원 용주사에 부모은중경(父母恩重經)탑을 세웠던 것도 이런 이유에서다.

"은혜를 안다면 주객(主客)간에, 이웃간에, 노사간에 싸움을 안 합니다. 남의 마음을 알아서 챙겨주는 자세가 필요해요. 남을 배려하지 못하고 혼자만 잘났다고 하니 싸움이 나고 사고가 생기는 겁니다. 부처님께서는 일체중생 가운데 죽일 놈은 하나도 없다고 하셨어요. 그래도 서로 싸우는 건 욕심 때문이지요. 남을 욕하고 비방하는 사람이 나쁜 사람입니다."

그러면서 '정명(正明)의 길'이라는 생활수칙을 담은 명함 크기의 카드를 하나 내준다. 깨끗한 공기와 일광(日光), 생수와 함께 살고, 본성을 해롭게 하는 직업은 버리며, 시간과 돈은 일의 가치

순으로 쓰고, 합리적인 자연식을 하며, 매일 적합한 노동이나 운동을 하고, 은혜를 알고 은혜를 갚는 사람이 되라는 내용이다. 본성을 해롭게 하는 직업에 생각이 걸린다.

"부처님의 가르침은 인간의 본성을 바르고 착하고 아름답게 하는 것입니다. 그러니 여기에 반대되는 직업이나 일, 예컨대 사기나 협잡, 도둑질, 생명을 해치는 일 같은 것은 하지 말아야지요. 돈 많이 버는 직업이라고 다 좋은 게 아닙니다. 가치판단의 기준을 생명에 둬야 해요. 그리고 예나 지금이나 시간은 똑같지만 할 일은 몇 십 배, 몇 백 배나 늘었어요. 그러니 시간과 돈을 일의 가치에 따라 우선 순위를 매겨 쓰라는 겁니다. 자연식을 하라는 건 음식을 가공하면 영양가가 떨어지기 때문입니다. 가공은 곧 가독(加毒)이거든요. 그리고 운동보다는 노동이 먼저입니다. 몸을 움직여 일하는 게 좋아요."

울력으로 채소밭을 가꿔 자급자족하는 것이나 아침마다 풍욕과 기공으로 건강을 다지는 것도 게으름과 담을 쌓은 탓이다. 노장은 옷을 두껍게 입어서 피부가 호흡을 제대로 하지 못하므로, 하루에 1시간 정도는 맑은 공기에 노출시켜 주는 게 건강에 이롭다며 권한다.

"사람은 고생을 좀 해야 돼요. 부처님께서 쓸데없이 고생한 게 아닙니다. 고생을 해야 저항력과 면역력, 회복력이 생기고 개발이 돼요. 번지점프를 해서 죽지만 않으면 충격에 대한 저항력이 생기고 위기상황에서 생존할 가능성이 높아져요. 그런데 현대문명은 너무 따뜻한 것, 편한 것 일색입니다. 사람이 좀 답답한 것도 경험해 보고, 때로는 선득선득한 것도 느껴보고, 배도 좀 고파보고, 다리가 아플 정도로 걸어보기도 하고 그래야 해요. 그런데 요즘 사람들은 노상 전화기를 갖고 다니니 궁금한 것도 답답한 것도 없고, 늘 입에 음식을 물고 다니니 배고픈 것도 없고……. 사람 구실 하기 어려워요."

대학을 졸업한 뒤 늦깎이로 출가한 노장은 출가 전부터 전강(田岡·1898~1975) 스님과 인연이 있었다. 전강 스님이 군산 은적사 주지로 왔던 것이다. 그래서 전강 스님의 상좌이자 정무 스님의 사형인 송담(인천 용화선원) 스님과 능파 스님이 정무 스님의 집으로 놀러 올 정도로 가까웠다. 노장은 "내가 중 된다니까 두 분(송담·능파 스님)이 와서 '하, 저거 머리 깎아 줘야 하는데……' 라고 했다"며 웃었다.

출가 후 선방에서도 몇 철 안거를 했던 정무 스님은 교(敎)도 하고 선(禪)도 했으니, 이제 세상을 위해 봉사하는 게 순서라고 했다. 선방에서 정진하는 것도 좋지만 타성에 젖어 헛된 생각으로 제자리걸음을 할 바에야 세상에 나와 나름대로 힘을 쓰는 게 빚을 갚는 길이라는 것이다. 상구보리(上求菩提)는 하화중생(下化衆生)하는 데 있다는 얘기다.

다시 안성으로 나오는 길, 절에서 지프차를 내줬는데 운전을 하던 행자는 "우리 스님 밑에서는 행자 하기 정말 어렵다고들 한다"며 "3개월이 다른 절의 1년 만 할 것"이라고 했다. 그러면서 행자는 이렇게 귀띔했다.

"스님께선 평소에 혼자서는 승용차를 타지 않으시고, 저희들에게도 세 가지 이상 용무가 없으면 차를 쓰지 못하게 하십니다. 손님은 오늘 특별대우를 받은 셈입니다."

정무 스님이 들려주는 부모은중경의 십종대은(十種大恩)

정무 스님은 부처님이 '부모은중경'에서 노래한 부모님의 10가지 큰 은혜를 이렇게 들려준다.

첫째, 아이를 잉태하여 지키고 보호해 주신 은혜다. 아이를 갖기까지 여러 생에 걸친 인연의 소중함을 생각하고 뱃속의 아이를 위해 무거운 몸을 조심하며 열 달을 지켜준 은혜가 참으로 무겁다. 부처님은 그래서 '가고 서는 몸놀림에 바람과 재앙 조심하며, 좋고 좋은 비단옷 모두 다 입지 않고, 매일 단장하던 거울에는 티끌만 묻었네'라고 노래했다.

둘째, 낳으실 때 고통받으신 은혜다. 출산의 고통과 두려움은 아이를 낳아 본 사람만이 안다. 부처님도 '두렵고 겁나는 마음 어이 다하리. 근심 짓는 눈물은 흉금을 채운다'고 했다. 그러므로 생일이 되면 스스로가 좋아하기에 앞서 어머니의 은혜를 생각하고 기쁘게 해드려야 한다고 정무 스님은 경책한다.

셋째는 자식을 낳고서야 모든 근심을 잊어버리신 은혜다. 몸과 마음이 까무러칠 듯 근심과 고통에 쌓였다가 낳은 아이가 건강하다는 말을 듣고 그 환희가 배로 늘어난다는 얘기다.

넷째는 쓴 것은 삼키고 단 것은 뱉어 먹이신 은혜이다.

다섯째는 마른 자리에 아이를 눕히고 진 자리에는 당신이 누우신 은혜다.

여섯째는 젖을 먹여 길러주신 은혜요, 일곱째는 깨끗하지 못한 것을 씻어주신 은혜다. 또 자식이 멀리 나갔을 때 걱정하시는 은혜가 여덟째이고, 자식을 위한 마음으로 나쁜 업을 행하시는 은혜가 아홉째다. 정무 스님은 "누가 악업을 지어 지옥에 가기를 원하리요마는 자식을 위해서라면 지옥보다 더한 곳도 가는 분이 부모님"이라고 설명한다.

열째는 끝없는 자식사랑으로 애태우시는 은혜다. 백 살이 된 어머니가 여든 살 된 자식 걱정에 눈을 감지 못하는 것이 부모님의 자식사랑이다.

정무 스님

• 1931년 전북 옥구 출생 • 전북대 농대 졸업 • 1958년 서울 봉은사에서 전강 스님을 은사로 출가 • 김제 부흥사에서 5안거 • 영주 포교당, 수원 용주사, 여주 신륵사, 이천 영월암 주지 역임 • 현재 안성 석남사 주지

지종 스님

● ● ● 지옥이고 천당이고 중생이고 부처그
전부 우리 마음에서 나온다

남녘은 벌써 봄이다. 길섶엔 풀빛이 파릇파릇하고 두터운 얼음 옷을 벗어버린 시냇물 소리도 경쾌하다. 아직 화신(花信)은 없지만 공기는 벌써 온기를 머금고 있다. 뭇 새들의 지저귐과 나무에 구멍을 내는 딱따구리의 몸짓도 활기에 넘친다.

전남 영광군 불갑면 모악리의 모악산 불갑사(佛甲寺). 백제에 처음 불교를 전한 인도승 마라난타가 남중국을 거쳐 백제 침류왕 1년에 영광 땅 법성포로 들어와 세운 최초의 사찰이라고 알려진 곳이다. 모든 사찰의 으뜸이요, 시원(始源)을 뜻하는 '불갑'이라는 절 이름도 그래서 생겼다.

이 유서 깊은 절의 염화실(拈華室)이 지종(知宗·80) 스님의 수행처다. 인사를 건네고 자리에 앉자 노장을 모시고 있는 시자(侍者) 스님이 차 대신 주전자와 빈 잔을 하나 내왔다. 주전자에 담긴 것은 고로쇠 수액(樹液). 시원 상큼하면서도 약간 달착지근한 맛이 다시 한번 봄기운을 전해준다.

"불법(佛法)은 언어일체가 되어야 하거든. 말만 앞세우고 실행이 없으면 잘못된 거야. 부처님 법은 올바른 사람이 되라는 것인데 요새 젊은 사람들은 이런 걸 싫어해. 도덕을 상실하고 있어. 말로, 행동으로 실천해 나가는 게 공부하는 사람의 태도야. 그러면 자연스럽게 다른 사람들의 귀의처가 되니 일부러 포교할 필요도 없는 거지."

법문을 청하자 노장은 언행일치부터 강조한다. 말만 번지르르하고 자기 이름만 내세우는 사람들에 대한 꾸짖음이다. 꼬리를 물고 터져 나오는 각종 '게이트'와 툭하면 '모든 게 네 탓'이라며 벌어지는 싸움판도 언행일치가 안 돼서 그런 것 아닐까?

"예전에는 회적도명(晦跡逃名)이라, 발자취를 감추어 사람들의 눈에서 멀어지고 이름이 세상에 알려지지 않도록 피했어. 그러나 지금은 다들 자기 이름을 내세우려고 하다 보니 세상이 너무 각박해졌어. 말로만 공명정대를 외치지 말고 솔선수범해야 돼. 그러면 자연히 세상이 밝아져."

물질문명과 재리(財利)에 눈이 어두워진 세상 사람들을 향한 경책이다. 노장은 "삼세제불(三世諸佛)이 출현한다 해도 사람이 스스로 닦지 않으면 구제불능"이라고 못박는다. 반면 스스로 수양해서 자기를 깨우치면 남을 도우려고 굳이 노력하지 않아도 자연스럽게 사람들의 귀의처가 된다고 했다. 깨친 성자가 되어 말로, 행동으로 실천하면 일부러 자기 낯[相]을 내기 위해 억지를 쓰지 않아도 사람들이 모여들기 때문이다. 신망을 잃고 있는 지도층에 대한 나무람이 이어진다.

"말로는 국민이 주인이요, 대통령은 머슴이라고 해놓고 실제로 머슴노릇을 하느냐 하면 그렇지가 않아. 말로만 똑똑한 소리, 바른 소리 하지 말고 자기 주변 사람들이 잘못하면 즉각 바로잡아야 할 것 아니야. 윗물이 맑아야지 원. 요즘에는 비리사건이 많고 게이트도 많은데, 일 저지른 사람이나 그 사람을 잡으려는 사람이나 자기 중심도 잡지 못한 사람들이야. 전 국민이 자기를 밀어주더라도 부끄럽게 생각하고 사양하는 마음을 가져야 해……."

말이 난 김에 정치 지도자의 자질론도 들어봤다. 노장은 주저 없이 지도자가 갖춰야 할 요건들을 조목조목 꼽았다. 첫째 공심(公心·空心)이 있을 것, 둘째 바른 양심을 가질 것, 셋째 언행이 일치할 것, 넷째 아집을 버릴 것. 지도자가 나쁜 짓을 하면 자기만 망하는 게 아니라 나라 전체가 망한다는 것을 알아야 한다고 목청을 높인다.

"정치인은 마음이 빈 사람이라야 해. 그렇지 않으면 항상 시끄러워. 공직에 나올 땐 재산이 얼마라고 발표하면서 그만둘 땐 왜 월급 받아서 얼마 남았다고 발표를 안 하나 몰라. 앞뒤가 맞아야 공명정대하고, 그러면 이름 안 내려고 해도 나게 돼 있어. 그게 복 받는 길이야. 남을 죽여가며 억지로 자기 이름을 내려니 악명만 높아지지."

복 받는 길이라……. 어떻게 하면 복을 받을까? 노장은 남을 착취하지 않고 괴롭히지 않아야 한다고 말한다. 복이란 하늘에서 떨어지는 것이 아니라 내 마음에 이미 갖춰져 있는 것이므로, 지옥이고 천당이고 중생이고 부처고 전부 우리 마음에서 나온다고 한다. 그러니 말 따로, 행동 따로여서는 복을 받을 수가 없다. 백척간두(百尺竿頭)에서 진일보(進一步)까지는 못해도 참사람으로 살 수는 있어야 한다는 말이다. 노장은 "사람껍질만 쓰고 속으로는 개 짐승만도 못한 성미를 지녀서야 어떻게 사람이라고 할 수 있겠냐"라고 했다. 결국 문제는 욕심이다.

"욕심 때문에 눈과 귀를 가리고 살아. 감투만 크니까 눈이 보이겠나, 귀가 들리겠나. 부처님 법은 일체(一切)가 유심조(唯心造)라, 모든 것이 마음 가운데서 나왔어. 그러니 마음부터 고쳐 먹어야 해. 마음이 무식한 놈이 문자만 유식하면 사기꾼이 돼. 반대로 마음도 유식하고 학문도 유식하면 금상첨화고……."

노장은 "불교는 마음을 배우는 종교"라며 "부처님을 믿는 게 아니라 부처님의 법을 배워야 한다"고 했다. 불법을 배우면 자연히 신심도 나오고 공덕도 쌓게 되며 아픈 사람을 어루만질 줄도 알게 된다는 설명이다. 어려서부터 허리디스크에 담석증까지 앓았다는 노장은 "쉰 살까지도 살까말까 했는데 팔십을 넘어 부렸던 말이여"라며 욕심을 버리면 장수할 수 있다고 귀띔해 준다.

"욕심이 죽는 길을 재촉하는 거야. 욕심이 치열하면 명을 재촉하거든. 주어지는 대로 살아야 해. 장사꾼들 하는 소리지만 박리다매(薄利多賣)로, 이익을 조금 덜 받으면 돼. 적당한 정도 이상의 이문을 붙이면 도둑놈이지 그게 뭐야. 요즘도 보면 명을 많이들 재촉하더구먼. 자살도 하고, 추락도 하고……. 그게 다 욕구불만에서 생기는 거야. 욕(慾)은 어디서 나오겠나? 다 사랑 애(愛) 자에서 번져 나오는 거야. 그것만 떨어지면 다 떨어져. 그러니 분 밖의 짓을 하지 말아야 해."

그러면서 노장은 보리밥과 된장밖에 없었던 옛날 이야기를

들려준다. 내의가 없어서 홑바지에 홑적삼으로 겨울을 났고, 흰 천이든 검은 천이든 생기기만 하면 홑옷에 덧대어 깁다 보니 누더기가 되었던 그 시절. 요새 사람들이 일부러 옷을 찢어 누더기로 입고 다니는 걸 보면 기가 막힌다고 한다. 그런 와중에도 스님들은 허리끈을 졸라매고 밥을 굶어가며 돈을 모아 사중답(寺中畓)을 만들었다는 얘기다.

"불법의 요체는 '공(空)의 도리'야. 싹 비워 버리면 진짜가 나와. 커야 좋은 것이 들어오지. 우주가 텅 비었으니까 삼라만상이 다 들어가잖아. 우리 마음에도 무궁한 조화가 있는데 그 조화를 응용하지 못해. 우리 마음은 늘 그대로인데 잡것이 껴서 빛을 발하지 못하기 때문이지. 금강석에서 잡철을 털어 내고 진금(眞金)을 뽑듯이 우리 마음에 낀 잡것을 탁 털어 버리면 본체, 즉 진금이 나와. 이것이 금강경의 도요, 이 정신으로 하면 또 안 되는 일이 없지."

진공묘유(眞空妙有·참으로 텅빈 곳에 진리가 있다)라는 얘기다. 그리고 금강석에서 잡철을 털어 내는 방법이 바로 수행이다. 상근기(上根機·근기가 뛰어난 사람)면 참선이 제격이지만 염불, 주력, 기도 등 다른 수행방편도 괜찮다는 설명이다.

"마음에 어떤 생각이 일어나거든 '아이쿠' 하며 그 마음을 살펴보고 연구해 본 다음, 잘못됐으면 다시 요리를 해야지. 문자 속으로 배운 것 가지고 요리를 하다간 사람 다 죽여. 그리고 참선공부는 젊을 때 해야 돼. 이 육신 덩어리에 대한 애착을 떼어버려야 해."

그러나 노장은 정작 자신은 타고난 박복함 때문에 공부를 제대로 하지 못했다고 아쉬워한다. 속가에서는 자신이 태어난 뒤로 집안에 우환이 잇달아 생겨 어릴 때부터 '버리데기'(버려야 할 아이)로 불렸다. 1938년 백양사로 출가해서도 상좌로 삼아주는 스승이 없어 만암 스님의 상좌 가운데 이미 열반한 법안 스님과 사제의 연을 맺었다. 살아 있는 스승이 없으므로 '무사승(無師僧)'이요, '위패상좌'가 된 것이다(법안 스님은 평양 숭실전문대를 나와 미국에서 유학한 개신교 목사 출신으로, 만암 스님이 무척 아꼈으나 요절했다). 게다가 당시만 해도 강원에서 공부하려면 은사가 제자의 양식을 대줘야 하는 형편이었으므로, '아버지(은사)'가 없는 지종 스님은 법당 부전(법당을 관리하는 소임)을 보며 공부하느라 파김치가 됐다고 한다.

"그 후로도 참 박복하게 살았어. 백양사, 개암사, 불갑사 등

가는 절마다 '돈 없고 부서진' 곳이어서 절 일으키느라 공부할 틈도 없었어. 내가 지금 쉰 살만 됐어도 공부하러 떠났을 게야. 그래도 젊어서 공부한 걸로 버텼지, 그나마 없었으면 벌써 쪼그러 들었을 거야. 공부는 젊을 때 해야 해. 허망한 육신덩어리에 대한 애착은 버려야 하고. 다만 무상하지 않은 것은 심성(心性)이라, 애착의 때를 벗어내고 닦을수록 광채가 나지."

노장의 손에선 딱, 딱, 딱 쉴 새 없이 염주가 돌아간다. 노장은 선가귀감(禪家龜鑑)의 한 구절을 들려주며 '한 물건'을 찾으라고 경책한다.

'有一物於此(유일물어차) 從本以來(종본이래) 昭昭靈靈(소소영영) 不曾生不曾滅(부증생 부증멸) 名不得狀不得(명부득 상부득) 取不得捨不得(취부득 사부득).'
여기 한 물건이 있으니 본래부터 한없이 밝고 신령스러워 일찍이 나지도, 죽지도 않았고 이름 지을 수도, 모양을 그릴 수도, 취할 수도, 버릴 수도 없다.

"마음을 편안히 가지고 참선해야지. 도대체 이름도 붙일 수 없으니 나는 본래 김가도 이가도 아니야. 이놈을 뒤집어쓰고 나온 게 김 아무개, 이 아무개일 뿐. 명부득 상부득(名不得狀不得)이니까. 그러니 어째서 내가 이 생각을 갖는가 근본을 찾아야 해. 육신 덩어리는 잘 먹이고 잘 입힌들 남들 죽는데 자기라고 천년만년 사는 게 아니야. 결국은 환귀본처(還歸本處)할 허망한 것이지. 본래 육신은 지수화풍(地水火風)의 사대(四大)로 돼 있어서 인연 지어진 대로, 때가 되면 가게 되어 있어. 죽으면 몸에서 불[火]부터 빠지고 바람[風]이 따라 나가는데, 그러면 숨이 끊어지고 '참나'는 이미 떠나버린 상태가 돼. 그 다음엔 물과 흙만이 남아 땅에 묻으면 물은 물로, 흙은 흙으로 돌아가는 거야."

노장이 갑자기 타령조로 노래 하나를 읊는다. "늙기도 서러운 중에 모양조차 늙어지네. 샛별같이 밝은 눈이 반 장님이 되었고, 혼자 앉았으니 부처님이 되어 바위덩이가 되었나……." 젊어서는 얼굴이며 몸이며 다듬고 고치고 가꾸지만 늙고 나면 다 볼품 없어지는 것, 이런 부질없는 몸뚱이에 집착하지 말라는 뜻이다. 사바세계의 중생들에게 경책의 말씀을 하나 더 들려달라고 조르자 이런 대답이 나왔다.

佛說一切法(불설일체법 · 부처님의 49년 설법이)
爲度一切心(위도일체심 · 중생의 마음을 건지기 위한 것인데)
我無一切心(아무일체심 · 나는 일체의 마음이 없으니)
何用一切法(하용일체법 · 일체의 법을 어떻게 쓸 것인가)

지종 스님

• 1922년 전남 장성 출생 • 1938년 백양사에서 법안 스님을 은사로 출가 • 정혜사, 다보사에서 정진 • 장성 백양사, 부안 개암사, 완도 신흥사 주지 • 정광학원 초대 이사장 • 현재 영광 불갑사 조실, 조계종 원로의원

대봉 스님

• • • 오직 모를 뿐(Only don't know · 不識)

"평소 수행자들을 지도하실 때 특별히 어떤 점을 강조하십니까?"

"(검지손가락으로 이쪽을 가리키며) Who are you?"

"저는 한국경제신문 기자입니다."

"No. Who, are, you?"

좌중에 한바탕 웃음이 터졌다. 질문자가 누구인지 묻는 줄 알고 소속을 밝혔더니, "너 자신은 누구인가"라는 근원적 질문으로 되받아왔기 때문이다.

충남 논산시 두마면 향한리의 계룡산 국사봉 기슭에 있는 국제선원 무상사(無上寺). 겨울철 석 달 동안 외부출입을 삼간 채 수행 정진하는 동안거(冬安居) 해제에 즈음해, 그동안 수행자들을 지도해 온 이 절의 조실 대봉(大峰 · 52 · 미국인) 스님은 이렇게 다소 황당한(?) 문답으로 말문을 열었다.

"당신은 누구인가. 이 질문에 대해 모른다는 마음가짐이 가장 중요합니다. 부처님도 6년 동안 '모른 채' 고행하지 않았습니까. 그래서 숭산 스님께서는 '오직 모를 뿐(Only don't know·不識)'을 기본적인 공안으로 던져주십니다. 자기 의견에 집착하지 않으면 모든 사람들과 조화를 이루며 존재할 수 있어요. 수행에서 가장 중요한 것은 올바른 방향인데, 우리의 본성을 깨달아 중생을 돕는 게 수행의 목적입니다. 이 방향이 뚜렷하면 모든 것이 수월하지만 그렇지 않으면 자기 의견(我相)만 강해지므로 모든 게 올바로 되지 않아요."

자각각타(自覺覺他·나도 깨닫고 남도 깨닫게 함), 자리이타(自利利他·나도 이롭고 남도 이롭게 함), 상구보리 하화중생(上求菩提 下化衆生·위로는 깨달음을 구하고 아래로는 중생을 교화함)의 수행정신을 잃지 말아야 한다는 이야기다. 그래서 대봉 스님은 지금 나의 상황과 내 의견 등 모든 것에 집착을 갖지 말라고 강조한다. 그러면 보고 듣고 느끼는 것이 선명하게 나타난다는 것이다. 하늘은 파랗고 나무는 푸르고 설탕은 달고 개는 멍멍 짖는다. 모든 것을 그 자체로 볼 수 있으면 그것이 곧 진리를 깨달은 것이다.

"오직 모르는 마음뿐, 이 마음만 가지면 모든 사람들과 조화를 이룰 수 있어요. 진리를 깨달은 사람은 거기서 한 발 더 나아가 인간을 위해 그것을 이용해야 합니다. 그게 바로 보살도(菩薩道)인데, 상황을 올바로 보고 올바른 관계를 맺고 올바로 실천하는 것뿐입니다. 이런 마음을 유지하고 있으면 누구와도 통할 수 있어요. 누구와도 절하고 예불하고 참선하고 일하며 같이 살 수 있어요. 그러나 편견이 나타나면 안 됩니다. 우리의 의견(고집, 아상)을 버리면 진리를 되찾을 수 있어요. 오직 모르는 마음뿐……"

선사에게 "정말 아무것도 모르느냐"고 물었더니 "Your coat is black(당신의 외투는 검다)"이라고 했다. 우문(愚問)에 현답(賢答)인가. '오직 모를 뿐'이라는 간절한 마음으로 참구하면 아무것도 모르는 것이 아니라 실상을 있는 그대로 보게 된다고 하지 않았던가. 선사는 "오직 모른다는 건 우리 마음과 행위가 맑아지는 것"이라고 설명한다.

"사람들은 대부분 자기 바깥에서 무엇인가를 얻으려고 애를 씁니다. 그러나 우리 자신의 안쪽을 들여다보면 그 안에서 모든 것의 인연을 보게 돼요. 좋은 일이 오든 나쁜 일이 오든 우주 전체가 나를 뒷바라지하고 있다는 걸 알게 되고, 그러면 자비심이 자동적으로 나타나지요. 이것이 중생의 본성입니다."

대봉 스님이 불교를 처음 접한 것은 열한 살 때였다. 가족과 함께 일본여행을 하면서 본 가마쿠라 대불, 그 평화스럽고 자비로운 모습이 마음에 와 닿았다고 한다. 가족들을 위한 선물을 사면서도 자기 것은 조그만 불상을 샀을 정도니, 진작부터 불교에 인연이 있었던 셈이다. 그러나 본격적으로 불교를 공부한 것은 1977년, 예일대학에서 숭산(화계사 조실) 스님의 강연을 듣고 나서다.

"당시 미국의 젊은이들은 여러 종교에 관심이 많았고, 특히 선 수행에 관심이 컸어요. 저는 사실 불교책을 읽기보다는 스승을 찾고 싶었지요. 그러나 몇 년 동안 그런 스승을 찾지 못하다가 일본 선원에 갔더니, 느낌이 너무 차가워서 다시는 가지 않게 되더군요. 그때 한국의 선사님이 법문한다길래 가서 듣고는 곧바로 나의 스승인 줄 알았지요."

평소 '제정신으로 사는 길이 무엇인가' 라는 의문을 갖고 있던 터에 숭산 스님의 법문은 큰 울림으로 다가왔다. 특히 '집착은 미친 짓이다. 조금 집착하면 조금 미친 것이고 많이 집착하면 많이 미친 것이다. 하나도 집착하지 않으면 제정신이다' 라는 말씀은 답답한 가슴에 큰 빛줄기를 열어줬다. 대봉 스님은 "한국불교는 유구한 전통과 뚜렷한 가르침 외에도 인정이 매우 깊다는 걸 큰스님(숭산 스님)을 통해 알고서 수행하고 싶었다"고 했다.

"30년 전 일인데, 당시 미국은 물질적으로는 풍요로웠지만 많은 사람들이 가슴속에 허무함을 지니고 살았거든요. 그런 상태에서 큰스님이 우리 마음을 꿰뚫어보시고 불교의 마음을 심어줘 많은 제자가 생겨난 것입니다."

대학에서 심리학을 전공한 뒤 4년간 병원에서 심리상담사로 일했던 대봉 스님은 이후 숭산 스님 밑에서 세 차례 용맹정진한 끝에 출가를 결심했다. 로드아일랜드의 프라비던스 선원(홍법원)에서 2년간 행자 생활을 한 뒤, 1984년 도문(道門)이라는 법명과 함께 삭발염의(削髮染衣)했다. 한국에는 1991년에 와서 공주 신원사에서 '너는 누구인가'를 화두 삼아 수행했으며, 1999년 4월 숭산 스님으로부터 '대봉'이라는 법호와 함께 법을 인가 받았다. 최초의 외국인 전법제자요, 조실이다. 그래서 견성(見性)의 체험에 대해 들려달라고 했더니 또 황당(?) 문답이다.

"왜 매일 밥을 먹지요? 개나 고양이, 뱀도 다 배가 고프고 먹고 싶어합니다. 배가 고파서 음식을 먹는 건 동물의 마음입니다. 그러나 사람은 인간으로서 왜 먹어야 하는지 알아야지요. 마음에서 생각을 잘라내면 모든 것이 선명합니다. 기자님도 다음 결제 때 와 보세요. 회사일 때문에 석 달을 채울 수 없다면 1주일이라도 해보세

요. 자신과 모든 것을 올바르게 보려는 노력, 즉 수행이야말로 인간이 진정으로 해야 할 일입니다."

대봉 스님은 "우리 마음속의 일을 제대로 하고 맑은 마음으로 본다면 바깥의 일은 저절로 잘되지만, 안에서 할 일을 하지 않고 마음이 희미하면 바깥 일에 아무리 노력해도 소용없는 법"이라고 일침을 가한다. 또한 수행은 참선과 올바로 보는 눈(올바른 방향), 일상생활 등의 세 가지 요소를 갖춰야 한다고 강조한다.

"수행을 할 땐 '오직 할 뿐'입니다. 접시를 닦건 운전을 하건 다른 일을 하건 모두 수행으로 삼으면 됩니다. 선방에 앉아 있는 것만이 참선은 아니지요. (방바닥을 '탁' 치며) 생각 이전의 '마음'이 무엇일까, 이렇게 의심하는 마음이 끊이지 않는다면 보고 듣고 맛보고 느끼는 것이 더욱 선명해질 거예요. 생활과 수행이 따로 있지 않습니다. 생활 자체가 수행이지요."

이번 동안거에 참여한 대중은 미국, 중국, 러시아, 폴란드, 체코 등 세계 15개국에서 온 스님과 신도 87명이다. 대봉 선사는 매주 수요일 오후 전체 대중과 선문답을 주고받고 1주일에 두 번씩 개인별 인터뷰를 하는 등 수행을 지도해 왔다. 전통 불교의 1700공안과 숭산 스님이 현대 문화 상황에 맞게 만든 공안집 〈세계일화(世界一花)〉 등을 가지고 문답을 주고받는다. 언어적 의미를 벗어난 선문답이 혹시 말장난은 아니냐고 물었더니 대답은 단연 "노(No)"다.

"선문답은 말장난이 아닙니다. 그러나 공안 자체를 뚜렷이 깨닫지 못하거나 스승이 적절히 가르치지 못하면 말장난이 되지요. 선문답이 말장난이 되느냐 아니냐는 스승과 제자에 달렸습니다."

공안이 문제가 아니라 말 그 자체에 매달리는 사람이 문제라는 뜻이다. 대봉 스님은 외국인들에게 한국불교를 많이 심어주고 싶다고 했다. 미국에선 태국, 대만, 일본 등 여러 나라의 수행방식을 경험하게 되는데, 한국불교만 빠져 있어 수행을 원하는 사람들이 미얀마, 티베트 등으로만 가고 있다고 한다. 숭산 스님이 외국의 여러 곳에 한국불교를 심어놓기는 했지만 언어장벽과 한국불교에 대한 이해부족으로 외국인들이 쉽게 출가하기는 어려운 상황이기 때문이다.

그래서 대봉 스님은 그들에게 한국불교를 알리고 그들을 수행으로 이끌겠다고 다짐한다. 무상사를 기점으로 세계 곳곳에서 수많은 중생들의 마음 눈을 열어줄 납자들을 양성하겠다는 포부다. 동안거가 끝나는 대로 중국, 말레이시아, 싱가포르 등지의 사찰을 돌며 참선 수행을 지도할 계획도 세워놓고 있다. 또 2000년 2월 선원이 먼저 문을 연 무상사는 2001년 10월 요사채(숙소)를 완공한 데 이어, 앞으로 대웅전과 조실당을 세울 예정이어서 외국인 수행도량의 면모를 갖추게 된다.

대봉 스님은 안거를 마치고 떠나는 사람들에게 "오직 하라(Just do it). 집중하라. 그러면 본성이 행복해지고 그 행복이 모든 사람들에게 퍼져나갈 것"이라며 쉼 없는 정진을 당부했다. 그리고 "기회가 되면 이 곳에 다시 오라. 산과 사찰은 움직이지 않는다"고 했다.

대봉 스님 ❀

• 1950년 미국 출생 • 1977년 숭산 스님과 인연으로 불교 입문 • 1984년 미국 로드아일랜드 프로비던스 홍법원에서 숭산 스님을 은사로 출가 • 1991년 한국 입국 • 1999년 숭산 스님으로부터 전법인가 • 현재 계룡산 국제선원 무상사 조실

우리 시대 큰스님 33인과의 만남

선지식을 찾아가는 길은 참으로 행복한 나들이다. 그 나들이 길의 행복을 여러분도 함께 느끼고, 그 길에서 맛보았던 충만함을 여러분도 함께할 수 있기를 진심으로 바란다. - 서화동

산중에서 길을 물었더니

1판 1쇄 발행 2002년 5월 18일
1판 15쇄 발행 2012년 1월 2일

지은이 · 서화동
펴낸이 · 주연선
사진 · 김형주

편집 · 이진희 정종화 김준하 박은경 오가진
디자인 · 정혜욱 홍세연
마케팅 · 장병수 김한밀 오서영
관리 · 김두만 구진아 성혜진

도서출판 은행나무
121-839 서울특별시 마포구 서교동 384-12
전화 · 02)3143-0651~3 | 팩스 · 02)3143-0654
등록번호 · 제 10-1522호(1997. 12. 12)
www.ehbook.co.kr
ehbook@ehbook.co.kr

잘못된 책은 바꿔드립니다.

ISBN 978-89-8797-696-9 03220